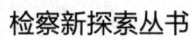 检察新探索丛书

新刑事诉讼法理解与适用探索
——一个基层检察院的视角

主编／李国强　副主编／贾　健

XIN XINGSHISUSONGFA
LIJIE YU SHIYONG TANSUO

中国检察出版社

《新刑事诉讼法理解与适用探索》
编委会

主　　编　李国强
副主编　　贾　健
撰稿人　　李国强（河南省荥阳市人民检察院检察长）第一章
　　　　　赵　伟（河南省荥阳市人民检察院侦监科副科长）第二章
　　　　　贾　健（西南政法大学法学院教师、河南省荥阳市人民检察院挂职副检察长）调研报告、第三章、第八章、第九章、第十章、第十一章
　　　　　苏　伟（河南省荥阳市人民检察院监所科科长）第四章、第五章
　　　　　张脐方（河南省荥阳市人民检察院政研室副主任）第六章
　　　　　王　莉（河南省荥阳市人民检察院办公室副主任）调研报告、第七章

序　　言

　　刑事诉讼法是全国人民代表大会制定的基本法律，是全部刑事诉讼活动的主要依据，也是检察机关执法办案、开展法律监督工作的重要法律渊源。2012年3月14日，十一届全国人大五次会议对刑事诉讼法进行了重大修改，不仅确立了"尊重和保障人权"原则，而且在职务犯罪侦查、律师辩护、非法证据排除、证人出庭作证等诸多方面都有新的突破和规定。这些修改一方面为检察工作提供了新的发展机遇，另一方面也为检察机关执法理念、执法方式、执法能力等带来了深刻的影响和挑战，需要检察机关予以积极应对。

　　为了切实将新刑事诉讼法贯彻好、执行好，郑州市两级检察机关高度重视，在学习培训、工作模式转变、调研指导、后勤保障等方面做了大量卓有成效的工作。特别是荥阳市检察院在郑州市检察院法律政策研究部门的具体指导和支持下，对新刑事诉讼法在基层院的运行状况和存在的问题进行了认真的调研和思考，提出了一些颇有见地的对策和建议，这无疑会对检察机关的执法办案工作产生积极的促进作用，也值得我市其他基层院、包括市院相关部门参考借鉴。

　　新刑事诉讼法的内容十分丰富，其对检察工作产生的重大影响和工作中存在的问题仍在逐渐显现，对有关问题的调研和解决也不是一劳永逸的。因此，全市检察机关要以学习贯彻党的十八届三中全会、中央政法工作会议、全国全省检察长会议精神为契机，坚持以实现公平正义为核心价值追求，以促进社会大局稳定为首要任务，进一步加强对新刑事诉讼法以及相关司法解释的学习培训，进一步加强对执行新法重大实践和理论问题的研究，进一步转变执法理念和执法模式，确保新刑事诉讼法得到严格执行、取得良好效果，以更好地推动检察工作科学发展。

刘建国

郑州市人民检察院检察长

2014年3月

目 录

序言 1
新刑事诉讼法适用问题调研报告 1

第一章 保障辩护人、诉讼代理人诉讼权利机制研究

第一节 新刑事诉讼法对辩护制度的相关规定 17
 一、新刑事诉讼法对辩护制度的修改和完善 17
 二、辩护人权利的强化体现司法理念的转变 19
第二节 刑事诉讼中辩护人权利行使与保障 22
 一、辩护人、诉讼代理人行使权利过程中遇到的困难和障碍 22
 二、司法机关在保障辩护人、诉讼代理人权利方面存在的困惑和尴尬 23
 三、辩护人权利行使与保障存在冲突的原因分析 25
第三节 对辩护人、诉讼代理人诉讼权利的保障机制 27
 一、正确认识控辩双方在刑事诉讼中的地位，建立行之有效的保障机制 27
 二、对司法实践中保障机制实施的建议 27

第二章 非法证据排除制度司法实务研究

第一节 非法证据排除制度概述 29
 一、我国非法证据排除制度的理论基础与立法缘起 29

二、新刑事诉讼法关于非法证据排除制度的规定 …………… 31
第二节　非法证据排除制度的司法困境 ……………………………… 32
　　一、非法证据排除制度与传统诉讼理念之间存在矛盾 ……… 32
　　二、非法证据排除制度与三机关的诉讼结构之抵牾 ………… 33
　　三、非法证据的获取性手段规定过于抽象 …………………… 34
　　四、毒树之"果"的证据能力之纷争 ………………………… 35
　　五、非法证据排除制度的标准过于抽象 ……………………… 36
　　六、非法证据排除制度的救济程序缺位 ……………………… 37
第三节　非法证据排除规则规范性适用建议 ………………………… 37
　　一、立法方面 …………………………………………………… 37
　　二、司法方面 …………………………………………………… 39

第三章　电子数据类证据司法适用的相关问题研究

第一节　电子数据类证据的概述 ……………………………………… 41
　　一、电子数据类证据的内涵 …………………………………… 41
　　二、电子数据类证据的外延 …………………………………… 43
　　三、电子数据类证据的实践价值 ……………………………… 44
　　四、电子数据类证据的立法现状 ……………………………… 45
第二节　电子数据类证据司法适用的困惑 …………………………… 46
　　一、电子数据类证据的收集取证问题 ………………………… 46
　　二、电子数据类证据的审查认定机制不健全 ………………… 47
　　三、电子数据类证据司法鉴定工作存在的不足 ……………… 48
第三节　完善电子数据类证据司法适用的建议 ……………………… 48
　　一、完善电子数据类证据的收集取证规则 …………………… 48
　　二、完善电子数据类证据的审查认定机制 …………………… 50
　　三、完善电子数据类证据鉴定机构工作 ……………………… 52

第四章　监视居住问题研究

第一节　新刑事诉讼法对监视居住措施修改概述 ………… 54
　　一、监视居住制度修改背景 ………………………………… 55
　　二、新刑事诉讼法对监视居住制度的修改 ………………… 55
　　三、对监视居住措施修改的意义 …………………………… 58
　　四、监视居住与逮捕、取保候审的关系 …………………… 60

第二节　当前监视居住措施存在的不足与缺陷 ………… 61
　　一、我国监视居住措施在立法上的不足与缺陷 …………… 62
　　二、我国监视居住措施在实践中的问题 …………………… 65

第三节　我国监视居住措施的完善 ……………………… 66
　　一、在立法方面的完善建议 ………………………………… 66
　　二、在实践方面的完善建议 ………………………………… 68

第五章　检察工作视野下的羁押必要性审查

第一节　羁押必要性审查的立法初衷 …………………… 70
　　一、贯彻"尊重和保障人权"的理念 ……………………… 70
　　二、权力相互制约原则的诉求 ……………………………… 72
　　三、实现无罪推定原则、必要性原则和比例原则的必由之路 … 73

第二节　羁押必要性审查的制度构建 …………………… 74
　　一、审查对象 ………………………………………………… 74
　　二、审查主体和步骤 ………………………………………… 75
　　三、审查启动方式 …………………………………………… 78
　　四、评判标准 ………………………………………………… 80
　　五、结果处理 ………………………………………………… 82

第三节　实施过程中的问题及解决 ……………………… 82
　　一、无强制力保障的"建议"权 …………………………… 82

二、被害方的不理解 …………………………………………… 84
三、缺乏多元救济制度 ………………………………………… 84

第六章　检察机关技术侦查措施的实践之维

第一节　概述 …………………………………………………… 86
一、刑事诉讼法修改前后的法律规定 ………………………… 86
二、技术侦查措施的概念与种类 ……………………………… 87
第二节　赋予检察机关技术侦查权的必要性 ………………… 90
一、适应新形势下职务犯罪侦查需要 ………………………… 91
二、适应侦查模式由传统"由供到证"向"由证到供"转变
之需要 …………………………………………………… 92
三、实现法治化和保障人权之需要 …………………………… 92
第三节　检察机关适用技术侦查措施现状及存在的问题 …… 93
一、检察机关适用技术侦查措施现状 ………………………… 93
二、存在的问题 ………………………………………………… 94
第四节　应对之建议 …………………………………………… 99
一、从实践出发，改进内部考核制度 ………………………… 99
二、完善相关法律规定 ………………………………………… 100
三、扩大技术侦查措施种类 …………………………………… 102

第七章　人权保障视野下的羁押期限与办案期限

第一节　立法关于羁押期限与办案期限的规定 ……………… 105
一、新刑事诉讼法关于两种期限的规定及解读 ……………… 106
二、羁押期限与办案期限合一的法律适用效果 ……………… 107
第二节　司法实务中羁押期限与办案期限的现状 …………… 109
一、司法实务工作者对两种期限的认识不一 ………………… 109
二、实践中违规办案现状及原因分析 ………………………… 110

三、我国羁押适用的任意化 …………………………………… 112

第三节 羁押期限与办案期限的关系构造 …………………… 113
一、国外的立法经验及对我国的启示 ………………………… 113
二、协调羁押期限与办案期限的基本原则 …………………… 115
三、协调我国羁押期限与办案期限关系的路径选择 ………… 119

第八章 社区矫正实施现状及检察机关的监督角色定位

第一节 社区矫正的理论基础及在我国的法律定位 ………… 123
一、社区矫正的理论基础 ……………………………………… 123
二、我国社区矫正的法律定位 ………………………………… 126

第二节 社区矫正的实践困境及对策 …………………………… 127
一、我国社区矫正工作的实践困境 …………………………… 127
二、困境的解决对策 …………………………………………… 129

第三节 检察机关在社区矫正中的角色定位 …………………… 130
一、实践中检察机关实施监督权的经验举措 ………………… 130
二、检察机关对社区矫正监督存在的问题 …………………… 131
三、如何完善检察机关的社区矫正监督权 …………………… 132

第九章 附条件不起诉制度的立法目的与现实完善

第一节 防卫社会：附条件不起诉的深层立法目的 …………… 135
一、附条件不起诉制度的立法目的探析 ……………………… 135
二、附条件不起诉的立法目的之现实背景 …………………… 137

第二节 人身危险性：附条件不起诉之若干适用问题的解决基点
………………………………………………………………………… 139
一、附条件不起诉制度与酌定不起诉制度的区别 …………… 139
二、是否要以达成刑事和解为前提 …………………………… 141
三、具有监管条件应否作为附条件不起诉的前提条件 ……… 142

第三节 保护处分的回归：附条件不起诉制度的规范完善 …… 142
　一、适用结构的完善 …… 143
　二、监督考察结构的完善 …… 145

第十章 刑事和解程序的适用问题及其对策

第一节 "恢复性司法"与"宽严相济"刑事政策 …… 147
　一、"恢复性司法"的司法理念 …… 147
　二、我国"宽严相济"刑事政策的简要解读 …… 148
第二节 刑事和解在司法实践中存在的问题 …… 149
　一、刑事和解的适用范围是否过于狭窄 …… 149
　二、"五年"起算点应如何理解 …… 150
　三、刑事和解是否就是花钱买刑 …… 151
　四、和解协议的效力究竟如何 …… 151
第三节 司法实践中的相关对策 …… 152
　一、应严格把握刑事和解的适用范围 …… 152
　二、"五年"的起算点应理解为犯罪行为发生之时 …… 154
　三、刑事和解绝不是"花钱买刑" …… 154
　四、刑事和解协议的双重效力 …… 156

第十一章 庭前会议制度设计与适用

第一节 庭前会议制度概述 …… 161
　一、庭前会议的概念 …… 161
　二、我国庭前会议制度的确立背景 …… 162
　三、庭前会议制度的立法涵义 …… 163
　四、庭前会议制度的特征 …… 165
第二节 庭前会议适用中存在的问题 …… 166
　一、适用率偏低 …… 167

二、庭前会议内容偏向 …………………………………… 167
　　三、参加庭前会议人员范围小 …………………………… 168
　　四、庭前会议效力认识不一 ……………………………… 169
　　五、证据开示程序缺失 …………………………………… 169
第三节　庭前会议产生问题的原因 ……………………………… 170
　　一、传统观念的影响 ……………………………………… 170
　　二、法律规定尚不完善 …………………………………… 171
　　三、运行机制尚不健全 …………………………………… 171
　　四、地域差异造成各地做法不一 ………………………… 171
第四节　庭前会议的制度设计 …………………………………… 172
　　一、庭前会议的原则 ……………………………………… 172
　　二、庭前会议的启动 ……………………………………… 173
　　三、庭前会议参加人员 …………………………………… 173
　　四、庭前会议适用的范围 ………………………………… 174
　　五、庭前会议的内容 ……………………………………… 174
　　六、庭前会议的记录 ……………………………………… 176
　　七、庭前会议的效力 ……………………………………… 176

附　　录 …………………………………………………………… 178

参考文献 …………………………………………………………… 213

后　　记 …………………………………………………………… 215

新刑事诉讼法适用问题调研报告

刑事诉讼法历来被世界各国称为人权保障的"小宪法",是惩罚犯罪、保护人民,保障国家安全和社会公共安全,维护社会主义社会秩序的重要法律。我国刑事诉讼法制定于1979年,1996年进行过一次全面修订,法条从164条增加到225条,对于刑事诉讼制度的民主化、科学化具有重要的推动作用。经过16年的司法实践,刑事诉讼法的原有规定存在的不足、不尽完善的地方逐渐显现出来,为了更好地适应新形势下打击犯罪和保障人权的双重需要,2012年3月,第11届全国人大第五次会议又一次对刑事诉讼法进行了修订。

此次刑事诉讼法修改,对1996年立法过于原则、粗疏、不能满足司法实践需要的问题进行了细化,对未作规定、实践中长期无法处理的问题进行了补充,对缺乏保障制度的地方进行了完善。例如,对证据一章的条文进行了大幅度增加,细化了证据内容,构建了比较完整的证据制度。为加强对司法权的监督和制约,对辩护制度进行了修改和完善,强化了辩护人的权利,同时,增加了捕后羁押必要性审查、技术侦查、同步录音录像等内容。

新刑事诉讼法对进一步保障司法机关准确惩罚犯罪和保护人民具有重大意义。检察机关是唯一参与刑事诉讼从立案到刑罚执行全过程的司法机关,既是执行刑事诉讼的司法机关,又是对其他机关及其工作人员在刑事诉讼活动中的行为进行监督的机关。因此,检察干警必须认真学习、准确把握新刑事诉讼法的精神和内容。然而,从理论到实践,从条文规定到具体的案件适用,是一个值得关注的路径。检察机关如何贯彻落实和有效执行法律规定,需要进行深入的研究和探讨。在此之前,必须对新刑事诉讼法适用情况进行调研总结,了解刑事诉讼法修改对检察工作的影响和挑战,对实施中遇到的可能增加的任务、需要面对的问题、具体解决对策以及亟待完善的制度等进行研究、探讨和澄清,此举对严格执法、规范办案,提高执法能力和效果具有重要意义。

一、调研方法与选题

本次调研采取的方法主要有以下几种:一是调查法,即通过在本单位发放调查问卷、召开座谈会、面对面访谈、实地考察等方式获取有关新刑事诉讼法实施情况的第一手资料；二是文献研究法，通过阅读书籍、利用搜索引擎获得全面而深刻的理论知识，为开展调研打下坚实的理论基础；三是分析归纳法，对获取的各类数据经过认真的分析论证，总结经验，升华调研成果。此次调研以课题组成员为主力，整合全院的研究力量，形成团队，走开放式研究的道路。同时，摒弃"假、大、空"，力求数据真实、理论基础牢固、分析论证严密，能切实为检察事业的发展做出贡献。

在选题方面，我院紧紧围绕刑事诉讼法修改的热点、难点问题，结合检察工作实际，有重点、有目标地选取和确定研究题目，开展检察基础理论和应用研究。在调研开始之前，召集各科室业务骨干进行座谈，探讨刑事诉讼法修改后检察业务面临的新问题、新挑战，初步明确研究方向。经过探讨、筛选、查阅文献资料等，制定刑事诉讼法适用问题调研提纲。随后，对调研提纲进行再细化，充实内容，并邀请西南政法大学知名专家教授对所拟提纲进行可行性论证，删粗取精，进一步明确调研内容。最终，我院在新刑事诉讼法适用遇到的新问题、新挑战中，选取了十个具有代表性的题目，进行重点研究。分别为：电子数据类证据的范围及适用；非法证据的认定与监督；监视居住措施的适用；羁押必要性审查问题；技术侦查措施的适用；办案期限与羁押期限的理解与执行；如何加强社区矫正监督；庭前会议制度；附条件不起诉制度的理解与适用；刑事和解。经过认真调研、细致梳理，对新刑事诉讼法适用中的问题进行总结、提炼，并分类概括。需要指出的是，这里的问题不仅包括立法在走向实践时暴露的"缺陷"，还包括检察机关在适用法律过程中凸显的困境与不足。

二、新刑事诉讼法适用中的问题

（一）电子数据类证据在司法适用中的相关问题

"电子数据"是新刑事诉讼法新增加的证据种类，指除录音录像之外的计算机存储信息，包括磁盘、光盘、移动硬盘存储的电子邮件、电子数据交换、网上聊天记录等电子信息。据调研，电子数据类证据的收集取证问题主要有以下几个方面：一是，收集取证过程不够规范。电子数据类证据的特殊性，要求侦查机关在收集取证过程中必须严格按照规定执行，以保证电子数据类证据的真实可靠性和完整性。例如，侦查机关在办理一起诈骗案件中，由于被害人的QQ聊天记录已经灭失且不能恢复，就将被害人自行整理并打印的聊天记录作为案件的证据使用。聊天记录是作为证明被告人虚构事实、隐瞒真相进行诈骗的关键性证据，但是由于侦查机关收集取证的过程不规范致使此证据的效力大大减弱。

二是，收集取证措施不够及时。电子数据类证据具有脆弱性，易被篡改和破坏，很多电子信息在保留一段时间后会自动被新的数据信息所覆盖，如果不及时收集保存，事后将难以提取。例如，一个网上开设淫秽视频的案件，犯罪嫌疑人在电脑里存储了大量的淫秽视频和网上交易的信息，由于侦查人员未能及时扣押封存，大量关键的证据信息被犯罪嫌疑人删除破坏了，致使直接指控犯罪嫌疑人的证据缺失，对案件的审查造成很大的影响。

三是，收集取证的内容不够全面。若侦查机关收集的电子数据类证据所提供内容不够全面，则有可能影响对整个案件事实的判断，也不能有效地作为证据使用。

四是，保全措施不到位。侦查机关提取收集证据时，对于相关的计算机设备、电话等大都没有采取保全措施，相关的记录也不齐全，以至于无法保证证据的真实性和完整性。例如，在一起利用网络实施诈骗的案件中，犯罪嫌疑人通过网络聊天联系被害人约会见面，后将被害人带到酒吧高额消费，骗取被害人钱财。侦查机关在收集保全证据时仅仅将网络聊天记录打印出来让犯罪嫌疑人签名确认，没有提供原始的电子存储设备，也没有提供收集提取证据的说明书。这种收集保全证据的措施不合法，也不够安全有效。

此外，目前对电子数据类证据的审查认定机制不健全。其一，电子数据类证据的采信规则缺失。我国刑事法律对诉讼证据的审查采信进行了规制，但对于电子数据类证据的适用规制没有进行明确详细的规定。实践中，司法机关对电子数据类证据如何进行审查认定、适用什么采信规则没有明确的执行标准，办案人员只能凭借自己的专业知识和办案经验进行推理认定。办案人员不同、检察机关不同，就可能会出现不同的审查认定结果，不利于执法尺度的统一。

其二，电子数据类证据的证明力认定缺失。关于证明力的把握只能依靠办案人员的日常经验进行自由裁量，这无疑给电子数据类证据证明力的认定带来了困难。

其三，电子数据类证据司法鉴定工作存在不足。一些司法鉴定机构对于电子数据类证据的系统鉴定工作了解较少，很多鉴定机构没有配置专门处理电子数据类证据的设备和技术，没有专业资质的人才，出具的鉴定意见书也过于简单和不规范。

以上配套措施的匮乏，导致案件承办人在审查认定电子数据类证据时，存在不小的困惑。

（二）非法证据排除制度

非法证据排除体现在刑事诉讼的多个环节，在侦查、批捕、起诉、审判等诉讼阶段均有涉及，是刑事诉讼法修改的一大亮点，充分显示了刑事诉讼法保障人权的理念。从调研的结果来看，一般而言，刑事诉讼法的修改促使案件承办人及时更新执法理念，更加重视对证据的审查判断，运行效果较好。无论是在批捕环节，还是在公诉环节，承办案件的检察人员都会对案件相关卷宗材料进行充分、详细的审查，对犯罪嫌疑人供述和辩解重点审查，看其供述与辩解是否与全案证据相矛盾。受理案件后，承办人能够及时告知犯罪嫌疑人有依法申请排除非法证据的权利。在讯问犯罪嫌疑人时将非法证据的法律内涵向其说明，查问侦查人员有无刑讯逼供现象，对其提出的公安机关非法取证的反映如实形成笔录。案件办理过程中，对于辩护人提出的非法取证等情形，承办人一般都认真听取，并对其反映的问题进行调查核实。

然而，从更为全面和广泛的角度出发，有关非法证据排除还存在以下问题。其一，非法证据排除制度与现行诉讼制度存在某种程度上的冲突。长期以来深藏于大多数司法工作人员心中的"有恶必报"的因果关系，致使部分案件承办人认为实体正义更加优先于程序正义。在"有罪必罚"的观念支配下，部分司法人员认为非法证据排除制度具有放纵罪犯的嫌疑，故而对于非法证据排除制度存在抵触心理。

其二，非法证据排除对象界定的模糊性，尤其是在非法证据的手段概念界定上让人不明所以，从而使制度性的规定在实际中缺乏可操作性。在传统司法重主观轻客观的观念影响下，侦查机关更加注重以讯问嫌疑人获取案件线索的路径来固定其他证据。在过于重视主观的供述态势之下，通过刑讯逼供等非法方法获取的毒树之果也较为常见。

其三，我国立法赋予了被告人及其辩护人非法证据排除申请权，允许他们通过提供相关的线索或者材料，向法院证明可能存在刑讯逼供、暴力取证、程序不当等非法证据，进而启动非法证据排除程序。然而，辩方认为法院对于其非法证据排除申请的驳斥存在不合理之处时，却不享有上诉复议等救济性的权利。

（三）监视居住适用问题研究

新刑事诉讼法对监视居住制度进行了大幅度修改，对其适用条件、执行方式和执行场所等方面进行了细化，增强了监视居住措施在实践中的可操作性，具有明显的进步。但经过调研发现,在将近一年时间的适用中,刑事诉讼法立法本身的问题已经有所凸显。首先,新刑事诉讼法未对指定居所监视居住的两种情形进行区分,即没有将因在办案机关所在地无固定住处而指定居所监视居住的情形与因涉嫌危害国家安全犯罪、恐怖活动犯罪和特别重大贿赂犯罪而指定居所监视居住的情形相区分。尽管两者在监视的内容和力度上很可能有较大的差异,但两种情形都适用折抵刑期的法律后果。除以上三种特殊类型的犯罪外,对于一般的犯罪嫌疑人、被告人而言,他们因在办案机关所在地是否有固定住所而有了住处执行和指定居所执行之分,导致二者产生了截然不同的法律后果,前者被认为是非羁押性强制措施而不能折抵刑期,后者被认为是羁押性强制措施能折抵刑期,这对适用住所型监视居住的犯罪嫌疑人、被告人来说是非常不公平的,是新刑事诉讼法关于监视居住措施规定的又一逻辑矛盾。

其次,部分法律用语和概念模糊,使新刑事诉讼法的执行大打折扣。相对于旧刑事诉讼法而言,新刑事诉讼法在法条规定上更加详细,也更具有可操作性,但是,概念和用语的模糊性并未彻底改变,在执行上依旧困难重重。关于"指定居所",究竟是由谁指定、在什么范围内进行指定没有明确。另外,该法规定,未经执行机关批准不得会见他人。这里的"他人"包不包括他的直系亲属和共同居住的人呢?这是有疑问的,特别是在犯罪嫌疑人、被告人跟家人共同居住,遇到走亲访友的情况时该如何操作呢?

最后,忽视了对共同居住人的权益保护。犯罪嫌疑人、被告人在大多情况下都是和其近亲属共同居住的,在对犯罪嫌疑人、被告人监视居住的过程中,必然会影响共同居住人的正常生活。如果对犯罪嫌疑人、被告人采取电子监控或者电话监听等措施,共同居住人的隐私等权利该如何保护呢?现行法律没有关于保障共同居住人合法权益的规定,是一个法律盲区,值得引起重视。当然,如果犯罪嫌疑人、被告人单独居住就不存在这个问题了。

根据我院调研情况,监视居住的实践操作呈现出以下几种态势:

其一,监视居住适用率低。立法规定,对犯罪嫌疑人、被告人采取监视居住措施的,由公安机关执行。这说明公安机关是监视居住措施的唯一执行机关,其他机关无权执行。但在实践中,由于程序繁琐、警力不足和民警思想抵触等原因,公安机关通常不愿意负责执行任务,一般是在履行完相关手续后,由决定机关派人执行,导致监视居住执行错位,一旦出现问题后果非常严重。这就造成了一种现象,即"检察机关不放心、公安机关不尽心"。

其二,执行机关对于"指定居所"的选择存在较多争议。新刑事诉讼法关于监视居住的执行场所,原则上是在"住处"执行,例外情况是"指定居所"执行,但法律没有对执行地点进一步细化,导致在实践中出现没有统一的参照标准、违法操作和不知如何操作等问题。同时，执行机关对犯罪嫌疑人、被告人的"固定住处"和"指定居所"理解不同，直接关系到被监视居住人的人身自由程度。

其三，执行方式不一。在司法实践中，各地区的执行方式并不相同，监控的程度也不同，犯罪嫌疑人、被告人的人身自由限制程度存在较大差异。

（四）办案期限与羁押期限的理解与执行

在调研中发现，许多案件承办人对羁押期限与办案期限之间的关系，以及对新刑事诉讼法中有关期限条文的理解存在普遍的困惑。新刑事诉讼法试图通过实务性的操作将羁押与办案期限实现部分脱离，以达到惩罚犯罪与保障人权的平衡，但这种分离并不彻底和具有可操作性。目前，这种含混不明的立法状态导致司法实践中出现许多问题，有对嫌疑人的超期羁押，更多的是案件久拖不决。例如，司法实务中对一个月的审查起诉期限便存在两种不同的认识。有人认为，该期限为羁押期限。如果羁押期限届满，可以采取取保候审的方式继续办理案件。也有人认为，一个月为办案期限，无论嫌疑人被采取何种措施，必须按照法定日期办理完毕。很显然，两种不同的认识导致案件办理期限截然不同。再者，实践中存在违规办案的情况。一种是利用取保候审、监视居住期限的规定拖延办案时间，待期限届满时才移送下一个机关处理或者做出决定；另一种是超过取保候审的期限，犯罪嫌疑人被释放后才移送检察机关审查起诉。该情形下，检察机关的通常做法是发送纠正违法建议书，但收效不大，公安机关认为这种做法并不违反刑事诉讼法规定的办案期限。

实践中还一直存在未决羁押适用任意化问题。我国刑事诉讼法中，不仅审前羁押的最高羁押期限没有受到明确的限定，就连每一个诉讼阶段的羁押期限也缺乏"最高羁押期限"的规定。因此，无论是刑事拘留还是逮捕后的审前羁押期限，都有大量的例外延长审前羁押期限的情形。为了侦破案件的需要，或者说出于期限延长的随意性，拘留的期限经常会呈现"最大化"倾向。在某些侦查人员的心目中，37日是拘留的通常期限，而不是特殊情况下的期限。除此之外，我国羁押期限与办案期限合一的规定，导致羁押一直缺乏法定依据，而且审前羁押的审批具有很强的行政化色彩，司法审查原则严重缺失。在我国，羁押期限的延长由负责侦查、起诉的警察、检察官、法官直接控制，而且是以行政性审批的方式加以审查决定，存在明显的行政化倾向。即便是侦查羁押期限的延长由检察机关予以监督和审批，但本质上仍然是追诉机关的同体监督机制，不是司法审查机制，受两者追诉职责上不可分割的联系的影响，这种审批通常是易于完成的。如上所述，新刑事诉讼法虽然对两种期限给予了一定关注，但是依然存留较多问题。

（五）技术侦查问题

为适应新形势下职务犯罪侦查需要，提高检察机关侦破职务犯罪案件的水平，法律赋予了检察机关技术侦查权。在一年的实践过程中，技术侦查的适用凸显出一些问题。

其一，技术侦查在自侦部门的办案过程中运用率非常低。原因在于，根据立法规定，技术侦查手段只能适用于已经立案的案件。然而，立案前的工作相比于立案后更难开展，因为自侦案件的侦破工作大部分在立案前的初查阶段完成，立案后检察机关多会对嫌疑人采取相应强制措施，几乎已无采取技术侦查措施的必要。此外，职务犯罪对象一般具有一定的权力，且反侦查能力较强，若欲对其采取技术侦查措施，需经过层层审批，在交予执行机关执行时，很有可能已"打草惊蛇"，该嫌疑人已转移或掩盖相应的罪证，使得侦查工作陷入尴尬境地。

其二，技术侦查措施审批程序繁琐，主要用于追捕在逃犯。由于检察机关使用技术侦查权须在立案后，且需要完全符合条件，并进行严格的审批，审批后需交由公安机关执行，程序繁琐、复杂，因此检察机关很少使用技术侦查措施，即使使用一般也多是用于追捕在逃犯罪嫌疑人，很少用来取证或获取线索。

其三，立法规定不完整，含糊不明。新刑事诉讼法对技术侦查的适用范围进行了严格限制，要求经过严格的批准手续，但对技术侦查措施究竟应如何审批，由哪一级、哪个部门，审批应该用什么样的文书，走什么样的程序都没有作出详尽的规定。

（六）检察机关社区矫正监督权

新刑事诉讼法明确了社区矫正的执行主体是司法行政机关的社区矫正机构，不再是公安机关。人民检察院对社区矫正各执法环节依法实行法律监督。目前，社区矫正检察监督的内容主要涵盖两个阶段，即对决定适用阶段和执行阶段的监督。前一阶段是指检察机关对社区矫正决定适用阶段的监督，主要包括对人民法院适用非监禁刑和裁定假释的监督和对监狱机关审批暂予监外执行和报请假释活动的监督。后一阶段是检察机关对社区矫正执行阶段的监督，主要包括对社区矫正服刑人员的交付活动及执行机关的具体执行活动是否合法，法律手续是否规范、齐全进行监督等。在监督方式上，按照法律效力和强制力依次递增的顺序，社区矫正检察监督的方式分别是提出口头意见、检察建议书以及纠正违法通知书。

新刑事诉讼法实施以来，检察机关的社区矫正监督权运行存在如下问题：

一是，专门立法的缺失，导致可操作性不强。目前，尚没有社区矫正法等专门规范明确规定检察机关行使社区矫正检察监督权，仅有2003年"两部、两高"下发的通知、2009年的试行社区矫正工作意见、2012年的《社区矫正实施办法》中单条提及。新刑事诉讼法虽然增加了社区矫正制度，但同样缺乏对社区矫正检察监督的规定，对于监督的范围、方式等都没有明确细致的规定，加之目前社区矫正自身流于形式的弊端，法院监管和社区矫正对接后，容易将检察机关的监督排除在外，让监督权搁置。

二是，执法主体多，监督权受阻。《社区矫正实施办法》在一定程度上解决了过去社区矫正执行主体不明确这一突出问题，但由于司法行政机关和公安机关长期以来职能分工定位不同，尤其是司法行政机关社区矫正机构配置不完善、执法力量弱等问题，致使矫正人员的接收、监管审批、教育矫正、处罚、解除矫正、收监执行等有关执法环节难以实现无痕化对接，容易造成执法主体间相互推诿，加之社区矫正人员数量多、交接环节复杂等现实问题的存在，致使社区矫正检察监督权运行受阻。

三是，监督机制乏力，影响监督的实际效用。检察机关依法对社区矫正工作进行法律监督，对于执法部门出现的违法违规行为可以区分情况提出纠正意见，然而比较尴尬的是，一旦被监督的执法机关拒不接受，检察机关只能向该执法机关的上一级行政主管部门发送检察建议书，如果被监督机关仍然拒绝改正，根据我国现行的法律、法规，检察机关没有其他的救济方式，这种情形势必严重影响检察监督实际效用的发挥。

四是，职能定位和机构设置限制工作形式，弱化监督。一方面是职能定位存在认知偏差。在实践中，尤其是在社区矫正工作中，由于存在牵涉部门多、工作内容繁琐、监督难度大等现实情况，检察机关往往重配合、轻制约。另一方面是监督机构设置不健全。在当前积极开展社区矫正的形势下，检察机关还没有建立起独立的社区矫正法律监督机构，直接负责行使社区矫正检察监督权的多为监所检察机构，检察人员少、年龄结构相对老化以及疲于应对上级机关开展的各类常规性检察监督活动等原因，势必制约监督工作的开展，工作形式受到限制，弱化了法律监督的力度。

（七）庭前会议

新刑事诉讼法的规定使庭前会议制度有了应用依据，尤其是在一些重大、复杂案件中适用较多。但根据调研发现，实践中庭前会议的适用仍存在许多问题。

其一，何时适用庭前会议难以把握。最高人民法院《关于适用〈中华人民共和国刑事诉讼法〉的解释》第183条规定着重强调应考虑召开庭前会议的四种情形。但在实践中，一些审判人员要么严格固守四种情形，要么嫌麻烦、图省事，很少适用庭前会议，有的法院甚至一次庭前会议都没有召开过。这在一定程度上剥夺了控辩双方沟通交流的机会、放弃了法律赋予的程序职责，不符合刑事诉讼法规定的庭前准备程序的要求。

其二，庭前会议内容偏向。根据刑事诉讼法的规定，庭前会议是针对回避、出庭证人名单、非法证据排除等与审判相关的问题听取意见。由于法律规定不具体，导致在庭前会议适用中出现了证据调查核实、质证等应在法庭调查过程中解决的问题现象，有的甚至把庭前会议变成了庭审，使庭前会议变味走调，背离了庭前准备程序的初衷，未能实现庭前会议的立法目的。

其三，忽视某些庭前会议人员参会资格。关于庭前会议的参加人员，刑事诉讼法规定为审判人员可以召集公诉人、当事人、辩护人、诉讼代理人，但在司法实践中，审判人员囿于思维定势，习惯于传统做法，召开庭前会议只召集公诉人和辩护人，忽视了当事人、诉讼代理人的参会资格，这在一定程度上剥夺了当事人、诉讼代理人的诉讼权利。

其四，对庭前会议效力认识不一。庭前会议的功能就是通过听取意见将控辩双方的争议解决在开庭之前，解决的方式是双方达成一致意见，形成合意，但对于合意意见的效力，法律没有明确规定，这导致实践中办案人员认识不一。有人认为庭前会议形成的合意意见具有约束力，控辩双方应信守合意；有人认为庭前会议形成的合意意见不具有约束力，控辩双方在庭审中可以再行提出，法院应再行核实。

其五，证据开示程序缺失。与英美法系国家不同，我国立法并未明确此项规定，然而刑事诉讼法关于庭前会议的规定中涵盖的非法证据排除问题，就与证据开示相关联。新刑事诉讼法赋予辩护人、诉讼代理人较大权利，一般来讲，辩护人自审查起诉之日起便已经了解和掌握了公诉方的证据，实际上案件证据已经向辩方开示，但公诉方对辩方证据通常并不了解，造成证据信息不对称，导致庭审时非常被动。在人民法院受理案件后的庭前准备阶段，审判人员召集庭前会议为证据开示提供了平台，庭前会议中的非法证据排除是基于辩护人掌握公诉方证据的情况下提出的，在此种情形下，尤其必要进行证据开示。

（八）刑事和解程序

新刑事诉讼法在特别程序第二章对当事人和解的公诉案件程序作了规定，

为刑事和解制度在司法实践中的应用提供了明确的法律依据,有助于发挥刑事和解的积极作用。然而,由于学术界和司法实务界对于刑事和解在刑事诉讼中的适用对象、范围、处理方式等存在不同认识,所以对于刑事和解的一些问题出现了争议性的观点。

以下内容,根据办理刑事和解案件时遭遇的问题与质疑进行整理。其一是关于刑事和解的适用范围是否过于狭窄存有不同认识。其二是"五年"起算点应如何理解。新刑事诉讼法第277条规定"犯罪嫌疑人、被告人在五年以内曾经故意犯罪的,不适用本章规定的程序"。这是刑事和解程序关于适用范围的禁止性规定。值得注意的是,"五年以内曾经故意犯罪"的起算点应当如何理解?目前主要有三种观点:有人认为应当理解为犯罪行为发生时;有人认为应当理解为法院判决时或检察院决定不起诉时,因为只有经过法律程序确认,行为人的行为才能确定为犯罪行为;还有人则认为应当参照累犯的规定,从刑罚执行完毕之日起算五年。其三是刑事和解是否为花钱买刑。其四是和解协议的效力究竟如何。刑事和解遵循的是自愿原则,这里就出现了是否当事人意思自治凌驾于司法公平正义之上的质疑。若双方当事人和解意思达成一致,但明显违反社会公序良俗时,是以当事人的意思自治为重还是以社会公平正义为先?在大量的司法实践中,不可避免出现的问题还有当事人反悔的情况。出现这样的情况,又该如何处理?

三、从实务出发,提出可行性对策

通过对新刑事诉讼法实施情况进行深入调研,我院对选定的突出性问题作了总结归纳。在此基础上,结合实际探索,从实务出发,对已经凸显的问题提出一些展望性建议,并积极思考对策,以期为立法适用及制度构建提供参考。

(一)完善电子数据类证据司法适用的建议

其一是完善电子数据类证据的收集原则。确立收集电子数据类证据的合法原则、及时迅速原则、全面无损原则及专家辅助原则。其二是规范电子数据类证据收集流程。收集电子数据类证据要首先了解案件基本情况,明确侦查的方向,准备好收集证据的设备,制订完备的勘查计划;成立现场勘查收集证据小组,分派至少两名具有资质的收集取证人员;另外要封锁收集取证的现场,防止干扰收集取证工作。在现场要保证供电,保护涉案的计算机设备等不受其他人的干涉。在特殊情形下,要采取特殊的处理措施,切断网络连接,避免网络信息被破坏。

（二）非法证据排除规则规范性适用建议

从立法方面而言，要健全程序性诉权制约机制。对于被告人及其辩护人提出的非法证据排除申请，法院应当及时受理，不得在未调查的情况下驳斥辩方的申请。经审查，若辩方提供的线索能够形成非法证据的争议焦点，则法庭应当责令控诉方承担证明所提交证据合法性的责任；如若辩方的线索并不能形成争议焦点或者辩方并不能提供相关的材料，则法庭可以驳回其申请。当事人及辩护人对于法院驳回非法证据排除申请有异议的，则可以通过程序性的上诉，请求上一级法院对于非法证据排除的申请线索进行调查核实。从司法方面，则要树立尊重和保障人权的现代法治意识。

（三）监视居住措施的完善

首先，建议采取一定的措施加以应对，以使监视居住措施发挥其应有作用。检察机关建议，执行监视居住的地点应为：犯罪嫌疑人、被告人在办案机关所在市县内经常、连续居住的一处具有合法性的房屋或者是办案机关为在本市县内没有固定住处的犯罪嫌疑人、被告人指定的专门生活居所，以及以房屋为中心，仅以满足犯罪嫌疑人、被告人日常生活这一基本需求的一定生活区域内。

其次，建立司法救济机制。在公检法机关决定和执行监视居住违法时，确保犯罪嫌疑人、被告人及其近亲属、辩护律师等可以依法向有关部门反映情况和申诉。规定执法机关的违法责任，还应当规定指定监视居住错误的情况下应承担国家赔偿责任，具体操作可以参照刑事拘留和逮捕错误的国家赔偿程序。

最后，必须兼顾第三人合法权利保护与犯罪嫌疑人、被告人监视之间的平衡。对有共同居住人的犯罪嫌疑人、被告人应该在住处执行，对其监控可以不使用录音录像，可以采取 GPS 进行定位监控，确保其不离开指定区域。针对通信监控，应当规定监听的内容不被泄露，否则将适用严格的责任追究制度和赔偿制度。

（四）对羁押期限与办案期限如何理解

首先，要掌握协调羁押期限与办案期限的基本原则。即未决羁押只具有预防功能与保障功能，不具惩罚功能，否则便违背了刑法的罪刑法定原则。羁押期限与办案期限应该实现分离。羁押期限不等于办案期限，办案期限一般长于羁押期限。延长办案期限并不当然意味着延长羁押期限。在不考虑延长及退补的情形下，一个月的审查起诉期限既是通常办案期限又是最高羁押期限。

其次，羁押应当具有明确的法律授权。授权原则不仅体现在提请审查起诉之前对犯罪嫌疑人的羁押具有法律授权，也应贯彻到审查起诉和审判等阶段。羁押作为剥夺犯罪嫌疑人人身自由的一种状态，应当遵循比例性原则的要求，包括三方面内容：符合客观情况的需要，具有相应的法律依据，强度不能超过必要程度。

协调我国羁押期限与办案期限关系的路径选择，不可避免地要对立法及执法规范进行修改及完善。首先，要在刑法总则中予以规定，人民法院、人民检察院和公安机关进行刑事诉讼，非经法律授权，不得对任何人实行羁押。目的在于明确羁押的权限来源，非法律授权不得为之，否则便构成违法。

其次，修改刑事诉讼法第169条第1款的规定，人民检察院对于公安机关移送起诉的案件，应当在一个月以内作出决定，重大、复杂的案件，可以延长半个月。被羁押的犯罪嫌疑人，期满尚未审查完毕的，应当立即释放，需要继续查证、审查的，可以取保候审或者监视居住。办案期限的延长应当经省、自治区、直辖市人民检察院批准或者决定。同理，对人民法院的审理期限也应当实现羁押与办案的分离。

最后，应当允许犯罪嫌疑人、受害人遭遇违规办案时获得救济。案件的久拖不决对犯罪嫌疑人来讲，会造成巨大的压力；对受害人而言，迟迟未获得补偿及心灵安慰，社会秩序即没有得到修复。然而，法律并没有赋予其获得救济的权利，这显然是不太合适的。应当在执法规范中增加规定，对于案件事实清楚、证据充分的案件，人民法院、人民检察院、公安机关无故拖延的，当事人可以向有关部门进行申诉，并要求追究相关人员的责任。

（五）技术侦查立法建议

对于赋予侦查部门技术侦查权，尤其是赋予检察机关技术侦查权，目前学界仍是众说纷纭，但仅从检察实践看其中存在的问题，根据调研结果，现提出一些浅显的建议。

建议降低贪污贿赂犯罪使用技术侦查措施的涉案金额。从基层院的实际情况考虑，可将采取技术侦查措施的贪污贿赂类案件的涉案金额降为五万元。对于某些挪用公款犯罪，可以规定在某些情况下能采取技术侦查措施，比如挪用公款进行营利或从事犯罪活动，或者多次挪用公款、情节严重的，可以参照贪污贿赂类犯罪采取技术侦查措施。

建议明确审批程序，检察机关技术侦查措施的审批权由检察机关内部进行审批。笔者认为，应采取双重审批制，即检察机关自侦部门需要采取技术侦查措施时，应当报本院检委会审批，在案情特别紧急的情况下也可由本院正职检察长批准，采取技术侦查措施在由本院检委会或检察长批准后，应再报上一级检察院侦查监督部门同意。上一级侦查监督部门接到审批申请后，应在48小时内进行审查并作出答复，必要时可延长至72小时。无论是本级检委会、检察长，或上级侦查监督部门在审查时可以从以下几方面进行审查：是否符合法律规定适用技术侦查的条件；适用对象是否正确，除嫌疑人或被告人以外的其他人均不得适用；是否有必要适用技术侦查措施；是否用于侦查目的；技术侦查方案中是否有相应的保密措施等。

（六）完善检察机关社区矫正监督权

其一是通过立法细化检察监督的内容，除了明确界定社区矫正的适用范围、法律性质、参与主体、工作程序、监管措施、职权职责、权利义务、救济方式、法律责任等当前存在的比较突出的问题外，还需要规定检察监督内容，对行使监督权的主体、权力范围、介入监督方式、监督事项、监督手段、监督程序等作出明确细致的规定。

其二是以检察监督形式促成联动机制。矫正工作正式开始后，检察机关并不是置身事外，而是需要从各个方面全程监督矫正工作的开展，发现有违法违纪情形时，及时与公安机关沟通，配合处理，严重的要追究刑事责任。

其三是建立多元化的动态监督机制，全方位、全程化跟踪。定期召开检察院、法院、公安机关、司法行政机关等部门联合座谈会，共同商讨社区矫正工作及法律监督中的难题；开展走访和回访，对所辖区域社区矫正执法活动、人员矫治情况进行调查访问和核实监督，建立矫正档案。采取定期和不定期相结合的方式，与矫正人员进行座谈，了解矫正动态，并及时更新矫正档案等。

其四是健全监督机构。赋予监所检察机构更多的监督职权。在符合人民检察院内部机构设置规定的前提下，选派专人负责社区矫正检察监督工作，并提供专项经费保障，有条件时可建立专门的社区矫正检察监督机构。

（七）庭前会议的制度设计

为严格执行新刑事诉讼法关于庭前会议制度的规定，切实提高庭审效率，有必要对庭前会议制度作出程序设计，构建规范、合理的庭前会议程序。庭前会议应秉承平等公正、协商一致、有利诉讼、注重实效的原则。同时，建议从以下三个方面对庭前会议进行理解和适用。

其一，庭前会议的启动。从保障司法公正、确保控辩双方权利平等的角度出发，控辩双方都有提出召开庭前会议的权利，人民法院可以根据审判案件的实际需要,决定是否召开。具体来说,庭前会议的启动方式有三种:一是,人民法院根据案件情况,自行决定召开;二是,人民检察院认为有必要召开庭前会议的,建议人民法院组织召开;三是,当事人及其辩护人、诉讼代理人针对案件管辖、回避、非法证据排除、调取证据、庭审程序、审理方式、申请重新鉴定或者勘验、申请证人或者鉴定人出庭作证提出意见或者申请的,法院可以决定召开。"审判实际需要"应当是人民法院审判人员是否决定召开庭前会议的判断标准。

其二,庭前会议的目的及内容。庭前会议的召开主要是针对有分歧的案件、重大复杂案件、有重大社会影响的案件。内容一般来讲包括案件管辖、人员回避、申请调取证据、证据开示及证据整理、出庭作证人员名单、非法证据排除、申请重新鉴定或者勘验、明确争议焦点、审理方式、其他有利于庭审的事项。

其三,庭前会议的记录及效力。人民法院庭前会议的全部活动和情况,是解决法庭审理相关问题的重要依据,应由法院书记员制作笔录,存卷备查。庭前会议是庭前准备程序,而非实质性处断程序,其效力取决于参会各方的意思表示和一体合意,取决于会议各方对合意的自觉遵守与履行,而不具有约束性效力。会议各方对庭前会议形成的合意在会后产生质疑或者异议的,可以在庭审期间再行提出,法庭应当准许。

(八)对刑事和解若干疑问的解答

在刑事和解的适用中,要严格把握其适用范围。需要注意的是,适用刑事和解的必要前提是犯罪嫌疑人、被告人真诚悔罪。对于不属于刑法第四章、第五章中的罪名,不适用刑事和解这一特殊程序的犯罪,例如交通肇事罪等,犯罪嫌疑人、被告人与被害人达成调解协议的,可以依法得到从宽处理,因此没有必要对现行法律作出扩大解释。

刑事诉讼法第277条规定"犯罪嫌疑人、被告人在五年以内曾经故意犯罪的,不适用本章规定的程序"。这是刑事和解程序关于适用范围的禁止性规定。此处,"五年"的起算点应理解为犯罪行为发生之时。累犯虽然具有较大的社会危险性,但并不能因此就一概认为累犯不能适用刑事和解,因为在任何犯罪过程中,犯罪分子是否累犯,对被害人造成的伤害都是一样的,而通过刑事和解可以快速弥补被害人的物质和精神损害,这样的效果也是一样的。

在签订刑事和解协议的过程中,被害人向加害人提出和解条件的依据是个人受侵害状况以及恢复情况。但被害人存在的一些潜在损害可能日后才显露出来,或者受侵害的情况严重恶化。出现类似情势变更时,被害人如果要求对原和解协议进行合理变更应当得到法律的支持。被害人可以与加害人协商增加赔偿数额,如果协商不成,被害人可以通过向人民法院提起民事诉讼的方式来解决。反之,如果情势变更出现在司法机关作出有关加害人的决定之前,加害人与被害人双方协商不能达成一致意见时,被害人可以要求解除之前的刑事和解协议,司法机关按照通常程序处理案件。

四、执法办案中的积极探索

为做好新刑事诉讼法与日常办案工作的无缝衔接,深入贯彻落实先进司法理念,提高执法能力,规范办案流程,我院在深入调研的基础上,在理论构建上对有关制度或者机制予以完善、修改,并在日常检察工作中进行初步检验。经过探索和实践,在非法证据排除、辩护人及诉讼代理人权利保障、附条件不起诉与未成年人犯罪刑事和解方面取得了可喜的成绩。

非法证据排除是刑事诉讼法修改的一大亮点,但如何认定非法证据,在各诉讼环节如何排除,以及如何建立有效机制、规范取证行为、引导依法取证、避免非法取证,如何加强对取证行为的监督,包括对非法取证的责任追究等,都需要进行机制探索。经过充分的调研,并结合实际经验,我院侦监科制定了《荥阳市人民检察院侦查监督部门关于刑事诉讼证据合法性审查若干问题的规定(试行)》。目前,该规定正处于试行阶段,案件承办人对于试行中的问题及时反馈,政研室对于运行效果严密观察,并及时修正相关内容。

新刑事诉讼法对辩护制度进行了修改和完善,强化了辩护人的权利。如何在刑事诉讼活动中保障辩护人行使权利,不仅需要严格执行法律规定,更需要转变观念。我院在充分调研的基础上,制定了《荥阳市人民检察院律师接待管理办法》,并于 2013 年 4 月 7 日第八届检察委员会第一次会议通过。该办法的实施提高了工作效率,进一步规范了办案流程管理,保障了律师及其他辩护人、诉讼代理人的合法权益。2013 年以来,我院共接待律师首次来访 39 人次(其中接待辩护人、诉讼代理人阅卷 39 人次,接受案件查询 45 人次,提供案件资料查询、复印近 4000 余页),未收到律师投诉。热情、耐心、细致地做好预约接待、意见转达等各项工作,尽可能为律师提供便利,依法保障律师执业,对维护犯罪嫌疑人、被告人合法权益,保证案件质量,促进司法公正等方面发挥了积极作用。

本着对犯罪的未成年人实行教育、感化、挽救的方针,坚持教育为主、惩罚为辅的原则,新刑事诉讼法设置了附条件不起诉制度。虽然立法规定了其适用范围,但针对实践中的未成年人刑事案件,是作起诉处理、附条件不起诉还是相对不起诉,案件承办人常常难以把握。为了确保新刑事诉讼法的贯彻与落实,更好地把握立法原则和精神,结合调研内容,我院未检科制定了《附条件不起诉风险评估测评方案(试行)》,以期辅助承办人对未成年犯罪嫌疑人的人身危险性及悔罪表现进行科学判断,从而为是否作出附条件不起诉决定提供借鉴。本方案包括附条件不起诉对象风险评估测评问卷、附条件不起诉对象风险评估测评问卷计分标准、附条件不起诉对象风险评估测评实施方案三个部分。研究室对该调研成果的运行进行持续跟踪,密切关注实施效果。案件承办人表示,通过对测评对象的打分及分析,该试卷能较好地反映出未成年犯罪嫌疑人的日常表现及人身危险性。而且,由于涉案的嫌疑人多为在校学生,基本能够如实填写测评表。经过考察,凡是父母疏于管教、经常上网、共同生活的近亲属有犯罪经历的未成年人,其测评得分较高,再犯可能性较大,又因缺乏良好的帮教环境,一般作起诉处理。

  同时,我院未检科以此次调研成果为理论支撑,并结合实践经验,制定了《荥阳市人民检察院未成年人犯罪案件刑事和解实施办法(试行)》。正确实行刑事和解,有助于未成年犯罪嫌疑人反思自己的行为并彻底悔罪,避免交叉感染、防止因被贴上"罪犯"标签而重新犯罪,有效增强了他们的法律意识和社会责任感,起到了惩治打击和教育、预防犯罪并重的作用。例如,2013年办理的乔某、鲁某寻衅滋事案。两名犯罪嫌疑人均系荥阳一中专在校学生,并处在毕业关键期。某晚酒后,因发生口角将四名男孩打成轻微伤。承办人调查得知,两人在校表现较好,没有劣迹,是因一时气愤而实施了犯罪行为。案发后两人认罪态度较好,且其家人多次找到被害人协商。虽然此案件不属于刑事诉讼法规定的刑事和解范围,但根据我院制定的实施办法第二条第一款的规定,可以参照刑事和解程序予以适用。因此,承办人主动组织嫌疑人家属与被害人进行协商,仔细讲解当前的刑事和解政策,后双方当事人达成了一致的赔偿意见,被害人均对两名嫌疑人表示谅解。我院最终对乔某和鲁某作了附条件不起诉处理,二人重新回到校园。未成年人刑事和解实施办法的规定,也有利于实现被害人利益的最大化。在未成年人犯罪的刑事和解案件中,为争取宽大处理,犯罪嫌疑人通常愿意积极赔偿被害人损失,而被害人为尽快弥补因犯罪行为遭受的损害,通常也愿意进行和解。两者进行协商完全取决于他们的自由意志。但在实践中,有很多被害人并不了解该程序,根据我院制定的办法,在收到案件三日之内承办人必须告知双方当事人相关权利义务,从而使被害人参与到案件中来,促成了双方当事人的和解,实现了被害人利益的最大化。

(王莉、贾健 河南省荥阳市人民检察院、西南政法大学法学院)

第一章 保障辩护人、诉讼代理人诉讼权利机制研究

辩护与代理是一项重要的刑事诉讼制度,是尊重和保障人权的重要体现与实现载体,对于保障犯罪嫌疑人、被告人的合法权益、促进司法公正具有十分重要的意义。随着社会的发展和人民法制意识的不断增强,原有刑事诉讼法中关于辩护制度的内容已经不能满足现实的需要。正是基于此,新刑事诉讼法对辩护制度作了较大幅度的修改,对辩护人、诉讼代理人的权利进行了强化,体现了刑事诉讼法对犯罪嫌疑人、被告人合法权益的保护,这无疑是此次刑事诉讼法修改的一大亮点。如何在刑事诉讼中保障辩护人行使权利,不仅需要严格执行法律规定,更需要转变观念,也有必要系统梳理新刑事诉讼法关于辩护人、诉讼代理人的权利与义务的规定,建立必要的工作机制,从机制上予以保障。笔者拟在司法实践的基础上,对这一制度的修改完善与保障落实做一粗浅的探讨。

第一节 新刑事诉讼法对辩护制度的相关规定

一、新刑事诉讼法对辩护制度的修改和完善

新刑事诉讼法的一大亮点是对辩护制度的修订和完善,体现了总则中第二条"尊重和保障人权"的基本要求,强化了犯罪嫌疑人、被告人的诉讼主体地位和防御权利。修改内容包含了侦查阶段辩护律师地位的确立、律师辩护范围的扩大、侦查阶段会见权的保障、阅卷权的保障、法律援助范围的扩大等诸多方面,充实了辩护权的内容,强化了辩护权的保障体系,符合我国社会主义民主法治建设的总体要求。

1. 侦查阶段辩护律师地位的确立。刑事诉讼法第33条规定:"犯罪嫌疑人自被侦查机关第一次讯问或者采取强制措施之日起,有权委托辩护人;在侦查期间,只能委托律师作为辩护人。被告人有权随时委托辩护人。……"这

一规定将律师介入刑事诉讼的起点提前至侦查阶段,"律师第一次名正言顺地从案件侦查一开始就有了辩护人身份,能够在侦查阶段受到辩护人应有的法律待遇"。① 这些相应的法律待遇,包括为犯罪嫌疑人提供法律帮助、同在押的犯罪嫌疑人会见、申请调查取证、申请变更强制措施、提出意见等。这些权利的行使和保障,在刑事诉讼法第36条、第37条、第39条都有具体的规定。

2. 侦查阶段会见权的保障。刑事诉讼法第37条规定,辩护律师持规定的"两书一函"证明文件,享有自由会见在押犯罪嫌疑人、被告人的权利,并且不被监听。"看守所应当及时安排会见,至迟不得超过四十八小时";同时规定"危害国家安全犯罪、恐怖活动犯罪、特别重大的贿赂犯罪案件",在侦查期间要求会见的,应当经侦查机关许可。与1996年刑事诉讼法相较,律师自侦查阶段(除规定的"三类案件"外)即享有会见权,不必经人民检察院许可,且不被监听这项规定在客观上减少了律师会见的束缚,更有利于犯罪嫌疑人、被告人向辩护律师坦陈案件情况,收集无罪、罪轻的证据,有效保障其合法权益。从另一方面来讲,也可弥补侦查机关重有罪证据轻无罪证据的不足,更有利于了解掌握案件全貌,防止错案的发生。

3. 审查起诉阶段阅卷权的保障。刑事诉讼法第38条规定"辩护律师自人民检察院对案件审查起诉之日起,可以查阅、摘抄、复制本案的案卷材料"与1996年刑事诉讼法第36条规定的"可以查阅、摘抄、复制本案的诉讼文书、技术性鉴定材料"相比,范围扩大到全案的卷宗材料。这一修改扩张了律师的阅卷权,有利于其了解司法机关指控的犯罪事实和证据材料,为在庭审阶段为被告人提供有效辩护做足准备,做到有的放矢。

4. 法律援助范围的扩大。新刑事诉讼法第34条完善了关于法律援助的相关规定,扩大了刑事法律援助的适用范围和对象范围,增加了"尚未完全丧失辨认或者控制自己行为能力的精神病人"和"犯罪嫌疑人可能被判处无期徒刑"两类案件;并且提前了法律援助的诉讼阶段,将原有的"人民法院应当指定"的规定,修改为"人民法院、人民检察院和公安机关应当通知法律援助机构指派律师为其提供辩护",将公安机关和人民检察院增加为通知辩护义务的主体,为更好地保障犯罪嫌疑人、被告人依法行使辩护权提供了重要制度保障。

5. 证人、鉴定人出庭制度的积极意义。新刑事诉讼法新增第187条、第188条,对证人、鉴定人出庭作证作出了相关规定。明确了"三个条件"同时具备的证人出庭作证的义务,即"公诉人、当事人或者辩护人、诉讼代理人

---

① 田文昌、陈瑞华:《刑事辩护的中国经验》,北京大学出版社2012年版,第334页。

对证人证言有异议,且该证人证言对案件定罪量刑有重大影响,人民法院认为证人有必要出庭作证的,证人应当出庭作证";规定了应当出庭作证的证人、鉴定人不出庭的法律后果,即"经人民法院通知,证人没有正当理由不出庭作证的,人民法院可以强制其到庭,但是被告人的配偶、父母、子女除外"和应当出庭而不出庭的鉴定人意见不得作为定案依据。该两项规定是证人出庭作证制度在立法上的重大突破,虽然还存在一些缺憾和不足,但也具有一定的积极意义:一是能够促进证人出庭作证的数量;二是打破"鉴定结论"作为证据材料绝对正确的无上权威,"鉴定人意见"作为证据必须得到质证,防止鉴定结论和鉴定活动游离于法庭审理之外,成为诉讼过程中最容易被利用的行为;① 三是增强控辩式庭审的质量和效果。过去证人出庭少的情况下,公诉人、辩护人法律质证能力和技巧得不到有效施展和检验,庭审质证中交叉询问能力和逻辑抗辩能力得不到增强和提高。相信随着越来越多证人出庭情况的出现,控辩双方这方面的能力得到加强,也有利于增强控辩式庭审的质量和效果。

二、辩护人权利的强化体现司法理念的转变

2012年刑事诉讼法修改,是继1979年刑事诉讼法颁布以来,修改规模最大、内容最多的一次。其"尊重和保障人权"的理念,在诸多条文中得以体现,以辩护制度中表现得最为突出。如何在司法实践中严格执行,不断促进执法规范化和司法公正,有赖于司法机关的理念转变。"中央政法委在召开的实施新法座谈会上强调各级政法机关要强化人权意识、程序意识、证据意识、时效意识、监督意识。"② 本文试从以下几个方面阐述辩护人权利强化所体现的司法理念转变。

1. 由传统的重打击犯罪向尊重和保障案件当事人合法权益转变。受传统"侦查中心"主义的影响,刑事诉讼活动中,公安机关以打击为主,检察机关、法院的大量的工作都是围绕如何定罪量刑来做的,难免出现重有罪证据收集,轻无罪、罪轻证据收集的现象。新刑事诉讼法第35条规定:"辩护人的责任是根据事实和法律,提出犯罪嫌疑人、被告人无罪、罪轻或者减轻、免除其刑事责任的材料和意见,维护犯罪嫌疑人、被告人的诉讼权利和其他合法权

---

① 田文昌、陈瑞华:《刑事辩护的中国经验》,北京大学出版社2012年版,第372页。
② 卢乐云:《我国刑事检察可见度发展的价值取向及其影响和适应》,载《中国检察官》2013年第2期。

益。"该条规定从辩护的角度弥补了司法机关的错误认识和偏颇做法,有助于实现司法的公正。重打击犯罪观念往深层讲,是"有罪推定"理念的外在表现形式,对于刑事案件的犯罪嫌疑人、被告人先入为主地认为他是有罪的,然后千方百计地收集其有罪证据,甚至不惜采取刑讯逼供等非法手段。于是就出现了湖北佘祥林案、河南赵作海案等较为典型的冤假错案,被媒体和群众戏称为"亡者归来",严重影响了司法机关的权威和公信力。

  2. 由重实体轻程序向实体程序并重转变。程序公正作为司法公正的重要内容,受到世界各国越来越多的重视。司法实践中,法官、检察官们也常以实现实体正义为最高目标,殊不知实体正义尚需程序正义作保证。① 在重实体轻程序理念的影响下,往往考虑对犯罪嫌疑人、被告人的定罪、量刑是否恰当,而忽视了办案过程中是否存在超期办案、违法办案、损害当事人合法权益等程序问题。新刑事诉讼法第50条、第52条、第54条、第55条、第56条等关于证据制度的条文,规定了"不得强迫任何人自证其罪"、"非法证据的排除规则"等内容,体现了对追求程序公正的司法导向。在司法实践中,程序公正理念表现在以下几个方面:一是"审判中立"。即法官在审判过程中的一切活动都必须严守中立,不得偏袒任何一方当事人,必须允许和尊重案件当事人在依法的前提下行使其合法权利,不得受个人情绪干扰故意忽视或压制任何一方。一旦法官做出有害程序公正的行为,必将有害判决结果的公正,进而妨害司法公正。正如英国先哲培根所说:一次不公正的审判比十次犯罪为祸更甚,因为犯罪只是弄脏了水流,不公正的审判则是污染了水源。二是程序及时。一方面,"迟到的正义即为非正义"。如果不能按照法律规定的期限和顺序来办理案件,那么案件当事人的合法权益就不能得到及时有效的维护,同时也会大大削弱刑罚的震慑作用,等于放纵了犯罪。另一方面,也应当反对不顾办案规律的、不合理的求快现象。如一些司法机关假借提升办案效率之名,提出"快捕、快速、快判"办案新要求,这在客观上妨害了辩护律师有效行使辩护权。有的案件还来不及聘请律师,或律师还来不及了解案件的情况,案件就已经进入判决阶段,造成辩护律师的相关权益被架空。三是平等参与诉讼。按照刑事诉讼法的规定,案件参与者的合法权益都应当得到保障,其人格应当受到尊重和平等对待,并受到人道的对待。例如刑事诉讼法第117条规定:"……不得以连续传唤、拘传的形式变相拘禁犯罪嫌疑人。传唤、拘传犯罪嫌疑人,应当保证犯罪嫌疑人的饮食和必要的休息时间。"也就是说,侦查机关在依法行使传唤、拘传等权力的时候,不得损害或剥夺犯罪嫌疑人的生存权、休息权

---

① 路梅:《浅议实体正义与程序正义》,载《法制与社会》2008年第32期。

等合法权益。

3. 由重言词证据向重物证转变。刑事诉讼法第54条规定:"采用刑讯逼供等非法方法收集的犯罪嫌疑人、被告人供述和采用暴力、威胁等非法方法收集的证人证言、被害人陈述,应当予以排除。收集物证、书证不符合法定程序,可能严重影响司法公正的,应当予以补正或者作出合理解释;不能补正或者作出合理解释的,对该证据应当予以排除。"该条规定基本包含了两个方面的内容:一是对以非法方法取得的言词证据无条件排除;二是对违反法律程序收集的物证、书证有条件地排除。违法取得的物证、书证,要在达到严重影响司法公正的程度,又不能补正或者作出合理解释的情况下,才予以排除。该条规定催生了侦查机关从"由供到证"向"由证到供"侦查模式的转变。以往受到单纯办案思想影响,采取刑讯逼供、暴力取证等手段突破案件的情况时有发生,一旦到审查起诉阶段犯罪嫌疑人、被告人又往往会翻供,证人证言也会受到诸多因素的影响和干扰而发生变化,影响诉讼的顺利进行。而对非法取得的言词证据无条件排除的规定,使绝大多数侦查人员在权衡利弊之后,主动放弃对口供的单纯依赖,转而重视外围物证、书证的收集与固定,形成了物证、书证→言词证据的侦查新模式。

4. 由行使权力向保障权利转变。在刑事诉讼活动中,侦查机关的侦查权、检察机关的公诉权和法律监督权、法院的审判权都属于职能部门的"权力",而辩护律师的辩护权则是属于与"义务"相对应的"权利"。现代刑事诉讼中的辩护,是指犯罪嫌疑人、被告人在刑事诉讼中,依法针对指控,根据事实和法律,从实体和程序上,提出有利于被指控人的证据和意见,论证控方的指控不能成立,维护被指控人的合法权益,使其免受不公正对待和处理的一系列行为的总和。① 这样看来,刑事诉讼中的辩护权的行使,对维护法律公正具有促进作用,这与人民检察院、人民法院规范执法行为、谋求司法公正的目标是一致的,这与新刑事诉讼法"尊重和保障人权"、促进程序公正的目标也是一致的。辩护权和指控权具有天然的对抗性,没有指控就没有辩护,② 但庭审中的对抗关系,并不能视为刑事诉讼中的对立关系,辩护权的行使,贯穿于刑事诉讼的过程当中,其权利的实现,与司法机关依法履行职责具有牵连性,出于实现司法的公平正义目的,可以合作共赢。

---

① 樊崇义主编:《刑事诉讼法学》,法律出版社2009年版,第310页。
② 蓝向东:《刑事诉讼中程序辩护与诉讼监督关联性研究》,载《中国检察官》2013年第6期。

第二节　刑事诉讼中辩护人权利行使与保障

尽管 2012 年新刑事诉讼法对与辩护有关的条文修改达数十条之多，但在实际执行中，辩护律师和司法机关都遇到不少的问题和困惑，有些问题双方的争论还比较激烈。

一、辩护人、诉讼代理人行使权利过程中遇到的困难和障碍

一是关于律师会见权实现的保障。刑事诉讼法规定，一般情况下，辩护律师持"三证"可无障碍会见，并且会见过程不被监听。辩护律师认为在对 48 小时内安排会见的理解与适用方面，办案机关存在故意曲解和刁难之嫌。在 48 小时内作出了安排，但安排的是两个月之后会见；"至迟 48 小时"，有可能变成所有的会见都拖到 48 小时以后。[①] 对于律师会见权的保障，反而成为对其权利的限制。并且对三类犯罪案件的规定不具体，特别是对"特别重大贿赂犯罪案件"，法律没有明确的界定，而在许可的主动权掌握在办案机关手中，基于该类案件证据一对一的现实情况下，侦查机关出于对辩护律师的防范心理，往往以此为由不许可会见，客观上造成对犯罪嫌疑人、被告人会见权的限制，有失公正。

二是因律师阅卷权引发的证据开示、证据突袭问题。刑事诉讼法第 38 条规定："辩护律师自人民检察院对案件审查起诉之日起，可以查阅、摘抄、复制本案的案卷材料。"司法实践中对该条理解为律师可以查阅、摘抄、复制公诉机关掌握的全部案件材料。刑事诉讼法第 39 条规定："辩护人认为在侦查、审查起诉期间公安机关、人民检察院收集的证明犯罪嫌疑人、被告人无罪或者罪轻的证据材料未提交的，有权申请人民检察院、人民法院调取。"对于此条规定，大部分律师有一个担忧，受有罪推定思想的影响，侦查机关对有利于被告人的证据可能根本不入卷，律师根据看不到，再者即使辩护律师提出调取证据的申请，人民法院、人民法院不调取怎么办？在法律没有规定的情况下，辩护律师的该项权利并不一定能够得以实现。从另一方面来说，即使人民法院、人民检察院依据律师的申请调查取证，调查取证的标准怎样，是否能够保证调查取证结果达到律师的要求，仍是一个问题。刑事诉讼法第 40 条规定："辩

[①]　田文昌、陈瑞华：《刑事辩护的中国经验》，北京大学出版社 2012 年版，第 356 页。

护人收集的有关犯罪嫌疑人不在犯罪现场、未达到刑事责任年龄、属于依法不负刑事责任的精神病人的证据,应当及时告知公安机关、人民检察院。"此条规定也可以看作是我国刑事诉讼法首次确立了"证据开示"。① 此条规定明确了辩护律师负有证据开示的义务,但对律师先不取证,等审查起诉后再取证,或虽然取证了,但不交给公诉方,直到法庭辩论上再拿出来搞"证据突袭"的情况,又该如何处理,也没有明确规定法律后果。

三是法律援助面临的窘境。刑事诉讼法第34条规定虽然将援助范围扩大、将适用援助的阶段延长,但我国目前的司法现状与国际化的法律援助相比,还存在较大差距。(1) 提供法律援助的经费十分有限,提供法律援助的律师所获得的报酬有限。根据国务院《法律援助条例》的规定,法律援助是政府的责任,各级司法行政部门负责监督管理法律援助工作,但许多地方把法律援助的政府义务转嫁给了律师,或由司法局将法律援助案件当成任务,摊派给律师事务所,并最终分配给了律师。(2) 法律援助的效果得不到保证。法律援助案件收入少,律师处于被动接受的地位,缺少工作责任和热情,加之法律援助的质量和标准无具体规定,造成法律援助只是走过场,结果不尽如人意。

二、司法机关在保障辩护人、诉讼代理人权利方面存在的困惑和尴尬

在新刑事诉讼法的适用过程中,对于辩护制度,司法机关同样面临着方方面面的问题亟待解决:

一是律师无障碍会见权及会见的私密性规定对司法机关办案结果的冲击。随着社会经济的高速发展,各类犯罪呈高发态势,同时呈现作案隐蔽性强、智能化程度高等特点,相对应的是司法机关案多人少、人员年龄结构老龄化、知识结构的配置不科学的问题,这些给案件的成功办理带来一定的难度。而刑事诉讼法对辩护权的修改,扩大了律师的自由会见权,且辩护律师会见犯罪嫌疑人、被告人时不被监听。这种情况无形中会给承办人造成压力,甚至不排除一些律师的违法行为造成案件证据发生变化,甚至有可能牵扯大量的警力来重新补强证据,或者造成案件流失。以检察机关办理的贿赂案件为例,其证据本身就是一对一的,稍有疏漏就可能造成证据灭失,并且难以再取得。实践中也发生过辩护律师在会见中,私自夹带纸条,为犯罪嫌疑人及其家属通风报信的案

---

① 苏海东、杨迎春:《试论辩护人在庭审中证据突袭之责任辨析》,载《中国检察官》2013年第5期。

件。为防止该类情况出现，侦查机关在保障辩护人会见权方面就玩起了文字游戏，对48小时内安排会见的规定，解释为对会见要求作出安排，具体安排时间则不一定是48小时了。另外，掌握三类案件的会见许可权，以属于特别重大贿赂案件，需要保守案件秘密为由，不许可会见在押的犯罪嫌疑人，也不告知其相关的案件信息。这样做，客观上侵害了犯罪嫌疑人的合法权益，受到律师界和法学界的普遍诟病。

二是律师调查取证权制度设计的缺陷造成侦查信息的不对称。刑事诉讼法第39条、第40条的规定，确立了辩护律师向公安机关展示三种证据的义务，同时赋予了辩护律师一定条件下的调查取证权。辩护律师通过查阅、摘抄、复制案件材料，有了全面掌握指控犯罪的证据的机会，以及收集被告人无罪证据，甚至包括可能有利于被告人的有关量刑情节。相反，对辩护人收集的有关犯罪嫌疑人不在犯罪现场、未达刑事责任年龄、属于依法不负刑事责任年龄的精神病人的证据，只规定了"应当及时"告知公安机关、人民检察院，至于在什么阶段告知，何时告知，不履行告知义务所应承担的法律责任等，并没有相应的规定。辩护律师出于追求庭审效果、提高知名度等考虑，有可能搞证据突袭。如此，则形成公安机关、检察机关掌握的案件信息少于辩护律师，案件证据开示的不对等，影响了诉讼质量和效果。

三是法院、检察院对辩护人申请调取证据要求的执行缺乏具体的标准。刑事诉讼法第39条规定："辩护律师认为在侦查、审查起诉期间公安机关、人民检察院收集的证明犯罪嫌疑人、被告人无罪或者罪轻的证明材料未提交的，有权申请人民检察院、人民法院调取。"但是，在实际操作中，达到什么样的标准才必须调查取证，以及按照什么样的标准来调查取证，均无相关的规定。还有，法院、检察院依据律师的申请调查取证，该调查取证行为的审批权限又该是怎样的呢？这些困扰，可能影响到辩护人申请调查取证权的有效落实，进而引起辩护律师对办案机关的不满。

四是非法证据排除，证人、鉴定人出庭作证制度对司法机关办案人员提出更高的要求。新刑事诉讼法第57条、第58条、第187条、第188条规定对检察人员出庭支持公诉、履行控诉职责提出了更高的要求。对非法证据排除的证明责任和证明标准，明确规定了审判人员只要认为可能存在非法取证的情形，就要对证据收集的合法性进行法庭调查。在启动这个程序的过程中允许被告人及其辩护人先提供相应的线索或证据，其后证明责任就倒置，由公诉方承担证明责任，证明侦查程序的合法性，由公诉方自证清白。[①] 公诉人对出庭作证的

---

① 田文昌、陈瑞华：《刑事辩护的中国经验》，北京大学出版社2012年版，第385页。

证人、鉴定人，以及作为证人的侦查人员，需要掌握一定的询问技巧，如果公诉人没有选择好正确的询问策略，在复杂的庭审中就不可能掌握主动权。从司法机关队伍的现状来看，当前还不能很好地适应新刑事诉讼法对其形成的挑战，对激烈的法庭对抗缺乏信心，示证质证能力以及询问技巧有待于进一步加强。

五是司法机关在执法过程中受到行政干预和业绩考评的影响。在我国现阶段，司法机关的执法办案活动往往受到来自地方的行政干预，特别是在贪污贿赂案件、渎职侵权案件的办理过程中，拉关系、打招呼的现象屡见不鲜，办案人员要顶住来自方方面面的压力，容易被一些情况所左右办人情案、关系案，对被害人、辩护人、诉讼代理人的合法权益造成侵害。如赵作海案件，就是当地政法委从中干预造成的结果。另外，办案人员出于业绩考评的需要，响应上级对案件"立得起、诉得出、判得了"的要求，为防止办案过程中出现意外情况，快捕快诉快判，客观上影响了辩护律师、诉讼代理人合法权益的行使，有的案件甚至辩护律师还没来得及阅卷、会见，就已经被通知开庭，被告人无罪、罪轻的证据就来不及发现和收集。

三、辩护人权利行使与保障存在冲突的原因分析

虽然新刑事诉讼法对辩护人权利有所扩大，但是在刑事诉讼中，辩护律师诉讼权利的行使经常受到各种阻力。产生这种现象的原因是多方面的，其中主要原因有三个方面：一是司法实践中，人们的思想跟不上先进执法理念，受有罪推定的影响，重实体轻程序、重打击轻保护的思维仍然存在于许多人思想当中；二是法律制度不完善，赋予辩护人、诉讼代理人的权利还有诸多限制；三是辩护人、诉讼代理人队伍的人员素质有待加强。

1. 现有执法理念不符合现代司法理念的要求。无罪推定原则是现代法治国家普遍确立的一项基本原则，它在刑事诉讼中具有重要作用，这一原则已成为程序正义的核心，辩护制度的产生也是以这一原则为前提的。[①] 但是，由于受传统"有罪推定"理念的影响，侦查机关大多数情况下的做法是对抓获的犯罪嫌疑人，通过各种手段来收集证据，证明其犯罪的事实，认定其有罪；接下来，人民检察院、人民法院的主要任务就是围绕定罪量刑来做工作。司法机关办理一个案件所付出的诉讼成本不愿意被随意破坏。而辩护人所做的一项重要工作就是否定司法机关的结论，因此，他们在刑事诉讼中受到阻碍是必然

---

① 《辩护人诉讼权利保障问题研究》，参见 http://www.doc88.com/P-319743088295.html，上网时间：2013年11月2日。

的。对于受害方来说,他们的人身权利、财产权利受到侵害,而辩护律师还在为被告人收集证据,查找罪轻甚至是无罪的证据,特别是为犯罪行为手段特别恶劣或者后果特别严重的犯罪嫌疑人、被告人作辩护,在受害方看来是不可原谅的。再者,广大社会群众法治意识还有待加强,他们出于同情心理,会将辩护律师视为犯罪嫌疑人、被告人一伙,认为为了求名图利而为其辩护,对其辩护行为不理解,甚至有些案件的律师会遭到群众的责骂、殴打。如药家鑫案件的辩护律师就受到了来自社会公众的责骂和威胁。基于上述原因,我们应当加大无罪推定原则的宣传,使人们明白即使犯罪的人也有"人权"。

程序公正理念的缺失,也是造成辩护人权利难以得到保障的一个原因。刑事诉讼中,程序公正的最基本表现是犯罪嫌疑人、被告人都有权参加诉讼,提出对自己有利的主张和证据,同时反驳对方的主张和证据。程序公正就是为了保障被追诉人的诉讼权利和基本人权而存在和发展起来的,因此,作为代表其行使权利的律师,其权利被保障的多少即代表了程序公正的程度。然而,司法实践当中,受到"未审先定"等传统执法思想的影响,以及代表国家公诉的公诉机关的强势地位威慑,辩护律师对于人民检察院、人民法院存在依赖心理,只要取得预期的判决结果,对一般的程序性瑕疵也不会过多关注,更不会将其作为抗辩事由提出来。

2. 现有法律对辩护人的权利限制。一是调查取证权的规定限制。刑事诉讼法第39条规定辩护人对公安机关、人民检察院收集到的犯罪嫌疑人、被告人无罪或者罪轻的证据未提交的,有申请调取的权利,但是对于何时调取、怎样调取、不调取会产生什么样的后果都没有具体的规定。第41条关于申请调查取证权的规定,也存在同样的问题,辩护律师经证人和其他单位人员同意,可以向他们收集与本案有关的材料,这看似是辩护律师的取证权,但是在司法实践中,要是证人和其他单位不同意怎么办?法律没有下文。而实际生活中,证人往往都与犯罪嫌疑人、被告人有一定的关系,或是乡亲,或者是被害人的朋友,害怕将来有麻烦,或者是站在被害人一边的,大多数情况下不同意作证,以此来看,对于辩护人权利的保障作用又有多少呢?

3. 法律工作者职业素养和职业水平有待提升。在我国,辩护人、诉讼代理人权利保障固然存在一些外部因素,但与辩护律师、诉讼代理人的素养和能力高低不无关系。有些辩护律师出于个人目的,不遵从职业道德,为犯罪分子和其家属通风报信,或者授意其家属作伪证、毁灭罪证的案(事)件时有发生,给侦查机关办案工作带来困扰,引起办案人员的反感,于是在辩护律师权利行使方面采取不予配合的态度。辩护人、诉讼代理人队伍建设没有形成规模,教育培训、资格审查、违法处罚等缺乏系统的配套措施,造成辩护人、诉讼代理人的整体水平不能满足需要，许多辩护律师、辩护人依附于侦查机关、检察院、法院，为了达到一定的效果，不经受托人的同意，放弃法律赋予的部分辩护权，将"打官司"变成"打关系"。

第三节 对辩护人、诉讼代理人诉讼权利的保障机制

影响辩护人、诉讼代理人诉讼权利行使的因素是客观存在的，并且该影响在短期内无法根本消除。但是，随着社会主义法治进程的加快，社会公众法治意识的不断觉醒，立法机构对相关法律的修订完善，辩护人、诉讼代理人权利的保障机制将会更加全面。

一、正确认识控辩双方在刑事诉讼中的地位，建立行之有效的保障机制

随着"纠问式"庭审模式转变为"控辩式"庭审模式，公诉机关、辩护律师、诉讼代理人在法庭中的地位也正在悄然发生着变化。但不得不承认，国家公权力的强势影响还将在很长一段时间内存在，"有罪推定"的观念还会在绝大多数群众的思想中占据主导地位。要想改变这种控辩双方地位的不平等，需要加强对无罪推定原则的宣传，让执法者和广大群众接受这一原则，在实践中改变以往有罪推定的观念和办案方法，注重保障辩护人、诉讼代理人的合法权益。同时，建立控、辩、审三方关系平等的刑事诉讼新模式，在依法办案的前提下，做到程序公正，保障辩护人的合法权益，为其充分发挥辩护职能提供条件。

二、对司法实践中保障机制实施的建议

1. 完善现有刑事诉讼法规定中的缺陷。（1）完善辩护人会见权。通过司法解释明确48小时内安排会见的具体内容和要求，避免执行过程当中出现理解偏差；对许可会见的三类案件进一步明确标准，避免办案部门以此为借口，侵害被告人的合法权益。律师介入侦查阶段的规定仍需完善，实践当中，刑讯逼供、指供诱供等违法办案的现象，主要以侦查机关内部监督为主，缺少必要的外部监督措施，许多案件被告人在庭审阶段翻供以此为借口，检察机关办理的案件虽然有同步录音录像，但有不符合规定的现象，辩护律师也会将此作为

攻击点来进行辩护。鉴于此,可以借鉴其他国家做法,确立侦查阶段辩护人在场制度,防止刑讯逼供造成的冤假错案发生。(2)参照德国立法,将辩护人阅卷权提前到侦查阶段,明确辩护人阅卷的场所、时间,规定相关办案机关予以配合。① 从目前情况看,在保障律师阅卷权方面,许多地方的检察机关都进行了有益的尝试,如建立电子卷宗、律师阅卷室,实行预约接待,不限定阅卷的时间和次数,等等。

2. 对司法机关办案人员违反保障制度的制裁措施。加强检察官、法官执法办案过程的监督检查,完善相关法律法规,对不履行保障辩护人、诉讼代理人保障义务的情形,制定相应的处罚措施,使其承担一定的法律后果。这样,他们在执法过程中就会加以注意和考虑。再者,在职业道德规范方面加以约束,削弱国家公诉人、法官在刑事诉讼中的强势地位,注重保护犯罪嫌疑人、被告人的合法权益,形成控辩双方诉讼权力在形式上的平等,维护诉讼构造平衡,保证公正文明司法,这也是控辩地位平等的要义所在。平等对抗是刑事诉讼法的一项重要原则,首先,它有利于揭示案件真相。控方在法庭指证犯罪,辩方提出被告人无罪、罪轻的证据,更有利于发现案件的全部真相,避免冤假错案产生。其次,有利于确立被告人、辩护人、诉讼代理人的主体地位,公诉机关行使控诉权,辩护人、诉讼代理人行使辩护权,都是法律所赋予的权利,双方都是刑事诉讼的主体,这样的诉讼过程才真正体现了法律的公正和司法的文明进步。

3. 辩护人、诉讼代理人职业素养的提升。发挥律师协会的作用,定期或者不定期开展培训,约束他们坚守律师职业道德底线,减少和预防律师违法犯罪行为的发生。仿效国外建立不同的律师协会,培训辩护律师的职业文化。如匈牙利的法律执业人员组成了不同的律师协会。律师必须加入律师协会。律师协会是独立于政府的公共组织,基于议会法案建立,通过注册招收成员,自我管理。② 各个协会可以依照各自的协会章程来管理律师,形成不同特色的律师文化,来对律师形成保护和约束。

(李国强 河南省荥阳市人民检察院)

---

① 《辩护人诉讼权利保障问题研究》,参见 http://www.doc88.com/P-319743088295.html,上网时间:2013年11月2日。

② Ed cape, Zaza Namoradze, Roger Smith, Taru Spronken:《欧洲四国有效刑事辩护研究——人权的视角》,丁鹏、彭勃、雷雨田、程夏、熊路、田苗编译,法律出版社2012年版,第331页。

第二章　非法证据排除制度司法实务研究

新刑事诉讼法确立了非法证据排除制度，这是现代刑事诉讼程序正义、人权保障机能等理念的重要体现，亦是刑法客观主义的必然要求。但是，由于相关概念的抽象性、传统的司法习惯、证明责任的分配机制及程序上的不完善，这一制度在司法实践中并没有真正地落到实处。故而，笔者认为，应当建立程序性诉权制约机制，细化非法证据排除制度的证明责任，强化人民检察院的法律监督职能，树立司法工作人员尊重和保障人权的法治意识，使得非法证据排除制度切实贯彻执行。

第一节　非法证据排除制度概述

证据是刑事诉讼活动的依据，是司法公正的基础，是证明案件事实的唯一手段。作为刑事诉讼中的证据，应当具有合法性、客观性和关联性之特性。而证据的合法性特征决定了非法证据排除制度的存在之合理性。该制度从1996年刑事诉讼法的原则性规定和相关司法解释的具体厘定，至2012年通过刑事诉讼法正式确立，经历了一个相对较长的成长期。应该说，这一制度性规定既是现代刑事诉讼程序正义理念的重要体现，亦是刑法人权保障机能的必然要求。

一、我国非法证据排除制度的理论基础与立法缘起

1. 非法证据排除制度的理论基础

人权保障的目标和理念，是现代法律制度体系的重要内涵。为了切实落实人权保障理念，实现法律制度的人权保障机能，我国于2004年修改宪法，将"国家尊重和保护人权"纳入宪法。非法证据排除制度，通过法律的制度性规定，将以刑讯逼供、威胁、引诱等非法手段获取的非法证据予以排除，避免了损害犯罪嫌疑人以及其他证人的人身权利及民主权利，贯彻了宪法和刑事诉讼

法打击犯罪、保障人权的重要理念。

正义是法律制度所追求的重要价值目标之一,是刑事诉讼活动的重要理念。实体正义和程序正义是法律正义的重要价值体现。非法证据排除制度,是实现程序正义的重要保障。而程序正义是实体正义的基石,贯彻和落实非法证据排除制度,维护法治建设的程序公正,保证证据的客观性、合法性,是确保实体正义的重要途径。

从某种意义上说,非法证据排除制度亦是刑法客观主义的内在要求。刑法的客观主义,是近现代刑法的主流思潮,它强调以行为人的危害行为作为处罚依据,要求以行为人客观实在的危害行为及危害后果认定责任的条件,而非仅仅依据行为人的主观恶意定罪处罚,其更加注重认定罪与非罪时证据的客观真实。故而,要实现刑法认定罪与非罪的客观真实性,就需在刑事诉讼的过程中注重证据的审查、认定,切实排除以非法手段获取的不真实证据。

2. 我国非法证据排除制度的立法历程

我国的1979年刑事诉讼法并未对非法证据制度作出相关的规定,非法证据排除制度在此时期的立法上属于空白领域。1996年刑事诉讼法进行修正的时候,在第43条规定否定了非法取证行为,该修正案从立法上填补了非法证据排除的立法空白,但对于非法证据如何进行排除并没有明确的规定。

为了贯彻执行1996年刑事诉讼法,最高人民法院出台了《关于执行〈中华人民共和国刑事诉讼法〉若干问题的解释》,明确非法证据的内涵和非法证据的范围及其法律后果;最高人民检察院先后出台了1999年版《人民检察院刑事诉讼规则》和《关于严禁将刑讯逼供获取的犯罪嫌疑人供述作为定案依据的通知》,强调检察院对于非法证据的排查义务和审查力度。但是这些司法解释均因程序性规定的粗糙,使得缺乏较强的执行性而效果不佳。

为了切实落实非法证据排除制度,使之发挥长效作用,最高人民法院、最高人民检察院、公安部、国家安全部和司法部于2010年5月30日联合发布了《关于办理死刑案件审查判断证据若干问题的规定》和《关于办理刑事案件排除非法证据若干问题的规定》。这两则证据规定在强调了非法证据不能作为定罪根据的同时,还对非法证据的排除和审查程序、证明责任及讯问人员出庭作证等程序性问题作出了明确规定。这两则规定对非法证据排除制度作出了实质性的规定,标志着我国的非法证据排除制度正式确立。

2012年修正刑事诉讼法时,吸纳上述两则规定并加以完善,第一次系统地以立法形式将非法证据排除制度从非法证据的内涵和外延、排除程序及证明标准等方面作出完备详细的规定,在我国非法证据排除制度的刑事立法史上具有里程碑的意义。

二、新刑事诉讼法关于非法证据排除制度的规定

新刑事诉讼法从第 54 条至第 58 条，对非法证据的范围、非法证据的效力及证明责任及标准作出了详细的规定。

1. 非法证据的范围

新刑事诉讼法第 54 条规定："采用刑讯逼供等非法方法收集的犯罪嫌疑人、被告人供述和采用暴力、威胁等非法方法收集的证人证言、被害人陈述，应当予以排除。收集物证、书证不符合法定程序，可能严重影响司法公正的，应当予以补正或者作出合理解释；不能补正或者作出合理解释的，对该证据应当予以排除。"

根据该条规定，非法证据的范围包括：（1）使用刑讯逼供等非法方法收集的犯罪嫌疑人、被告人供述；（2）使用暴力、威胁等非法方法收集的证人证言、被害人陈述；（3）收集程序违法致使可能严重影响司法公正且无法补正或作出合理解释的物证、书证。

换言之，非法证据的范围既包括物证、书证类的实物证据，也包括犯罪嫌疑人、被告人的供述和辩解，证人证言及被害人陈述等言词证据。

2. 非法证据的效力

根据第 54 条的规定，对于非法证据的排除，根据证据的形式予以分别处理：对于采用刑讯逼供等非法方法收集的犯罪嫌疑人、被告人供述和采用暴力、威胁等非法方法收集的证人证言，应当予以排除；对于违反法定程序可能严重影响司法公正的物证、书证，如果不能补正或作出合理解释，应当予以排除。

据此，违反法律规定获得的非法证据的效力因实物证据和言词证据而有所不同。对于符合非法获取条件的言词证据，应予绝对排除，其效力绝对无效；对于非法的实物证据，可以通过补正或作出合理解释恢复其效力，仅在不能补正或作出合理解释的情况下无效。也即，非法言词证据是绝对无证据效力，而非法实物证据具有相对的证据效力。

3. 非法证据的证明责任及标准

根据新刑事诉讼法第 56 条、第 57 条、第 58 条的规定，在庭审过程中，当事人及其辩护人、诉讼代理人有权申请对非法证据予以排除，申请时应当提供相关的线索或者材料。人民检察院对于证据的合法性予以证明，如若不能证明不存在刑事诉讼法第 54 条规定的情形，则对于有关证据应当予以排除。

故而对于非法证据排除的证明责任,由辩护方和检察机关承担。辩护方承担初始的证明责任,即提供证明可能存在以非法方法收集证据的相关线索或者材料;检察机关则承担证明证据合法性的责任。

对于证明的标准而言,辩护方的初始证明责任仅为提供相关线索证明证据可能存在违法性,能达到对证据的合法性具有合理怀疑即可;而检察机关的证明责任,不仅仅要证明证据的合法性,同时要证明至证据确实充分、事实清楚,能够排除合理怀疑。

第二节　非法证据排除制度的司法困境

一、非法证据排除制度与传统诉讼理念之间存在矛盾

非法证据排除制度,是法律尊重和保障人权的切实体现,是现代司法制度的重要理念之一。应该说,法治现代化的实现,除了法律规范的因素之外,更重要的是看这种规范能否内化为主体的观念和行为。① 非法证据排除制度,建立在尊重和保障人权、疑罪从无及客观公正的理念基础之上。但是,长期以来深藏于大多数司法工作人员心中的"有恶必报"的因果关系,致使部分司法工作者认为实体正义更加优先于程序正义。

在有罪必罚观念的支配下,部分司法人员认为非法证据排除制度具有放纵罪犯的嫌疑,故而对于非法证据排除制度存在抵触心理。存在于司法工作人员心目中的有罪必罚的传统观念,在一定程度上阻碍了非法证据在司法实践中的审查、排除,尤其在证据排除可能会导致嫌疑人被追诉的罪名无法得到认定时,一些司法工作人员在实体正义与程序正义的冲突面前徘徊不前,其不愿意排除甚至摒弃法律的明文规定于不顾,对于具有犯罪行为的嫌疑人,即使证据的获取存在违法性,但只要结果正确,仍被认定为定罪量刑的证据。

2013年3月26日揭露出的张高平、张辉叔侄奸杀冤案,2010年揭露出的赵作海杀害同村村民冤案,2005年9月揭露出的佘祥林杀妻案,都与采信刑讯逼供等非法证据有着莫大的关联。这都说明,司法工作人员缺乏非法证据排除的观念,往往认认真真走形式,踏踏实实走过场,几乎不排除非法证据。②

---

① 谢晖:《价值重建与规范选择》,山东人民出版社1998年版,第233页。
② 邓思清:《如何树立正确的非法证据排除观念》,载《刑事诉讼法权威解读》,中国检察出版社2012年版,第169页。

而且，在司法工作者自由裁量权较大的情况下，非法证据排除制度的适用更是难上加难。尤其是新刑事诉讼法明确了实物证据的相对效力，扩大了法院关于非法证据排除的自由裁量权，在实物证据排除方面，非法证据的排除制度往往更易于流于形式。

二、非法证据排除制度与三机关的诉讼结构之抵牾

非法证据排除制度在司法中的贯彻和落实，需要与现行的刑事制度密切配合。但是，在司法实践中，司法工作人员的传统观念及公、检、法三机关办案过程中的现实衔接关系，使非法证据排除制度并未能完全贯彻执行。

依照刑事诉讼法的规定，公安机关、人民检察院、人民法院三机关分别负责刑事案件的侦查、起诉、审判工作，且三机关对于刑事案件相互分工、互相配合。依照国家的权力分配制度，人民法院、人民检察院、公安机关三机关之间按照分工各司其职，对前一机关的职权行为进行监督制约，切实履行打击犯罪、保障人权的规定，实现司法的公平、公正、公开之理念。

但是，在防控犯罪这一理念的主导下，我国的诉讼模式呈现出流水作业式的线性结构，即侦查、起诉、审判和执行的工序流转及公安机关、检察院、法院三机关权力行使的相继性和权力的互动性。① 这一流水作业式的诉讼模式，往往因片面追求惩罚犯罪，职权色彩过浓并在诉讼流程中推行流水式作业，致使诉讼中控辩双方的平等性、对抗性被剥蚀，法院的中立性被侵蚀。

加之，法院、检察院、公安机关作为国家的司法机关，行使的权力都对应着相应的责任，一旦启动非法证据排除制度，则很有可能要追究非法刑讯逼供者或者威胁、诱供者相应的行政甚至刑事责任，影响办案单位的考评成绩。在诸多因素的影响下，法院、检察院、公安机关之间的诉讼结构出现了一定的偏差，从侦查、起诉至审判过程中，后一机关对前一机关认定的事实及证据进行核实考察时，更注重相互间的配合和袒护，缺乏相应的监督和核查。故而，人民检察院和人民法院在非法证据的认定和排除上显得更为隐秘和谨慎。

另外，需要特别提及的是，在司法机关自由裁量权力较大的情形下，非法证据的审查、排除制度，在启动和适用上更加依赖司法机关的理念和结构，非法证据排除制度与诉讼结构间的矛盾冲突愈发突出。

---

① 孙振：《非法证据排除的司法困境及对策》，载《淮阴工学院学报》2013年第2期。

三、非法证据的获取性手段规定过于抽象

非法证据排除规则并非排除一切违反法律的证据,非法证据的界定和排除需结合刑事诉讼法及相关司法解释的具体规定予以认定。依照刑事诉讼法的规定,非法证据即使用刑讯逼供等非法方法收集的犯罪嫌疑人、被告人供述,使用暴力、威胁等非法方法收集的证人证言、被害人陈述,收集程序违法致使可能严重影响司法公正且无法补正或作出合理解释的物证、书证。

从概念的界定上看,非法证据的概念似乎比较明确。但是,仔细看来,概念的界定存在诸多模糊之处。尤其是在非法证据手段的概念界定上,何谓刑讯逼供?何谓威胁、引诱、欺骗?其他手段是什么?这些手段性的规定,法律都没有进行明确界定。而且,修正前刑事诉讼法第 43 条之表述"刑讯逼供和以威胁、引诱、欺骗以及其他非法的方法"与修正后刑事诉讼法之表述"刑讯逼供和以威胁、引诱、欺骗以及其他非法方法"的差异也让人不得其所。

诚然,作为法律语言,既有精确性的一面,又有模糊性的一面;但是,法律语言的主要含义应该是相对明晰,而边缘含义则可以相对模糊。① 作为界定法律事实的重要规定,手段的模糊往往导致认定时的抽象及混乱,使制度性的规定在实际中缺乏可操作性。

为了细化刑事诉讼法对非法证据的厘定,我国《人民检察院刑事诉讼规则(试行)》(以下简称刑诉规则)第 65 条对非法证据进行了细致的规定:"……刑讯逼供是指使用肉刑或者变相使用肉刑,使犯罪嫌疑人在肉体或者精神上遭受剧烈疼痛或者痛苦以逼取供述的行为;其他非法方法是指违法程度和犯罪嫌疑人的强迫程度与刑讯逼供或者暴力、威胁相当而迫使其违背意愿供述的方法。"

刑诉规则的规定,一定程度上细化了非法证据的概念。但是,在司法实践中,各种刑讯逼供的手段逐步由明显的暴力转变为非暴力性的隐性逼供或者冷暴力的变相逼供。现实中,不允许休息,超长时间车轮式审讯,冻、饿、烤、晒频频发生,通过这些冷暴力手段取得的证据,能否被评价为刑事诉讼法意义上的非法证据呢?手段的多样性和规避性使这些看似精确的语言产生了适用上的争端,同时鉴定和认定非法证据时所需要的丰富经验,也往往导致制度适用的混乱不一。

---

① 何家弘:《使用非法证据排除规则需要司法判例》,载《法学家》2013 年第 2 期。

四、毒树之"果"的证据能力之纷争

毒树之果,是美国诉讼中对证据作出的形象化描述。"毒树",是指使用刑讯逼供等非法方法收集的一切证据;毒树之果,是指利用非法收集的证据为线索而获取的其他证据。①

通过讯问犯罪嫌疑人,获取有关凶器、作案地点、相关书证线索的供述,进而收集相关证据是办理案件的一个重要途径。尤其在传统司法重主观轻客观的观念影响下,侦查机关更加注重以讯问嫌疑人为获取案件线索的路径,来固定其他证据。在过于重视主观的供述态势之下,通过刑讯逼供等非法方法获取的毒树之果也较为常见。

毒树之"果"的证据能力,是我国证据制度的重要内容,也是非法证据排除制度适用的焦点。毒树之果,并非直接依据非法的手段获取,而是以通过刑讯逼供等非法手段获取的其他证据为线索所取得。

根据非法证据的概念,非法证据排除的是以非法方法搜集的言词证据或者实物证据。但是,这一非法方法,是否包含据以发现最终证据的线索获取之非法性,也即获取毒树的非法性能否追及至果实,使得果实具有非法性?对此,我们无法从条文的规定中得出明确的答案,这在司法实务界和学界也一直是争议的焦点。

有的学者认为,在我国的非法证据排除制度刚刚起步的时候,引入毒树之果规则是不现实的,故而主张依照目前我国的证据制度规定,毒树之果类证据仍应当具有证据能力,并不能因为获取其线索的非法而否定其证据能力。② 有的学者认为,在刑事诉讼法未对毒树之果的效力作出规定的前提下,对毒树之果的排除与否可以借鉴美国的立场,采用强制排除但设置若干例外的规定。③

---

① 王宏:《对我国非法证据排除规则的构想》,载《华北电力大学学报(社会科学版)》2013年第3期。

② 王宏:《对我国非法证据排除规则的构想》,载《华北电力大学学报(社会科学版)》2013年第3期。

③ 何兆英、张宏杰:《谈对我国刑事非法证据排除规则的认识、理解与适用》,载《中国检察官》2012年第9期。美国法律对于毒树之果,采用强制排除规定,但是在四种特殊情形下设置例外规定:一是最终必然发现的例外;二是独立来源的例外;三是因果关系削弱的例外;四是污染终端的例外。

五、非法证据排除制度的标准过于抽象

证明责任的分配与证明标准是影响非法证据排除制度贯彻实施的重要方面。依照我国目前非法证据排除规则的制度性规定,非法证据排除制度实行的是双重证明责任及标准。也即,对于申请启动非法证据排除制度的当事人及其辩护人、诉讼代理人,应当承担提供相关线索或者材料"争点形成"的证明责任;人民检察院承担证明证据收集的合法性和"排除合理怀疑"的证明责任。

应当肯定,刑事诉讼法赋予辩方申请非法证据排除的初始证明责任,综合考量了辩方证明非法证据的困难性,和防止辩护方无缘无故申请非法证据排除制度、浪费司法资源的情况。这一初始责任的规定,避免了辩方承担全部证明责任却因证明能力不足致使证据排除规制流于形式,在立法具有较大的进步意义。

对于辩方而言,初始责任,并非不承担证明责任,而是需要承担者通过陈述意见、提供线索或者材料的方式,起到初始的证明责任。依据《关于办理刑事案件排除非法证据若干问题的规定》第 6 条的规定,被告人及其辩护人提出被告人审判前的供述是非法取得的,应当向法庭提供涉嫌非法取证的人员、时间、地点、方式、内容等相关线索或证据。这一条款,似乎为我们界定了初始证明责任的内涵、外延。但在实践中,正是这一初始证明责任,往往成为辩方通往非法证据排除大道的绊脚石。

陈述意见、相关的线索、材料达到什么样的标准才能成为符合刑事诉讼中法院考量非法证据排除制度的启动标准呢?人员、时间、地点、方式等线索,提供到何种程度或者标准才符合法律规定?在司法实践中,这一切的标准似乎都掌握在法官的手中,成为法官的自由裁量权。也即,辩方初始证明责任完成与否的标准并不在于其提供了何种证据,而在于法官是否认同其提供的线索。诸如谢亚龙受贿一案,被告人谢亚龙明确地描述了侦查人员刑讯逼供的时间、地点及人员,并提出启动非法证据排除制度,但是法院却没有启动非法证据排除程序,依旧采纳了公诉机关的证据。① 后来,参与庭审的一位法官道出缘由,所有被告人都认为自己是冤枉的,但是必须有相应的证据,只是空口说,我们是不相信的。② 在司法实践中,诸如谢亚龙案一样,很多辩方提供的非法

---

① 王超:《非法证据排除调查程序难以激活的原因与对策》,载《政治与法律》2013 年第 6 期。

② 张磊:《谢亚龙称刑讯逼供,检方否认》,载《新京报》2012 年 4 月 25 日第 A10 版。

证据排除线索终因法院认定未达到初始证明责任而否决。

六、非法证据排除制度的救济程序缺位

"无救济则无权利",法律的任何一种权利,应当具有其相应的救济程序,当利害关系人认为其权利遭受不正当抑或不合理的待遇时,可以通过救济程序维护自己的权利。唯有如此,才能赋予当事人以真正的权利;否则,权利将只停留在法律文字的形式之上,滞留在最初的设想之中。

我国刑事法律赋予了被告人及其辩护人非法证据排除申请权,允许他们通过提供相关的线索或者材料,向法院证明可能存在通过刑讯逼供、暴力取证、程序不当等非法方法获得的非法证据,进而启动非法证据排除制度。

刑事法律仅纯粹地规定了非法证据排除的申请制度,设计了辩方启动非法证据排除制度的证明责任,赋予其申请启动非法证据排除制度的权利之后,辩方对于非法证据排除的申请权至此终结。即使,辩方认为法院对于其非法证据排除申请的驳斥存在不合理之处,也不享有上诉复议等救济性的权利。

这一救济程序的缺位,致使被告人及其辩护人的申请权无法得到救济。尤其在现今司法机关工作人员对非法证据排除规则怀有抵触心理且自由裁量权力较大的情况下,被告人及其辩护人的非法证据排除申请权利往往流于形式,与法律期望的权利保障制度和法律制度设置的预期实施水平相差甚远。

第三节 非法证据排除规则规范性适用建议

一、立法方面

1. 健全程序性诉权制约机制

从某种角度上说,非法证据排除制度是一种程序性的裁判制度。即由检察院或者法院主动启动,或者被告人及其辩护人申请启动,审核证据的合法性,排除非法证据的刑事诉讼过程。而非法证据排除申请权,则是这一程序性裁判制度中的程序性诉权,即通过被告人及其辩护人的申请,诉诸于法院,申请法院启动非法证据排除制度的权利。

诚如上文所言,无救济则无权利。要弥补因司法机关工作人员对非法证据排除规则怀有抵触心理且自由裁量权较大而导致的权利缺位,充分保障和落实

被告人及其辩护人的非法证据排除申请权,则应当建立相应的救济程序,激活非法证据排除制度在司法实践中的使用度。

具体而言,对于被告人及其辩护人提出的非法证据排除申请,无论理由是否正当,法院都应当及时受理,不得在没有调查的情况下驳斥辩方的申请。受理辩方的申请之后,法院应当组织辩方和控方对于辩方提出的证据疑问进行调查核实。经审查,若辩方提供的线索经过审查能够形成非法证据的争议焦点,则法庭应当责令控诉方承担证明所提交证据合法性的责任;如若辩方的线索不能形成争议焦点或者辩方并不能提供相关的材料,则法庭可以驳回其申请。

如果当事人及其辩护人对于法院驳回其非法证据排除申请的决定有异议,则可以通过程序性的上诉,请求上一级法院对于非法证据排除的申请线索进行调查核实,通过上一级法院对非法证据排除申请权进行救济。

2. 细化非法证据排除制度的证明责任

在非法证据排除制度中,需承担一定证明责任的是犯罪嫌疑人、被告人及其辩护人和侦查机关或者检察机关,也即辩方和控方。辩方承担证明可能存在以非法方法收集证据的相关线索或者材料的责任,即初始证明责任;控方承担排除证据非法性合理怀疑,证据确实充分、事实清楚的证明责任。

尽管辩方在申请启动非法证据排除制度时需要承担一定的证明责任,但是这种证明责任并不能要求辩方有过高的义务,否则便置非法证据排除申请制度于静态之中。为了防止司法实践中法官的自由裁量权力过大,影响辩方申请启动非法证据排除的权利行使,应当进一步细化法律规定的证明标准,使之更具有可操作性。

为了弥合辩方与控方在举证能力方面的差距,笔者赞同一些学者将辩方提供相关线索或者材料的性质认定为"争点形成"证明责任的主张,只要辩方并不是无缘无故地向法院申请非法证据排除,法院就应当认定辩方完成了其初始的证明责任。[①] 也就是说,只有在辩方不能提出任何证据,或者辩方提出的线索及材料明显违背常理和事实不成立时,法院才能够驳斥辩方提出的非法证据排除申请。

人民检察院作为刑事诉讼活动中的公诉机关,是诉讼活动的启动者,故而对于辩方提出异议的证据之合理性承担证明责任。其证明责任不仅仅证明证据的合法性,而且证明程度应当达到证据确实、充分,能够排除合理怀疑的标

---

① 王超:《非法证据排除调查程序难以激活的原因与对策》,载《政治与法律》2013年第 6 期。

准。通过控方的举证，证明证据的合法性，如若能够排除辩方提出的怀疑，达到证明责任的标准，则为合法证据。

二、司法方面

1. 树立尊重和保障人权的现代法治意识

思想是行为的先导。法律制度能否在司法过程中贯彻执行，能否实现由静态的法律条文向动态的社会环境转变，司法者的法律意识及业务素质的影响作用不容小觑。尤其在新刑事诉讼法施行后，面对体现人权保障的非法证据排除制度类法律制度，司法者能否坚持尊重和保障人权、程序正义优先于实体正义等现代法治理念，显得更加重要。

新的时期内，为提升法院、检察院、公安机关等干警的政治素养和思想素质，落实政法机关"忠诚、为民、公正、廉洁"的价值观念，树立打击犯罪、保障人权理性、和平、文明、规范的执法理念，可以从意识上贯彻落实非法证据排除制度。对政法干警可以开展系列思想政治教育实践活动，通过举办法制讲座、业务学习等提升其理论素质，将程序正义与实体正义深植于司法者的心中，将保障人权与打击犯罪并重的理念贯彻到位。从意识上引导他们在司法过程中严格遵守法律制度，规范取证，严格排除非法证据。

公安机关及人民检察院的自侦部门作为侦查部门，承担着收集证据、查清案件事实、查缉嫌疑人三重任务。证据的收集，是侦查部门为了查明案件事实，通过法律规定的途径，获取与案件事实相关的证据的过程。这就要求侦查人员应当树立牢固的证据意识，注重维护证据的客观性、关联性及合法性。在证据的收集过程中，树立权责意识，按照法律的规定，客观、全面、公正地收集证据，不以刑讯逼供和威胁、引诱、欺骗及其他非法方法获取证据，不得强迫任何人自证其罪。同时，在讯问的过程中严格按照新刑事诉讼法的规定，对于应当同步录音或者录像的应当同步录音或者录像，并保持录制的连续性和完整性。

作为对侦查机关提取的证据、认定的事实进行审查、监督及认定的机关，人民检察院及人民法院应当树立起相应的责任意识。以保障人权为纲领，以法律规定为前提，转变片面追求惩罚犯罪、在诉讼流程中推行流水式作业模式的做法，保持法院的中立性，控辩双方的平等性、对抗性，及时排除侦查过程中的非法证据。

2. 加强检察监督

检察院是我国的法律监督机关，依法行使对法院、公安机关法律活动的监督管理职能。强化检察机关对于证据收集的监督与审查,切实排除非法证据,还原案件事实,意义重大;同时,这也倒逼侦查机关严格按照法律制度的规定审问嫌疑人,将惩罚犯罪、保障人权落到实处。

依据刑事诉讼法的规定,检察院在刑事诉讼过程中,从侦查、审查起诉到庭审的过程中,发现有应当排除的非法证据的,应当依法审查并予以排除,不得作为起诉意见、起诉决定和判决的依据;对于群众的报案、控告或者发现侦查人员存在以非法方法收集证据的,应当调查核实,确有非法情形的,应当提出纠正意见;构成犯罪的,依法追究刑事责任。根据法律的规定和检察院的职能分工,检察院在非法证据排除制度中的监督职能共分为侦查监督、审查起诉监督、庭审监督和控申监督四块。其中,检察院的侦查监督机关行使着对公安机关侦查阶段的侦查监督;审查起诉及庭审过程对证据的监督职能由检察院的公诉部门行使;对于群众有关非法证据的举报、控告、报案,由相应的检察业务部门进行监督审查。

强化人民检察院对于证据收集的监督职能,亦从以上几个方面系统地进行。从检察院业务职权的具体行使方面讲,检察机关对侦查阶段的监督主要体现为审查逮捕环节。在此环节,侦查监督部门的检察人员通过审查侦查机关移交的提请卷宗、讯问犯罪嫌疑人,核实相关证据的合法性,排查是否存在违法情形。对于人民检察院认为存在以非法方法收集证据的情形时,应当书面要求侦查机关对于收集证据的合法性进行说明,并进行细致的核查。经过核查,在证据方面确实存在违法情形,但情节较轻的,以口头形式向公安机关提出;在情节比较严重,存在非法证据的情况下,应当向侦查机关下发《纠正违法通知书》;如若在证据方面违法情节特别严重,构成犯罪的,应将情况上报检察长,移交有关机关处理。

在审查起诉与庭审的过程中,应加强公诉部门对证据的审查力度。在审查过程中,发现可能存在以刑讯逼供等非法方法取证的行为,辩方对讯问活动的合法性提出异议、提交相关的线索或材料证明存在非法证据,或者嫌疑人翻供时,应当通过讯问嫌疑人、询问证人、听取辩护律师意见及调取询问笔录、讯问录像录音等方式,对证据的效力进行深入调查,以排除非法证据。

对于检察机关直接受理立案侦查的案件,审查逮捕部门应当树立责任意识,通过审核卷宗文字及对嫌疑人、证人及审讯视频进行审查,排除违反当事人权益的非法证据,保护当事人的权利。

(赵伟 河南省荥阳市人民检察院)

第三章 电子数据类证据司法适用的相关问题研究

随着科学技术的不断发展,互联网普遍应用,广泛深入到人们的工作生活中。与此同时,高科技犯罪也越来越多,犯罪的形式、手段等也逐步发展到网络中。新刑事诉讼法将电子数据类证据和视听资料并列作为证据类型,解决了司法实践中电子数据类证据的法律定位问题,这既是我国司法实践的需要,也是法制建设进步的表现。但是,关于电子数据类证据的定义和范围的界定,以及如何收集、审查认定电子数据类证据仍然是司法实践中的困惑。本文试图通过对电子数据类证据的内涵和外延进行界定,发现电子数据类证据的司法困惑,从而提出完善电子数据类证据相关制度的建议。

第一节 电子数据类证据的概述

一、电子数据类证据的内涵

1. 电子数据类证据的定义

随着电子信息科技的迅速发展,电子信息与人的关系越来越密切。新刑事诉讼法增加了电子数据类证据作为一类独立的证据类型,但是,对于电子数据类证据的定义却没有作出明确规定。纵观国内外对于电子数据类证据的定义,侧重点有所不同,范围规定不同,定义也就各有不同。美国、德国、印度等国家对电子数据类证据作广义的理解,即认为电子数据类证据是任何由电子、电磁、光子、数据、光学或类似的相关技术生成、发送、接收、存储的信息证据。① 而加拿大、欧盟则认为电子数据类证据应作狭义的理解,即电子数据类证据是指仅仅保存或记录在计算机或者其他类似的设备上的证明信息材料。

---

① 何家弘主编:《电子证据法研究》,法律出版社2002年版,第32页。

我国学术界对电子数据类证据的定义目前还没有统一的界定。法学理论研究者对电子数据类证据的定义也是众说纷纭。有的认为电子数据类证据是计算机证据，就是指在计算机或计算机系统运行过程中产生的以其记录的内容来证明案件事实的电磁记录物。此观点主张电子数据类证据的范围作狭义的理解，即信息范围仅仅存在于计算机系统及其附属的设备上，排除了许多在其他电子通讯设备上的信息证据，不利于对电子数据类证据的扩大保护。有的认为电子数据类证据是电子文件证据，即指以电子形式存在的、能够作为证据使用的一切材料及其派生物。此观点主张电子数据类证据的范围作广义的理解，即信息范围包括一切以电子技术和设备形式存在的证据材料，扩大了电子数据类证据的保护范围，不利于严格地界定保护对象。有的认为电子数据类证据是指以数字的形式保存在计算机存储器或外部存储介质中、能够证明案件真实情况的数据或信息，或者利用现代信息技术而构成的一切证据。① 有的学者主张电子数据类证据是指通过计算机存储的材料和证据证明案件事实的一种手段，它最大的功能是存储数据，能综合、连续地反映与案件有关的资料数据，是一种介于物证与书证之间的独立证据。还有学者对电子数据类证据有其他的观点和界定。

随着信息技术的高速发展，电子数据的范围也在不断地扩大，对电子数据类证据的定义进行规定变得更加困难。但是综合国内外学者的观点，一般认为，电子数据类证据即指生成、传送于计算机系统或其他类似的电子记录系统，借助电子、光学、磁或者其他类似手段生成、发送、接收或者存储，能够证明案件真实的电子数据。

2. 电子数据类证据的特征

与其他证据相比，电子数据类证据由于其内在本质和外在表现形式的不同而具有特殊性。

（1）无形性。电子数据类证据具有内在本质上的无形性，其实际上是由一些二进制数字按编码规则处理成的数据电文，最后形成计算机系统可识别的程序和"语言"，仅凭人类的肉眼无法直接看到，也无法真实地触摸。电子数据类证据存在于一个数字的虚拟空间之中，无形性是其与传统的证据最大的区别，这个特征决定了其必须依靠一定的介质才能通过可以感知的形式呈现出来。

（2）多样性。电子数据类证据不仅可以文本、图形、图像、动画、音频、

---

① 斯进：《电子证据提取的障碍与对策探讨》，载《信息网络安全》2008年第10期。

视频等多种信息形式表现出来，而且其存储于计算机硬盘、软盘、光盘、磁带等设备及介质中。电子数据类证据的提交呈现方式也相应地表现为文书、计算机硬盘、光盘等介质，因此其具有与书证、视听资料、物证等证据种类相同或相似的表现形式。与传统的证据相比，具有形式多样性，并不局限于一种形式。

（3）隐蔽性。由于电子数据类证据所表达的证据信息必须通过借助特定的工具或程序才能呈现出来，其不同于传统的证据易于被感知和发现。电子数据类证据的表现形式较为特殊，不易被人轻易获得。

（4）高科技性。电子数据类证据是随着高新科学技术的发展而不断发展的，具有一定的技术含量，电子数据类证据从其生成、存储到呈现都需要一定的高新技术和高科技设备。它以计算机、网络等技术为基础，用二进制特定语言编码传递和呈现出来，大量的信息存储在较小的物理空间里。在司法实践中，无论是收集证据、保全证据等都需要有一定的专业技术能力和专业知识。

（5）脆弱性。电子数据类证据是以电子、电磁等介质存储的，数据信息极其容易被篡改、截取、删除等，而且数据信息被破坏后不容易留下痕迹，不易还原到最初的状态。若是有人非法侵入或者盗用密码账号等进入计算机系统进行随意的篡改、毁灭电子数据信息，则电子数据证据将面临全盘毁灭而不留痕迹的危险。

可见，电子数据类证据具有内在本质上的无形性、外在表现形式的多样性、不易被人感知的隐蔽性、收集保全的高科技性和易被破坏而难以恢复的脆弱性。

二、电子数据类证据的外延

1. 电子数据类证据的分类

电子数据类证据主要是通过动画、声音、文字等内容证明案件事实的，同时其储存在电脑之中，具有书证、物证、视听资料等多种属性。根据电子数据类证据形成时间的不同，将其分为两类；即在案件发生时以及案件发生过程中形成的电子数据类证据和司法机关在侦查过程中调查物证制作的调查笔录、专业结论或是在调查中形成的电子计算机模拟数据。

在司法实践中，可将在案件发生时以及案件发生过程中形成的电子数据类证据具体分为电子书证和视听资料。可将司法机关在侦查过程中调查物证制作的调查笔录、专业结论或是在调查中形成的电子计算机模拟数据具体分为侦查实验笔录、勘验检查笔录和鉴定意见书等类型。

2. 电子数据类证据的形式

在司法实践中，电子数据类证据的形式主要包括：一是电子计算机应用中产生的电子数据类证据；二是网络技术应用中产生的电子数据类证据；三是电视电影技术应用中产生的电子数据类证据；四是现代通信技术应用中产生的电子数据类证据。电子数据类证据的表现形式是多种多样的，有的是手机的短信内容、手机存储的电话号码、记事本等信息形式；有的是电子邮件形式；[①] 有的是电子公告的形式；有的是网上聊天记录的形式；有的是电子货币形式；有的是通过电子技术生成的图片、音频和视频文件形式。

三、电子数据类证据的实践价值

随着我国经济的迅速发展，科学技术的进步，原来的传统证据类型已经无法满足司法实践的需要，电子数据类证据变得越来越重要了。新刑事诉讼法将电子数据类证据作为一种独立的证据，具有重要的实践价值。这一方面适应了科技的发展需求，与国际接轨；另一方面也符合我国立法实践中对证据的分类。

1. 电子数据类证据的分类符合证据分类方法

电子数据类证据与传统的证据类型相比具有其特殊性，它是随着计算机电子信息技术发展而发展的，具有高科技性、无形性、隐蔽性、可反复复制性、占空间小、传送迅速性和易破坏性等特点。电子数据类证据的内在实质和外在表现形式的独特性使得其只能独立地作为一种证据类型。

2. 电子数据类证据符合世界经济发展的趋势

近年来，世界经济逐步地实现全球化、一体化，同时计算机技术也在迅猛发展，互联网越来越普及，这使得各国之间的联系越来越密切。电子数据信息广泛应用于经济、文化和社会中，因此世界大部分国家都规定了电子数据类证据，我国现在规定电子数据类证据是符合世界经济发展趋势的。

3. 电子数据类证据有利于司法机关认定案件事实和指控犯罪

电子数据类证据在司法实践中能够很好地帮助司法机关认定案件事实和指控犯罪。例如犯罪嫌疑人网上聊天的记录能够全面、准确地记录犯罪的过程或者犯罪的手段方式等，监控录像的监控信息在很大程度上能够帮助侦查机关锁

[①] 麦永浩主编：《计算机取证与司法鉴定》，清华大学出版社 2009 年版，第 76 页。

定犯罪嫌疑人、提供破案的线索或能够直接显示犯罪嫌疑人作案的过程。

四、电子数据类证据的立法现状

目前我国的实体法和程序法都对电子数据类证据作出了相关的规定。在刑事方面，新刑事诉讼法将电子数据类证据作为一个独立的证据类型，与视听资料并列，从此明确了电子数据类证据的法律地位，消除了长期以来理论界对电子数据类证据法律地位的分歧，在司法实践中存在的冲突矛盾就得到了解决。在民事方面，我国《合同法》规定"书面形式是指合同书、信件和数据电文（包括电报、电传、传真、电子数据交换和电子邮件）等可以有形地表现所载内容的形式"。由此可知，在合同法中电子数据证据属于书证类型。虽然民事诉讼法规定的证据类型中包括书证、物证、证人证言、视听资料、当事人的陈述、鉴定结论、勘验笔录，没有对电子数据类证据进行分类规定。而最高人民法院《关于民事诉讼证据的若干规定》第22条规定："调查人员调查收集计算机数据或者录音、录像等视听资料的，应当要求被调查人员提供有关资料的原始载体。"由此得出，在此计算机数据这种电子证据类证据是归属于视听资料的。最高人民法院《关于行政诉讼证据若干问题的规定》第64条规定："以有形载体固定或者显示的电子数据交换、电子邮件以及其他数据资料，其制作情况和真实性经对方当事人确认，或者以公证等其他有效方式予以证明的，与原件具有同等的证明效力。"在此对电子数据类证据的效力作出了规定。《电子签名法》第2条规定："本法所称电子签名，是指数据电文中以电子形式所含、所附用于识别签名人身份并表明签名人认可其中内容的数据。本法所称数据电文，是指以电子、光学、磁或者类似手段生成、发送、接收或者储存的信息。"在此规定了电子签名和数据电文的定义。同时第3条又规定："民事活动中的合同或者其他文件、单证等文书，当事人可以约定使用或者不使用电子签名、数据电文。当事人约定使用电子签名、数据电文的文书，不得仅因为其采用电子签名、数据电文的形式而否定其法律效力。"在此对电子数据的法律效力作出了规定。

综上，实际上，虽然新刑事诉讼法规定了电子数据类证据作为独立的证据类型，但是民事诉讼法、行政诉讼法等都没有相应的规定，这将造成各个部门法在司法适用中的法律冲突，不利于在司法实践中更好地适用电子数据类证据。而且，关于电子数据类证据的规定不够具体明确，在司法实践中遇到的很多具体问题无法找到法律依据，没有具体可执行的标准规范，这导致了在司法实践中，关于电子数据类证据的问题层出不穷，所产生的负面影响也越来大。由此,完善电子数据类证据的立法,积极制定相关的规则是很有必要的。应该借鉴国外的经验,吸收引用对我国有利的规定,结合我国特有的国情制度,制定符合我国立法规范的电子数据类证据法律。在具体的立法规范中,要确立电子数据类证据的诉讼地位和指导原则,在电子数据类证据的适用规范上作出具体规定,同时要完善电子数据类证据司法适用中的监督制度。

第二节 电子数据类证据司法适用的困惑

一、电子数据类证据的收集取证问题

1. 收集取证过程不够规范

电子数据类证据具有其特殊性,如无形性、脆弱性、高科技性等特点,侦查机关在收集取证中如果不严格按照收集取证的规范来执行就有可能破坏电子数据类证据的信息,致使其不能有效地作为证据使用来证明案件的事实。例如,侦查机关在办理一起诈骗案件中,由于被害人的 QQ 聊天记录已经灭失且不能恢复,侦查机关就将被害人自行整理并打印的聊天记录作为案件的证据使用,聊天记录本是作为证明被告人虚构事实、隐瞒真相进行诈骗的关键性证据,但是由于侦查机关收集取证的过程不规范致使此证据的效力大大减弱。为了保证电子数据类证据的真实可靠和完整,必须要求侦查机关在收集电子数据类证据的过程中严格按照规定执行。

2. 收集取证措施不够及时

电子数据类证据具有脆弱性,易被篡改和破坏,特别是现在网络信息变化快,很多电子信息在保留一段时间后会因自动被新的数据信息所覆盖而灭失,如果不能及时收集保存,事后将难以收集和提取。在司法实践中,一些侦查人员也常常因为没有及时收集提取证据而使得电子数据类证据被篡改、删除等。例如在一个网上交易淫秽视频的案件中,犯罪嫌疑人在电脑里存储了大量的淫秽视频和网上交易的信息,由于侦查人员未能及时扣押封存,大量关键的证据信息被犯罪嫌疑人删除破坏,致使直接指控犯罪嫌疑人的证据缺失,在认定案件事实时未能提供有效的证据予以证明,大大地影响了对案件的审查。

3. 收集取证的内容不够全面

侦查机关收集电子数据类证据所提供的内容不够全面,不能有效地作为证据使用,有可能影响对整个案件事实的判断。例如,在一起网络盗窃案件中,

司法机关仅仅收集提取了证明犯罪嫌疑人电脑中有病毒的证据和一些关于被害人网络银行账号和密码的信息，不能直接获得其他证据，因此也不能直接证明案件事实。为了能够更全面、真实、客观地反映案件的情况，重现犯罪当时的过程，就必须要求侦查机关在收集取证的时候能够更全面地收集电子数据类证据的内容。

4. 保全措施不到位

电子数据类证据的保全是指在司法实践中，面临证据可能灭失或者难以取得的情况下，根据实际情况要求司法机关对电子数据类证据进行提取保存和保护固定。由于电子数据类证据的脆弱易破坏性，如果不及时安全的保存，则有可能被改写或篡改，这就需要及时制作封存电子数据的记录，提取、固定电子数据记录等文书，用以证明记录电子数据类证据的来源和形成的时间、地点、方式及其存储、变更等使用保管情况。在司法实践中，司法机关对电子数据类证据进行提取收集时，对于相关的计算机设备、电话等大都没有采取保全措施，相关的记录也不齐全，以至于无法保证证据的真实性和完整性。例如，在一起利用网络实施酒吧消费诈骗的案件中，犯罪嫌疑人利用网络聊天联系被害人约会见面，后将被害人带到酒吧高额消费，骗取被害人钱财。侦查机关在收集保全证据时仅仅将网络聊天记录打印出来让犯罪嫌疑人签名确认，没有提供原始的电子存储设备，也没有提供收集提取证据的说明书，换言之，其收集保全证据的措施不合法，也不够安全有效地对证据进行使用。

二、电子数据类证据的审查认定机制不健全

1. 电子数据类证据的采信规则缺失

目前我国刑事法律对诉讼证据的审查采信进行规制，但是对于电子数据类证据的适用规制没有进行明确详细的规定。在司法实践中，司法机关对电子数据类证据如何进行审查认定，适用什么采信规则，没有明确的执行标准，办案人员只能凭借自己的专业知识和办案经验进行推理认定。因此，由于办案人员不同、检察机关不同，就可能会出现不同的审查认定结果。

2. 电子数据类证据的证明力认定缺失

由于受现代司法理性精神的影响，世界各国的证据制度一般都不对电子数据类证据的证明力作出具体的规定。司法实践中，关于证明力的把握只能依靠办案人员的日常经验进行自由裁量，这无疑给电子数据类证据证明力的认定带来了困难。一方面，大部分办案人员对电子技术不是特别熟悉，只是掌握一些

基本的知识和操作；另一方面，现行证据制度并没有对电子数据类证据的证明力作出具体明确的规定，只能依靠办案人员的经验自由判断。

三、电子数据类证据司法鉴定工作存在的不足

电子数据类证据具有高科技性，需要有一定专业知识和技术能力的专业人士进行操作。司法鉴定工作更是要求经过专业培训的、有一定资质和资格的人才进行鉴定，并且也需要对司法鉴定机构进行严格的规定。在司法实践中，一些司法鉴定机构对于电子数据类证据的系统鉴定工作了解较少，很多鉴定机构没有配置专门处理电子数据类证据的设备和技术，没有专业有资质的人才，出具的鉴定意见书也过于简单和不规范。[①] 这些鉴定机构出具的对于电子数据类证据的鉴定意见书之证明力大小难以确定，因此司法机关在审查认定证据方面也存在一定的难度。除此之外，在司法实践中，可能会由一个司法机关同时操办电子数据类证据的收集工作和审查认定工作，这就像既当运动员又当裁判员，不利于实现真正的公平正义。

第三节　完善电子数据类证据司法适用的建议

一、完善电子数据类证据的收集取证规则

1. 完善电子数据类证据的收集原则

原则的制定对于司法实践的执行具有一定的指导和规范作用，因此，完善电子数据类证据的收集原则对于司法机关在实践中收集电子数据类证据有重要的指导规范作用。首先，确立收集电子数据类证据的合法原则。司法机关在收集证据的时候应该确保收集主体、收集程序的合法性，这样才能保证收集证据的真实可靠性。[②] 其次，确立收集电子数据类证据的及时、迅速原则。电子数据类证据具有脆弱性，易被删除、篡改和破坏，因此，应及时迅速地将收集的电子数据类证据备份、鉴定，以防止出现因不当操作造成的意外灭失等情况。再次，确立收集电子数据类证据的全面无损原则。在收集电子数据类证据时应

[①] 周晓燕：《电子证据检察实务研究》，载《中国刑事法杂志》2011 年第 1 期。
[②] 李辽：《刑事电子证据取证方法探究》，载《燕山大学学报》2009 年第 2 期。

全面无遗漏地对电子数据的内容、附属信息和环境证据等进行提取，确保电子数据类证据的全面真实性，同时也要做到对电子数据类证据的无损性，不能出现对其提取、存储、传送等过程中有任何的破坏或删除情况。最后，确立收集电子数据类证据的专家辅助原则。电子数据类证据具有高科技性，司法机关的工作人员缺乏一定的专业技能不能独立地完成收集证据工作，因此，在实践中需要有专业知识和技能的专家的帮助才能更好地完成对证据的收集。

2. 加强对收集主体的专业技术培训

电子数据类证据的高科技性，使得司法工作人员在收集证据时存在一些不规范不适当的行为，这对于案件证据的收集有很大的影响。我国的法律法规目前对于电子数据类证据的收集主体也没有明确的规定。在司法实践中，为了应对高科技犯罪，收集电子数据类证据，需要对司法人员进行专业技术的培训，促使其能对电子数据类证据有一定的了解和鉴别，熟悉电子数据类证据的技术形成原理，并对其作用进行解释说明。① 必要时，应该要求收集电子数据类证据的司法工作人员必须取得一定的资格认证，具备司法工作经验和电子技术的能力，同时应推动电子数据类证据鉴定机构的形成，进行公平、公正的鉴定。

3. 规范电子数据类证据收集流程

规范收集电子数据类证据的流程有助于合法地收集取证，更全面地收集证据，并能保证收集证据的完整性和真实性。在司法实践中，收集电子数据类证据首先要了解案件的基本情况，明确犯罪嫌疑人的犯罪动机和目的，全面熟悉涉案计算机系统的特点，明确侦查方向，准备好收集证据的设备，制定完备的勘查计划；其次要成立现场勘查收集证据小组，分派至少两名具有资质的收集取证人员；再次要封锁收集取证的现场，维护好现场的秩序，不能出现其他任何干扰收集取证的工作；最后要进行收集取证。在现场要保证供电，保护涉案的计算机设备等不受其他人的干涉。在特殊情形下，要采取特殊的处理措施，切断网络连接，避免网络信息被破坏。②

4. 完善电子数据类证据公证制度建设

电子数据类证据公证制度的建设有利于保证电子数据类证据的真实性、可靠性。但是在司法实践中，由于公证制度中存在一些不规范行为，导致无法保证电子数据类证据的真实可靠。例如在一个商标权纠纷案件中，原告提交了公

---

① 李哲：《电子证据若干问题探讨》，载《西南政法大学学报》2007 年第 6 期。
② 杨永川、顾益军、张培晶等：《计算机取证》，高等教育出版社 2008 年版，第 102 页。

证过的电子邮件证据,但是被告提出质疑,认为原告提供的公证过的电子邮件是在原告的计算机上,而且原告可以控制计算机并能做任意的修改和删除,其公证的电子邮件不具有可信性。最后法院认为电子邮件证据在公证过程中存在重大的不规范性,对电子邮件证据未予以采纳。① 因此,加强完善公证制度,提高公证人员的专业知识和素质,规范公证程序,才能更有力地保证电子数据类证据的真实可靠性。

二、完善电子数据类证据的审查认定机制

1. 电子数据类证据的可采性认定

"可采性就是对证据材料,哪些不得采纳、哪些可以采纳的法律规定"。② 证据的可采性是英美法律证据的核心问题,是指一项证据材料能否进入诉讼程序活动之中的问题。目前我国的法律法规还没有明确规定证据的可采性,实际上,法律法规中能否作为定案依据或能否作为证据使用的表述,已经涉及了证据的可采性认定。电子数据类证据如果具备了可采性,则表示其符合法律法规规定的采用标准,能够作为证据在法庭上提出。电子数据类证据可采性的认定需要根据证据的"三性"即合法性、客观性和关联性来进行。

(1) 合法性认定

电子数据类证据的合法性,是指电子数据类证据的收集主体、收集程序、表现形式、内容等符合法律的规定。收集主体的合法是指收集电子数据类证据的司法工作人员必须是具有资格和一定资质的专业人员,同时对于电子数据类证据的鉴定也必须是由具有鉴定资质的中立的鉴定机构进行鉴定。收集程序的合法是指电子数据类证据的收集提取应该依据法定的程序对电子数据信息进行生成、存储、传送等。我国法律规定非法证据排除规则,对于在收集提取电子数据类证据的过程中,如果采用非法的程序足以影响其证据的真实性时,或者足以影响某一主体重大利益的,应当对该证据予以排除,不予采用。③ 例如,通过安装窃听装置获取的证据侵犯了他人的合法权益,属于非法程序获得的证据而应当予以排除;通过刑讯逼供或以威胁、引诱、欺骗等非法方法获得的电子言词证据,侵犯了犯罪嫌疑人、被告人的人权,对该电子数据类证据应不予采纳。

---

① 赵艳霞:《电子证据在刑事审判中的应用》,载《山东审判》2009 年第 5 期。
② 宋世杰:《证据学新论》,中国检察出版社 2002 年版,第 270 页。
③ 何家弘主编:《电子证据法研究》,法律出版社 2002 年版,第 120 页。

(2) 客观性认定

电子数据类证据的客观性，是指电子数据类证据是客观存在的，而不是被篡改、伪造或捏造出来的，并且电子数据信息的生成、传送、存储等必须是凭借正常的电子设备在正常的程序下产生的。电子数据类证据必须是客观真实的，才能作为证明案件事实的证据。一方面电子数据类证据所呈现的内容应是客观真实的，能符合案件的真实情况，是记录案件人员的真实意思表示；另一方面电子数据类证据在形式上应真实、齐全无瑕疵，来源合法、收集程序方法及时科学。电子数据类证据的外在形式是随着科技的发展在不断变化，且多种多样，但是其内容是不变的，在司法实践中应从内容和形式上共同审查认定电子数据类证据的客观性，判断其是否真实可靠、能否作为证据使用。①

(3) 关联性认定

电子数据类证据的关联性，是指电子数据类证据作为证据使用时，要与其证明的案件事实有一定的内在联系，即能够证明案件的一部分或者全部的事实。在审查认定电子数据类证据的关联性时，要审查电子数据类证据的全面信息，判断要认定的案件事实是否认定构成犯罪的关键性问题，同时审查此电子数据类证据所证明的事实是否对解决案件中的争议问题有实质性的价值意义，最重要的是要审查电子数据类证据所证明的事实同其他的证人证言、书证物证是否有矛盾，能否相互印证。只有当电子数据类证据的信息全面真实，能够认定构成犯罪的关键问题，对解决案件中的争议问题有实质的价值且与其他证据没有冲突矛盾并能够相互印证时，才能认定该电子数据类证据与待证事实具有关联性，最终作为定案的证据使用。

2. 电子数据类证据的证明力认定

电子数据类证据的证明力，是指电子数据类证据的材料信息与待证案件主要事实之间的关系，以及电子数据类证据的信息材料对于其要证明的案件主要事实所产生作用的强弱和大小。电子数据类证据证明力的审查要从电子数据的可靠性、完整性和证明力大小三个方面来进行。

(1) 电子数据类证据的可靠性

电子数据类证据的可靠性，是指电子数据类证据在本质内容上的可靠真实性，即电子数据类证据在其生成、传送、存储、收集取证等方面的可靠性。电子数据类证据的生产方面要求司法机关严格遵守法律法规的操作规范，不能随意删除、篡改信息等。电子数据类证据的存储方面要求存储人员具有一定的专

---

① 何月、刘晓辉：《电子证据的审查技巧》，载《中国检察官》2011年第7期。

业知识，客观公正、合法规范地存储信息，以保障信息的可靠性、稳定性。电子数据类证据的收集取证方面要求司法机关工作人员具有一定的资质和技术能力，采用科学、准确的方法进行收集取证，不受其他因素的影响。

在司法实践中，直接认定电子数据类证据的可靠性难度较大，且不易准确地得出结论，反而从相反角度认定电子数据类证据的可靠性比较容易。例如如果是不利的一方提供的电子数据类证据，可认定具有较强的可靠性。

（2）电子数据类证据的完整性

电子数据类证据的完整性，是指电子数据类证据的信息材料之完整性和其所依赖的电子计算机系统之完整性。电子数据类证据的信息材料之完整性，一方面，在形式上要求电子数据类证据的外在表现形式与原件是一致的、完全相符的，而且其格式也不能被任意地破坏；另一方面，在内容上要求电子数据类证据的实质内容是完整无损的，没有被篡改、伪造、删除、破坏等。电子数据类证据所依赖的电子计算机系统之完整性是指电子计算机是在其正常的状态下，在业务发生的当时或稍后情况下对电子数据信息的完整记录，包括电子数据信息、附属信息和系统信息的完整一致性。

（3）电子数据类证据的证明力大小

电子数据类证据的证明力大小的判断主要是要考虑电子数据类证据能否被采信和关联性强弱。电子数据类证据具有脆弱易破坏性，容易被篡改、伪造或删除，这可能降低了其证明力的大小。不过，经过司法机关采取合法的、科学有效的方法，能够及时准确地收集和保全电子数据类证据，从而保证其真实可靠性和完整性。以电子数据类证据的可采性为基础，判断电子数据类证据与案件的关联性程度，如果其关联性强则其证明力强，关联性弱则证明力弱。因此，电子数据类证据的证明力大小，是以其可采性为前提，以其关联性强弱为标准的。

三、完善电子数据类证据鉴定机构工作

电子数据类证据鉴定机构的完善对于实现公正客观地出具电子数据类证据有重要的作用，可确保电子数据类证据鉴定的权威性和合法性。首先要加强规范鉴定人员，从鉴定人员的专业知识和技术能力上进行规制，以确保鉴定意见的专业性；其次要加强规范鉴定意见书，明确要求鉴定意见书必须能够详细地记录论证说理过程，论证充分具体，使没有专业知识能力的人也能进行分辨和了解；再次要加强电子数据类证据鉴定机构的独立性，使其独立于司法机关，不受司法机关的干涉和影响，确保公正性；最后要加强对电子数据类证据鉴定

机构的责任追究。对于在司法实践中，由于鉴定人员的失职或失误而做出虚假错误鉴定的，应该追究鉴定人员的责任。如果是由于鉴定机构的原因而做出错误鉴定以及多头鉴定等情形，应根据具体情况，追究鉴定机构的责任。

目前，我国关于电子数据类证据的立法还处于起步阶段，一些部门刚开始对电子数据类证据作出规定，但尚未形成完整的、系统的法律规范体系。随着科学技术的发展，电子信息时代的进步，电子数据类证据作为一种独立的、特殊的证据类型，在司法实践中将发挥越来越重要的作用，更好地维护公民的权利利益，因此，完善电子数据类证据的相关制度十分必要。

（贾健　西南政法大学法学院、河南省荥阳市人民检察院）

第四章 监视居住问题研究

新刑事诉讼法修改幅度较大，亮点也颇多，其中对监视居住措施进行了大幅度的修改。例如，对监视居住的适用条件、执行方式和执行场所等方面进行细化，增加了监视居住措施在实践中的可操作性，等等。可以说是对监视居住措施的一次"重塑"。这从一方面反映出修改前的监视居住措施在理论和实践中的确存在很多问题，也从另一方面反映出立法者对监视居住这一强制措施的重视。

应该说，监视居住措施是一种具有中国特色的刑事强制措施，也是刑事诉讼法较早确立的一种制度。1963年的刑事诉讼法草案（初稿）对监视居住措施作出了规定；1979年刑事诉讼法也对监视居住措施进行了规定，但是立法规定过于粗疏，导致监视居住与取保候审不分，适用同质化；1996年刑事诉讼法虽然在形式上增加了被监视居住人的义务及违反义务的法律后果、适用期限和变更等内容，但在实质上仍未改变监视居住与取保候审的同质化问题。本次刑事诉讼法修改，在条文数量上，涉及监视居住措施的条文达到七条之多；在内容上，涉及监视居住的适用条件、执行场所、执行方式和检查监督等内容。总之，本次刑事诉讼法的修改具有巨大的进步性。但是，任何制定法都不可能是完美的，本次刑事诉讼法修改也不例外，也存在缺陷和不足。本文将对新刑事诉讼法进行一次全面审视，特别是针对其中的缺陷和不足提出解决办法和对策，使新刑事诉讼法能够在理论上和实践中发挥其应有的作用，实现其应有的价值。

第一节 新刑事诉讼法对监视居住措施修改概述

我国刑事诉讼法规定的刑事强制措施有拘传、取保候审、监视居住、拘留和逮捕五种。刑事强制措施的正确行使能够保证刑事诉讼程序的顺利进行，同时也能够保障犯罪嫌疑人或被告人的基本人权。在新刑事诉讼法修改以前，我国刑事诉讼法规定的强制措施不够合理，特别是取保候审与监视居住适用的同质性，规定的过于笼统不利于实际操作等缺陷被人们诟病。这次修改基本上对监视居住措施进行了重塑,明确规定了监视居住的适用条件、监视居住的方式和执行场所等内容,增加了法条的可操作性,具有明显的进步性。但是,不可否认,监视居住制度在立法和实践上还存在很多问题需要我们去发现和解决。

一、监视居住制度修改背景

改革开放以来,我国的社会、政治、经济和文化等各领域都取得了快速发展,社会经济的发展也需要作为上层建筑的法律进行修改以适应和保障社会经济发展的需要。1996年通过的刑事诉讼法,施行将近二十年,已经难以满足社会经济快速发展的需要,在司法实践中产生了很多问题。为了回应社会经济发展和司法实践的需求,2012年我国对刑事诉讼法进行全面修订,对一些重要问题进行了大幅度修改。纵观整个刑事诉讼法修改,始终围绕一个主线进行,即"尊重和保障人权"。随着社会经济政治的发展,人们的生活水平不断提高,公民的权利意识开始逐渐觉醒,自由、公平和平等等理念开始深入人心,人们开始追求过更有尊严的生活。2002年,我国修宪时明确将"国家尊重和保障人权"写入宪法;2012年,刑事诉讼法修改时也将"尊重和保障人权"写入了总则。刑事诉讼法因是用来规范办理刑事案件的程序法,不可避免地涉及对公民人身自由和财产等基本权利的限制,对公民产生重大的影响。可以说,一部好的刑事诉讼法不仅能够保障刑事案件的顺利进行,而且能够在追诉犯罪的同时保障好犯罪嫌疑人、被告人的基本人权。刑事诉讼法的修改正是在人权保障和无罪推定理念的指导下进行的。监视居住措施是本次重点修改部分之一,明确了监视居住措施的适用条件、执行方式和执行地点等内容,以使监视居住措施在实践中规范化,避免错用和滥用,防止公权力对犯罪嫌疑人和被告人基本人权的侵害。监视居住措施作为刑事强制措施的一种,虽然不像拘留和逮捕那样完全剥夺犯罪嫌疑人或被告人的自由,但是,其毕竟会限制人身自由,甚至在某些特殊的情况下会变相剥夺人身自由(比如在指定监视居住的情况下)。所以,对监视居住强制措施的适用应当慎之又慎,否则一不小心就有侵犯人权的可能。

二、新刑事诉讼法对监视居住制度的修改

监视居住措施是此次刑事诉讼法修改的重点部分之一,修改的力度非常大,几乎是对监视居住制度的"重塑"。刑事强制措施关乎到犯罪嫌疑人或者

被告人的人身自由，关乎到刑事诉讼的顺利进行，是刑事诉讼法的核心内容和重要组成部分。在此次刑事诉讼法修改以前，刑事强制措施在立法和实践中出现了很多问题，此次修改回应了社会各界尤其是法学理论界和法律实务界的关切。以下将对新旧刑事诉讼法关于监视居住的规定进行对比，从而加深对监视居住措施和新刑事诉讼法的认识。

1. 明确规定了监视居住的适用条件，划清与取保候审的界限。2012年刑事诉讼法修改前，监视居住与取保候审的适用条件相同。1996年刑事诉讼法第51条规定："人民法院、人民检察院和公安机关对于有下列情形之一的犯罪嫌疑人、被告人，可以采取取保候审或者监视居住：（一）可能判处管制、拘役或者独立适用附加刑的；（二）可能判处有期徒刑以上刑罚，采取取保候审、监视居住不致发生社会危险性的。取保候审、监视居住由公安机关执行。"实际上，取保候审与监视居住还是有区别的，特别是被监视居住的人活动范围更小，人身自由受到的限制更大。但是，在实践中完全可能出现或者已经出现对社会危害性和人身危险性都相当的犯罪嫌疑人或者被告人，在都符合1996年刑事诉讼法第51条的情况下，部分犯罪嫌疑人或者被告人可能适用取保候审，另外一些人可能适用监视居住。在同样的情况下适用不同的强制措施显然是不公平的，同时也不符合刑事强制措施的比例性原则和必要性原则。新刑事诉讼法将监视居住的适用条件专门单独明确的规定出来。2012刑事诉讼法第72条规定："人民法院、人民检察院和公安机关对符合逮捕条件，有下列情形之一的犯罪嫌疑人、被告人，可以监视居住：（一）患有严重疾病、生活不能自理的；（二）怀孕或者正在哺乳自己婴儿的妇女；（三）系生活不能自理的人的唯一扶养人；（四）因为案件的特殊情况或者办理案件的需要，采取监视居住措施更为适宜的；（五）羁押期限届满，案件尚未办结的，需要采取监视居住措施的。对符合取保候审条件，但犯罪嫌疑人、被告人不能提出保证人，也不交纳保证金的，可以监视居住。"新刑事诉讼法对监视居住适用条件的规定实际是由两部分构成，即"基础条件+附加条件"。基础条件是适用监视居住措施必须先满足符合逮捕条件或者取保候审条件。在满足逮捕条件的前提下，监视居住的附加条件为新刑事诉讼法规定的5种情况；在满足取保候审的前提下，监视居住的附加条件是犯罪嫌疑人、被告人不能提出保证人，也不交纳保证金。可见，新刑事诉讼法对监视居住的规定明确而清晰。

2. 明确了监视居住的法律定位。我国的刑事强制措施按照强度由小到大依次为拘传、取保候审、监视居住、拘留和逮捕。修改前的刑事诉讼法将监视居住措施定位为一种限制人身自由程度大于取保候审而又非剥夺人身自由的强制措施。但是，在司法实践当中和具体的制度设计上却与取保候审不分，模糊了监视居住的属性和法律定位。新刑事诉讼法将监视居住措施明确定位为减少羁押的替代性措施和取保候审的补充措施，这点可以从第 72 条关于监视居住的适用条件中体现出来。

3. 增强了监视居住措施的可操作性。1996 年刑事诉讼法对监视居住措施具体如何操作施行的规定非常笼统，以至于在实践中出现了很多问题。特别是对执行处所和执行方式没有作出明确规定，导致办案机关在适用监视居住措施时出现很大的随意性。依法应当在犯罪嫌疑人或被告人的固定住处执行监视居住的却在指定的居所执行，或者出现"变相羁押"和"无人监视"两个极端，执行机关难以把握限制被监视居住人人身自由的尺度。新刑事诉讼法则通过明确规定执行场所、执行方式、细化被监视居住人的义务来增强监视居住的可操作性。第一，关于执行场所的规定。新刑事诉讼法第 73 条第 1 款规定："监视居住应当在犯罪嫌疑人、被告人的住处执行；无固定住处的，可以在指定的居所执行。对于涉嫌危害国家安全犯罪、恐怖活动犯罪、特别重大贿赂犯罪，在住处执行可能有碍侦查的，经上一级人民检察院或者公安机关批准，也可以在指定的居所执行。但是，不得在羁押场所、专门的办案场所执行。"根据法条规定，监视居住原则上应当在犯罪嫌疑人或者被告人的住处执行，只有在犯罪嫌疑人或者被告人在办案单位所在的市、县无固定住处的和犯罪嫌疑人或者被告人涉嫌危害国家安全犯罪、恐怖活动犯罪、特别重大贿赂犯罪，在住处执行可能有碍侦查的，在经上一级人民检察院或者公安机关批准的两种情况下，才可以指定居所执行。第二，关于被监视居住人应遵守义务的规定。新刑事诉讼法第 75 条规定："被监视居住的犯罪嫌疑人、被告人应当遵守以下规定：（一）未经执行机关批准不得离开监视居住的处所；（二）未经执行机关批准不得会见他人或者通信；（三）在传讯的时候及时到案；（四）不得以任何形式干扰证人作证；（五）不得毁灭、伪造证据或者串供；（六）将护照等出入境证件、身份证件、驾驶证件交执行机关保存。"这些法定义务对被监视居住人的人身自由、与外界的联系交流和交通通行进行限制，有利于对被监视居住人实行有效控制。第三，关于执行方式。新刑事诉讼法第 76 条规定："执行机关对被监视居住的犯罪嫌疑人、被告人，可以采取电子监控、不定期检查等监视方法对其遵守监视居住规定的情况进行监督；在侦查期间，可以对被监视居住的犯罪嫌疑人的通信进行监控。"

4. 强化了被监视居住人的权利保护。此次刑事诉讼法的修改始终贯穿人权保障理念，更加注重对犯罪嫌疑人、被告人的权利保护。第一，指定监视居住应当通知被监视居住人的家属。新刑事诉讼法第 73 条第 2 款规定："指定居所监视居住的，除无法通知的以外，应当在执行监视居住后二十四小时以内，通知被监视居住人的家属。"如果由于犯罪嫌疑人不讲真实姓名和住址,暂时无法通知其家属的,侦查机关应当继续侦查,在身份查明后或者无法通知的情形消失后,应当及时通知犯罪嫌疑人的家属。第二,明确规定被监视居住人有权委托辩护人。新刑事诉讼法第73条第3款规定:"被监视居住的犯罪嫌疑人、被告人委托辩护人,适用本法第三十三条的规定。"被监视居住人自被侦查机关第一次讯问或采取强制措施之日起,有权委托辩护人。侦查机关、检察机关和人民法院负有告知犯罪嫌疑人、被告人有权委托辩护人和及时转达犯罪嫌疑人、被告人的要求的义务。指定监视居住的犯罪嫌疑人、被告人的近亲属和监护人可以代为委托辩护人。第三,指定监视居住执行期间折抵刑期。新刑事诉讼法第74条规定:"指定居所监视居住的期限应当折抵刑期。被判处管制的,监视居住一日折抵刑期一日;被判处拘役、有期徒刑的,监视居住二日折抵刑期一日。"虽然指定居所监视居住与完全剥夺人身自由的拘留和逮捕有很大区别,但是其对公民的人身自由限制很大,新刑事诉讼法规定指定居所监视居住折抵刑期充分体现和保障了被监视居住人的基本人权。

5. 新增检察机关的监督职责。检察机关作为法律监督机关,履行法律监督职能。新刑事诉讼法加强了检察机关的监督职能,使检察机关的监督职能贯穿刑事诉讼的全过程。新刑事诉讼法第73条第4款规定:"人民检察院对指定居所监视居住的决定和执行是否合法实行监督。"加强检察机关对指定居所监视居住的监督,目的在于保护犯罪嫌疑人、被告人的诉讼权利和其他合法权益,防止公权力的不当使用和滥用。

三、对监视居住措施修改的意义

新刑事诉讼法对监视居住措施进行了大幅修改,具有以下几个方面的重要意义。

1. 体现了惩罚犯罪与保障人权并重的理念。犯罪分子犯罪以后,为了逃避法律制裁,往往藏匿起来,导致司法机关的工作无法顺利进行。刑事强制措施通过对犯罪嫌疑人、被告人人身自由的剥夺或者适度限制,使其处于司法机关的控制之下,从而保障刑事诉讼活动的顺利进行,使犯罪分子受到应有的惩罚,进而达到控制犯罪的目的。新刑事诉讼法对监视居住措施进行了大幅修改,明确了适用条件、执行场所、执行方式和被监视居住人义务等内容。一方面,对于犯罪性质严重、人身危险性大的犯罪分子,为了保障刑事诉讼顺利进行,有效惩罚犯罪,要毫不犹豫地实行监视居住措施;另一方面,之所以要对监视居住措施进行严格的规定,是因为其涉及公民的人身自由,是保障人权的要求。总之，新刑事诉讼法对监视居住措施的修改兼顾了惩罚犯罪与保障人权。

2. 监视居住在取保候审和逮捕之间起缓冲作用，具有特殊的诉讼功能。我国刑事诉讼法按照严厉程度由弱到强规定了五种强制措施，分别为拘传、取保候审、监视居住、拘留和逮捕。监视居住措施的严厉性正好居于取保候审和逮捕之间，成为二者之间必要的缓冲机制，具有不可替代的作用。在司法实践中，案件的具体情况复杂多样。可能有些案件对犯罪嫌疑人、被告人采取取保候审有些宽松，不足以防止社会危险性的发生，无法保障刑事诉讼顺利进行，但是采取逮捕措施又过于严厉或者不具备法律规定的逮捕条件，在这种情况下采用监视居住措施是最好的办法。再从刑事强制措施变更的角度来看，如果取保候审的期限届满但又不符合取保候审条件或者不宜逮捕，对没有合适保证人和没有能力交纳保证金的，变更为监视居住就是最好的而且是唯一的选择。如果在逮捕羁押期间案件不能及时办结，还需要继续侦查、起诉和审判，但变更为取保候审有违反法定义务的现实可能性，这时就只能选择监视居住措施。监视居住措施相对于取保候审和逮捕而言有自己特殊的诉讼功效。与取保候审相比，监视居住具有更强的严厉性，能够有效地防止犯罪嫌疑人、被告人潜逃，防止干扰证人作证，防止毁灭、伪造证据或者串供等妨害刑事诉讼顺利进行的行为。与逮捕相比较，监视居住能避免因为羁押在看守所而产生的犯罪人之间"交叉感染"等消极影响。同时，在生活条件方面也比羁押在看守所更为人道化。对于初犯、偶犯但又不适宜采取取保候审措施的犯罪嫌疑人、被告人，采取监视居住措施能取得比采取逮捕措施更好的效果。

3. 监视居住是保证刑事侦查顺利进行的重要措施。刑事案件发生以后，司法机关要收集充分的证据，这需要一定的时间。特别是一些已经对犯罪嫌疑人采取拘留措施的重大复杂案件，在比较短的拘留期限内，侦查机关甚至还没有收集到符合逮捕条件的证据，但被拘留的人有重大作案嫌疑需要继续查证，而对其采取取保候审又不足以防止社会危险性的发生。在此情况下，采取监视居住措施可以一举两得，既可以防止因对犯罪嫌疑人采取取保候审措施而妨害证据的收集，又可以为侦查机关收集证据赢得时间。此外，在查处一些特殊类型案件时，比如贪污贿赂犯罪、危害国家安全犯罪和恐怖活动犯罪等，采取监视居住措施往往能取得比较好的法律效果，有利于打击特殊类型犯罪，维护国家和社会稳定。因为这些案件往往比较复杂，而且牵扯太多的利益群体，在法定羁押办案期限内可能无法结案，只能通过采用指定居所监视居住措施的方法以取得良好的法律效果，使案件得以顺利侦破。

4. 指定居所监视居住措施为取代"双规"措施提供了可能性。① 在当今社会反腐败形势严峻的情形下,"双规"措施在反腐败斗争中发挥了重要作用。"双规"措施作为纪律检查机关和行政监察机关办案的主要调查手段,是指要求有关人员在规定的时间、地点就案件所涉及的问题作出说明。"双规"措施作为党内调查手段,并没有明确的法律依据,因此在实践中,"双规"往往成为变相拘禁,侵害公民的人身自由,受到了法学理论界的长期抨击。因此,必须为其寻找合理的路径,使其既能够适应我国反腐败斗争的需要,也能够得到法律的认可,指定居所监视居住为"双规"的合法化提供了具体途径,同时也为取代"双规"措施提供了可能性。

四、监视居住与逮捕、取保候审的关系

作为刑事强制措施体系的重要组成部分,有必要研究监视居住与其他强制措施,特别是与取保候审和逮捕之间的关系,这样才有利于整个刑事强制措施体系发挥应有的作用,以及各个刑事强制措施的正确适用。监视居住与取保候审、逮捕的关系密切,并且在一定条件下可以相互转化。同时,正确厘清监视居住与取保候审、逮捕之间的关系,也有助于监视居住措施的正确适用。

1. 监视居住与取保候审的关系。第一,适用条件部分重合。新刑事诉讼法第65条规定了取保候审的适用条件,第72条规定了监视居住的适用条件,二者有些适用条件内容相似:A、患有严重疾病、生活不能自理的;B、怀孕或者正在哺乳自己婴儿的妇女;C、羁押期限届满,案件尚未办结,需要采取取保候审(监视居住)的。需要注意的是,这些内容相似的适用条件并不表明二者的适用条件存在交叉,因为监视居住的适用是以满足符合逮捕条件为前提,以上三点只是附加条件,然而,以上三点却是取保候审的独立适用条件。但是,监视居住的适用条件存在一种特殊情形,即以符合取保候审为基础条件,在不能提供适格保证人和无能力交纳保证金的情况下适用监视居住。这种情况下,监视居住与取保候审的适用条件存在交叉,交叉的内容是取保候审的适用条件。第二,被监视居住人与被取保候审人应当遵守的法定义务部分重合。新刑事诉讼法第69条和第75条分别对被取保候审人和被监视居住人应当遵守的义务进行了规定,相同的内容有以下几点:A、传讯的时候及时到案;

---

① 黄保轩:《关于监视居住的几个问题》,载《赤峰学院学报(汉文哲学社会科学版)》2012年第11期。

B、不得以任何形式干扰证人作证；C、不得毁灭、伪造证据或者串供。这些规定的目的都是要保证刑事诉讼的正常进行，及时打击犯罪。

2. 监视居住与逮捕的关系。根据新刑事诉讼法第72条第1款的规定，监视居住的适用条件由前提条件和附加条件构成，前提条件即是满足逮捕的条件，所以二者在适用条件方面存在交叉。监视居住措施的适用以符合逮捕条件为前提，在具体的适用条件上又与逮捕条件发生交叉，使监视居住能够发挥替代羁押的功能，从而降低逮捕羁押的适用率。①

3. 监视居住与取保候审、逮捕之间相互转化。新刑事诉讼法对刑事强制措施部分修改以后，各个强制措施适用条件明确，而且各个强制措施之间紧密连接、环环相扣，使整个刑事强制措施之间成为结构科学合理、联系紧密的体系。新刑事诉讼法第69条第3款规定："被取保候审的犯罪嫌疑人、被告人违反前两款规定，已交纳保证金的，没收部分或者全部保证金，并且区别情形，责令犯罪嫌疑人、被告人具结悔过、重新交纳保证金、提出保证人，或者监视居住、予以逮捕。"第75条第2款规定："被监视居住的犯罪嫌疑人、被告人违反前款规定，情节严重的，可以予以逮捕。"由取保候审变更为监视居住，或者由监视居住变更为逮捕，犯罪嫌疑人、被告人的人身自由受到越来越严厉的限制甚至剥夺，这种变更对犯罪嫌疑人、被告人极为不利，因此变更条件限制得比较严格，只能在违反规定的情形下才能变更。由监视居住变更为取保候审，或者由逮捕变更为监视居住，这种变更对犯罪嫌疑人、被告人极为有利，新刑事诉讼法也对这种变更的启动主体和条件进行了规定。例如，辩护律师在侦查期间可以为犯罪嫌疑人申请变更强制措施，这种变更显然应当是有利于犯罪嫌疑人的变更；人民检察院在羁押必要性审查过程中，发现不需要继续羁押的，可以建议变更强制措施等。

第二节　当前监视居住措施存在的不足与缺陷

在此次刑事诉讼法修改以前，监视居住措施在实践执行过程中出现了很多问题，法学理论界和司法实务界一直对监视居住存在"废除论"和"改造论"两种截然对立的观点。"废除论"认为，监视居住措施成本高昂，适用率低，容易形成变相羁押侵犯人权，俨然成为"食之无味，弃之可惜"的鸡肋，不

---

① 李建明、汤茂定：《监视居住措施及其适用》，载《华东政法大学学报》2012年第5期。

如将其废除。"改造论"认为,我国现有的五种强制措施中,羁押性强制措施太多,如果将监视居住措施废除,就剩取保候审一种非羁押性强制措施,这显然不利于审前非羁押性强制措施适用率的提高。并且,监视居住措施在一些案件的适用上有其独立的适用空间。此外,监视居住措施在实践中存在的问题可以通过立法等措施加以解决,可以适应我国司法实践的需要。① 2012年刑事诉讼法修改对监视居住措施采取了"改造论"的观点,对长期以来的"废除论"和"改造论"之争有了定论。但是,通过对法条的仔细研究和一段时间的实践检验,监视居住措施在立法和实践上还存在一些缺陷和不足。

一、我国监视居住措施在立法上的不足与缺陷

总体上来说,新刑事诉讼法对监视居住的修改亮点颇多,但是,对具体制度的修改还存在很多问题,需要我们去发现并加以解决,以促进刑事诉讼和司法实践的顺利进行。以下将对新刑事诉讼法关于监视居住的规定存在的缺陷和问题进行分析。

1. 新刑事诉讼法对监视居住的规定存在逻辑上的冲突。新刑事诉讼法将监视居住措施明确定位为"减少羁押的替代性措施"或者"逮捕的替代性措施",目的是在尽量减少羁押、保障人权的前提下,保证刑事诉讼的顺利进行。我国的监视居住措施包括住所型监视居住和指定型监视居住。新刑事诉讼法第74条规定:"指定居所监视居住的期限应当折抵刑期。被判处管制的,监视居住一日折抵刑期一日;被判处拘役、有期徒刑的,监视居住二日折抵刑期一日。"我国刑法对羁押期限折抵刑期进行了规定,之所以会有这样的规定,是因为判决执行以前的羁押同样是剥夺嫌疑人的人身自由,与实际执行的刑罚无异。新刑事诉讼法对指定居所监视居住规定刑期折抵,立法者显然考虑到了指定居所监视居住的实际情况,意识到指定居所监视居住是对人身自由的剥夺而非限制,这也说明指定居所监视居住是一种羁押性强制措施。显然,指定居所监视居住的羁押性与监视居住的"减少羁押的替代性措施"的法律定位相冲突。

再之,新刑事诉讼法并未对指定居所监视居住的两种情形进行区分,即没有将因在办案机关所在地无固定住处而指定居所监视居住的情形,与因涉嫌危害国家安全犯罪、恐怖活动犯罪和特别重大贿赂犯罪而指定居所监视居住的情

---

① 黄保轩:《关于监视居住的几个问题》,载《赤峰学院学报(汉文哲学社会科学版)》2012年第11期。

形相区分。这两种情形都适用折抵刑期的法律后果，尽管两者在监视的内容和力度上很可能有较大的差异。① 除以上三种特殊类型的犯罪外，对于一般犯罪的犯罪嫌疑人、被告人而言，他们因在办案机关所在地是否有固定住所而有了住处执行和指定居所执行之分，导致二者产生了截然不同的法律后果。前者被认为是非羁押性强制措施而不能折抵刑期，后者被认为是羁押性强制措施能折抵刑期，这对适用住所型监视居住的犯罪嫌疑人、被告人来说是非常不公平的，是为新刑事诉讼法关于监视居住措施规定的又一逻辑矛盾。

2. 部分法律用语和概念模糊，使新刑事诉讼法的执行大打折扣。新刑事诉讼法相对于旧刑事诉讼法而言，在法条规定上更加详细，也更具有可操作性，但是，概念和用语的模糊性并未彻底改变，在执行上依旧困难重重。第一，"住处"和"指定居所"的概念不明确。关于"住处"一般有以下几种理解：一是犯罪嫌疑人、被告人的户籍所在地的住处；二是犯罪嫌疑人、被告人的经常居住地；三是犯罪嫌疑人、被告人在办案机关所在地的住处。② 关于"指定居所"，究竟是由谁指定没有明确，在什么范围内进行指定也没有明确，这就为司法机关权力寻租留下了巨大空间，不利于对被监视居住人的权利保护。第二，"他人"指代不明。新刑事诉讼法规定，未经执行机关批准不得会见他人。这里的"他人"包不包括犯罪嫌疑人、被告人的直系亲属和共同居住的人呢？这是有疑问的，特别是在犯罪嫌疑人、被告人跟家人共同居住，遇到走亲访友的情况时该如何操作呢？第三，"无法通知"规定不明。新刑事诉讼法第73条规定，对于指定居所监视居住的犯罪嫌疑人、被告人，除无法通知的以外，应当在监视居住执行后二十四小时以内，通知被监视居住人的家属。关于"无法通知"，新刑事诉讼法并没有明确规定也没有明确应当通知的内容，这在实践中可能出现办案机关扩大解释"无法通知"的情形或者限制应当解释的"内容"，从而规避自己的通知义务，使犯罪嫌疑人、被告人处于"强迫失踪"的状态。

3. 监视居住适用条件不完善。新刑事诉讼法单独规定了监视居住的适用条件，与取保候审相分离，在可操作性上虽然有了明显进步，但是在实际操作中仍然存在不合理的地方。第一，"严重疾病"应当如何判断？新刑事诉讼法并没有规定"严重疾病"的参照标准，也没有规定"严重疾病"怎样认定。在实践中，可能会因为办案人员的主观随意性，执行不同的标准，发生偏差，

---

① 左卫民：《指定监视居住的制度性思考》，载《法商研究》2012年第3期。
② 钱雪棠：《论监视居住的适用及完善》，载《中国人民公安大学学报》2005年第5期。

进而导致权力滥用和司法腐败。第二，法律没有对"案件的特殊情况或者办理案件的需要"进行具体的解释和明确。在实践中，有时连办案人员都无法确定哪些情况属于特殊情况可以适用监视居住或者因为何种需要可以监视居住，极易出现滥用的情况。

4. 监视居住执行期限不合理。新刑事诉讼法第 77 条规定："人民法院、人民检察院和公安机关对犯罪嫌疑人、被告人监视居住最长不得超过六个月。"但在司法实践中，依据刑事诉讼法解释等规定，案件在移送检察院审查起诉或者起诉到法院后需要继续采取监视措施的，重新计算监视居住的期限。实际上对犯罪嫌疑人、被告人监视居住的最长期限可以达到十八个月。对被监视居住人的人身自由限制时间过长，将对被监视居住人带来巨大伤害。并且，监视居住的时间越长，司法投入的人、财、物也越多，执行机关的工作负担也越大，不符合经济性原则。

5. 忽视了对共同居住人的权益保护。刑事诉讼法明确规定了对犯罪嫌疑人、被告人采取监视居住措施原则上在被监视居住人的住处执行，这体现了对犯罪嫌疑人、被告人的权利保护，同时，也有利于刑事诉讼的顺利进行。但是，在实际生活当中，犯罪嫌疑人、被告人在大多情况下都是和其近亲属共同居住的，在对犯罪嫌疑人、被告人监视居住的过程中，必然会影响共同居住人的正常生活。如果对犯罪嫌疑人、被告人采取电子监控或者电话监听等措施，共同居住人的隐私等权利该如何保护呢？现行的法律没有关于保障共同居住人合法权益的规定，这是一个法律盲区，值得引起我们重视。当然，如果犯罪嫌疑人、被告人单独居住就不存在这个问题了。

6. 监督制度与救济制度的缺失。监视居住措施作为刑事强制措施的一种，与人们的人身自由权利息息相关，稍有不慎就可能侵害他人的人身权利，所以对刑事强制措施的适用要慎之又慎。根据刑事诉讼法的规定，刑事强制措施的适用必须经过相关部门的审批以起到监督的作用，防止刑事强制措施的滥用。但是，这种监督是事前监督，是办案机关的内部监督，由于部门利益的一致性使得这种事前监督缺乏可靠性。再之，虽然我国刑事诉讼法明确规定了检察机关的监督职能，但在如何开展监督方面并没有具体规定，难以对监视居住的决定和执行进行有效的监督。① 此外，还缺乏相应的司法救济措施。犯罪嫌疑人、被告人在执行监视居住期间即使受到办案机关的不法对待，也无法得到有效救济。当犯罪嫌疑人、被告人被采取监视居住后即使被判无罪，他与他的近

---

① 陈建新：《对监视居住措施实施现状的调查与思考》，载《人大研究》2003 年第 10 期。

亲属、辩护人也不能找到具体的法律依据来维护其合法权益。① 所以，在立法上监督制度与救济制度的缺失，使得犯罪嫌疑人、被告人的合法权益极易受到国家公权力的侵害。

二、我国监视居住措施在实践中的问题

新刑事诉讼法自 2013 年 1 月 1 日生效以来，在实践中经过近一年的适用，监视居住措施依然存在很多问题，具体表现为以下几个方面：

1. 监视居住适用率低。我国刑事诉讼法明确规定，对犯罪嫌疑人、被告人采用监视居住措施的由公安机关执行。这说明公安机关是监视居住措施的唯一执行机关，其他机关无权执行。在没有社会其他力量的帮助下，单纯依靠公安机关执行监视居住必然需要大量的警力才能保证顺利完成任务。如果需要全天候监视，则需要更多的警力。现实情况是，全国各地的警力都不充足，肯定无法对监视居住提供良好的保障。在指定居所监视居住的情况下，公安机关一般会租用宾馆等场所，这势必会增加公安机关的办案经费，给公安机关产生比较大的经济压力。所以，在实践中，监视居住的使用率远不如取保候审。

2. 执行不规范。第一，执行机关不规范。人民法院、人民检察院和公安机关都有权力作出监视居住的决定，但是法律明确规定，监视居住由公安机关执行。在实践中，我们发现，监视居住一般是谁决定谁执行，执行错位严重，一旦出现问题后果非常严重。之所以会出现执行不规范的现象，原因有以下几方面：一是从作出监视居住决定到执行落实需要经历非常严格繁琐的程序，执行机关为了省事便将监视居住的执行交由决定机关；二是公安机关警力严重不足，特别是执行监视居住的基层派出所民警，既要维护治安又要侦破案件，任务太过繁重，很难有精力去履行执行监视居住的职责；三是公安民警存在思想抵触，认为人民法院和人民检察院决定监视居住是给他们找麻烦，不愿意去执行。第二，执行场所不规范。新刑事诉讼法关于监视居住的执行场所，原则上是在"住处"执行，例外情况是"指定居所"执行，但法律没有对执行地点进一步细化。这就导致了在实践中因没有统一的参照标准而不知如何操作和违法操作等问题，甚至有的演变成了对犯罪嫌疑人、被告人的变相羁押。同时，执行机关对犯罪嫌疑人、被告人的"固定住处"和"指定居所"理解不同，

---

① 朱德宏：《监视居住制度的异化及其规范化》，载《河南公安高等专科学校学报》2006 年第 10 期。

直接关系到被监视居住人的人身自由程度。在实践中,公安机关执行监视居住通常的做法是,要么在犯罪嫌疑人、被告人的住处执行,公安机关定期或不定期对其遵守法律义务的情况进行检查,或者由其定期到公安机关进行日常汇报;要么将犯罪嫌疑人留在指定的居所(一般是公安机关内部设立的场所或者宾馆对其严加看管)。这就容易走"放任自由"和"变相羁押"两种极端。第三,执行方式不一。新刑事诉讼法对监视居住执行方式进行了规定,比如电子监控、不定期检查和通信监控等。相对于旧刑事诉讼法而言,在执行方式上进行了一定明确,但未作具体和强制性要求。我国幅员辽阔,各省市的经济发展很不平衡,具体采用什么样的方式进行监视居住无法形成统一的标准。比如,电子监控在一些经济发达的省市已经开始实施,但在全国推行尚需时日。这就在司法实践中产生了各省市的执行方式并不相同,监控的程度也不同,犯罪嫌疑人、被告人的人身自由限制程度存在较大差异,严重违反了法律所要求的平等原则。

3. 功能错位。监视居住等刑事强制措施的目的本是追究犯罪嫌疑人、被告人刑事责任,防止犯罪嫌疑人、被告人逃避法律制裁,保障刑事诉讼顺利进行。但在实践当中,少数司法机关将监视居住措施运用成为拖延诉讼、消化案件从而不影响其工作成绩的有效方法。① 有的办案机关为了规避办案期限的限制,和在案件无法办理的情况下,为不影响其破案率、起诉率等指标的考察,将证据不全、无法逮捕和起诉的犯罪嫌疑人采取监视居住,最后直至不了了之,实际上就是变相放人。这些情况都违反了监视居住措施的立法初衷,不能取得应有的效果,甚至还造成了恶劣影响。

第三节 我国监视居住措施的完善

既然监视居住措施在立法上和实践中都存在较大的问题和缺陷,可采取一定的措施加以应对,以使监视居住措施发挥其应有的作用。

一、在立法方面的完善建议

1. 适当扩大监视居住的执行主体。我国的监视居住措施实行决定权与执行权相分离的形式。按照公安机关内部规定,监视居住的最终执行主体是基层

---

① 杨旺年:《关于监视居住几个问题的探讨》,载《法律科学》2001年第6期。

派出所，因为基层派出所分散比较广泛，利于执行监视居住，但现实情况是，基层派出所承担着户籍管理、治安管理和刑事侦查等多项任务，工作负担很重，并且基层警力严重不足，这都导致了监视居住的执行大打折扣。因此，改革并扩大监视居住执行主体势在必行。根据当前法院和检察院的人员配备来看，"两院"拥有一支素质高、能力强的司法警察队伍，将法院与检察院决定的监视居住交由自己的司法警察执行也是可行的。所以，笔者比较赞同将监视居住的执行权交由人民法院、人民检察院和公安机关共同行使，这样既能减轻公安机关的工作负担，也能保障犯罪嫌疑人、被告人的人身权利和刑事诉讼的顺利进行。笔者还赞同监视居住措施的执行应借鉴社区矫正制度，由犯罪嫌疑人、被告人所在地的人民政府街道办事处及社区工作人员来执行监视居住，让身边熟悉的人来执行监视可取得更好的效果。同时，还能很好地解决公安司法机关工作人员严重不足的问题。

2. 加强法律解释，尽快明确法律规范中模糊概念的具体含义。新刑事诉讼法中"住处"、"指定居所"等概念很不明确，缺乏现实可操作性。解决此类问题的最好办法就是加强法律解释。笔者认为，对"住处"和"指定居所"的理解，既要保障犯罪嫌疑人、被告人的合法权益又要方便案件的侦办。所以，笔者赞同执行监视居住的地点是：犯罪嫌疑人、被告人在办案机关所在市县内经常、连续居住的一处具有合法性的房屋或者是办案机关为在本市县内没有固定住处的犯罪嫌疑人、被告人指定的专门生活居所，以及以房屋为中心，仅以满足犯罪嫌疑人、被告人日常生活这一基本需求的一定生活区域内。①

3. 加强执法监督。我国法律明确规定，人民检察院是法律监督机关，履行监督职能。在司法实践当中，人民检察院履行的监督职能并不那么令人满意和有效。公检法机关的利益存在高度一致性，会导致对监视居住当中的违法现象持放任态度，使监督流于形式，侵害犯罪嫌疑人、被告人的人身权利。对此，笔者比较赞同建立司法审查制度，但考虑到我国的现实国情，由检察机关行使司法审查职能比较合适，具体应由检察院的监察部门履行这一职能，并对其监督权加以完善。同时，还要通过个案考评、定期检查和严格考核等办法完善执行机关的内部监督机制。

4. 完善权利救济机制。刑事强制措施是通过对犯罪嫌疑人、被告人人身自由的限制和剥夺来实现的，刑事强制措施的不当适用极易侵害犯罪嫌疑人、被告人的人身权利。所以，必须建立司法救济机制，使犯罪嫌疑人、被告人及

---

① 赵怡洲：《我国监视居住制度完善研究》，华中师范大学2012年硕士生毕业论文。

其近亲属、律师对监视居住执行过程中的违法行为,可以依法向有关部门反映情况和申诉,防止国家权力滥用,使监视居住制度发挥其应有的作用。在监视居住措施修改中很有必要对执行机关的违法行为规定相应的违法责任,严重的甚至还要承担刑事责任。并且,还应当规定在指定居所监视居住错误的情况下明确国家的赔偿责任。犯罪嫌疑人、被告人被采取指定居所监视居住,无异于羁押类强制措施,都是对人身自由的剥夺。所以,在刑事拘留、逮捕错误的情况下可以申请国家赔偿,指定居所监视居住也应当可以申请国家赔偿,这样才公平。对指定居所监视居住要求国家赔偿的具体操作可以参照刑事拘留和逮捕错误的国家赔偿程序。

5. 明确执行期限。刑事强制措施具有临时性,所以,笔者认为监视居住的时间不宜过长,原因有二:一是执行时间过长,不能给办案机关压力,严重影响诉讼效率,与刑事强制措施的立法初衷相违背,特别是在指定居所监视居住的情况下有"变相羁押"之嫌;二是长时间的监视居住必然会给犯罪嫌疑人、被告人在身体上、精神上造成巨大的压力和伤害。关于监视居住的期限可以参照逮捕的期限。

6. 完善对第三人的保护。对第三人保护必须要考虑到对第三人合法权利保护和对犯罪嫌疑人、被告人监视之间的平衡。对有共同居住人的犯罪嫌疑人、被告人应该在住处执行,对其监控可以不使用录音录像,可以采取GPS进行定位监控,确保其不离开指定区域。针对通信监控,应当保证监听的内容不被泄露并规定严格的责任追究制度和赔偿制度。

二、在实践方面的完善建议

1. 强化执行保障。第一,加大执行机关工作人员的招考力度,充实办案人员。现在基层派出所工作繁重,的确比较缺人,因此,应当加大招考力度,确保高素质人才进入,更要确保警力下沉,充实基层办案人员。第二,加强办案人员教育培训,提升办案人员公平公正的执法意识。经过教育培训,要增强办案人员依法办案的意识,准确把握监视居住的规定,自觉维护司法公正和司法权威。第三,保障充足的办案经费。我国法律法规并没有规定专门的监视居住经费,监视居住的执行经费只能由执行机关承担。现实中,公安机关的人力和财力本来就比较紧张,在面对既耗人又耗物的监视居住时,压力巨大。

2. 鼓励社会公众积极参与。让社会公众,特别是一些公益组织、医生、教师等人员参与到监视居住的执行工作中来,有利于发挥他们的特长和传递正能量，通过教育和引导来帮助被监视居住的人树立信心，使他们对生活充满期待，走上正常的生活道路。同时还能让犯罪嫌疑人、被告人在执行监视居住期间遵守法定义务，维护社会良好秩序。

（苏伟　河南省荥阳市人民检察院）

第五章　检察工作视野下的羁押必要性审查

长期以来，司法实践中存在对犯罪嫌疑人构罪即捕、以捕代侦、捕后怠侦等问题。新刑事诉讼法第93条赋予了检察机关对逮捕后的犯罪嫌疑人、被告人继续羁押必要性的审查职权。该规定作为刑事诉讼法新增的内容，有利于强化对逮捕后执行的法律监督，降低羁押率，减少不当羁押，更能有效地保障人权。但是，该条规定仅是一个概括性规定，可操作性不强，需要检察机关建立具体的实施细则，规范运行机制，明确承担审查职能的部门、启动审查方式、作出评判的标准及决定处理程序，以利于该条法律规定的贯彻实施。

第一节　羁押必要性审查的立法初衷

一、贯彻"尊重和保障人权"的理念

作为生效判决作出前剥夺犯罪嫌疑人、被告人人身自由的一项措施，未决羁押以限制、剥夺当事人的权利换取诉讼的顺利进行、社会的稳定，有违"任何人未经法院判决不得判决有罪"的原则，可以说是两权相害（当事人权利受损还是社会公众权利受损）取其轻之后的不得已选择。

我国刑事司法实践中长期存在逮捕羁押普遍化的问题。近年来，在宽严相济刑事政策的影响下，逮捕率虽然有所下降，但检察机关对于公安机关提请批捕的案件，批捕率仍保持在85%以上，大多数基层检察机关批捕率甚至超过90%。与此同时，"一捕到底"、"一押到底"的现象非常普遍，捕后变更强制措施的比例非常低。

逮捕标准虚置，加之办案期限与羁押期限混同、对羁押必要性缺乏审查，导致羁押率、轻刑率偏高的司法现状。大量的无继续羁押必要的嫌疑人被长期限制、剥夺人身自由，超期羁押、变相超期羁押现象屡禁不止，法院判刑迁就前期羁押期限、实报实销的量刑判决屡见不鲜，取保候审成为特权、保释机会只有通过行受贿、走后门才能获得等违背程序正义的现象让人习以为常。另外

看守所人满为患、产生了巨额的羁押成本和超高的羁押风险，这不仅是司法资源的浪费，也容易造成嫌疑人家庭的不稳定，影响嫌疑人的工作、生活，甚至使其丧失补偿被害人损失的机会和条件。高羁押率、羁押期限长期化的现象，带来一系列的社会问题，牵一发而动全身。

不同于我国逮捕即等于羁押的司法现状，国外普遍对羁押和逮捕进行了区分。一般而言，逮捕是一种强制到案措施，带有短期性、临时性的特征；而审前羁押则是长时间地限制犯罪嫌疑人、被告人人身自由，最为严厉，适用条件也最为严格，在各国的适用比例都很小。同时，国外还创制了相应的羁押救济制度，如英美法系的保释制度，大陆法系的定期审查制度，被羁押人的复议、上诉制度以及"人身保护令"申请制度。

新刑事诉讼法于第 93 条增设了羁押必要性审查制度，规定："犯罪嫌疑人、被告人被逮捕后，人民检察院仍应当对羁押的必要性进行审查。对不需要继续羁押的，应当建议予以释放或者变更强制措施。有关机关应当在 10 日以内将处理情况通知人民检察院。"这一开创性的规定是我国"尊重和保障人权"的重要体现，也是进一步强化检察监督的重要举措，是对我国现行逮捕羁押制度的一项重大改革。新刑事诉讼法创设的羁押必要性审查制度，为我国降低羁押率提供了有力的法律武器。建立和完善羁押必要性审查制度，旨在保障犯罪嫌疑人、被告人的合法权益，降低羁押率，缓解看守所的羁押压力，节约司法成本，有效地防止超期羁押和"一押到底"的现象。

羁押必要性审查制度的建立体现了"尊重和保障人权"的基本宪法和法律原则。此次刑事诉讼法修改，鲜明主线就是"尊重和保障人权"，其不仅写入刑事诉讼法总则，更体现在刑事诉讼程序的各个方面。作为强制措施附属状态的羁押也必然体现这一基本宪法和法律原则。基于打击犯罪和维护社会秩序的需要，羁押具有其合法性和合理性，但从法学理论的视角来看，其仍是一种不可避免的"恶"，这是国家权益与个人权益相碰撞时遇到的一种两难命题。虽然这种"恶"难以避免，但应当在必要的限度之内。也就是说，被羁押者的合法权益仍然值得关注、值得维护。然而，相比于强大的国家权力，被关在羁押场所的被羁押者毫无疑问处于弱势地位，他们最基本的人身自由权受到限制，合法权益极易受到侵害，因此，为使被羁押者免遭国家司法机关的侵害，有必要对司法机关的权力行使进行监督，并为被羁押者提供相应的救济手段。这种救济手段就是新刑事诉讼法规定的羁押必要性审查机制，该机制的制度化可以有效制约侦查机关和部门凭借国家强制力为获取证据对被羁押者滥用羁押权的行为。可以说，羁押必要性审查机制是被羁押者权利制约羁押权的实现途径，是维护被羁押者合法权益的恰当方式。

二、权力相互制约原则的诉求

羁押必要性审查机制体现了权力制约的原则。"一切有权力的人均容易滥用权力,且其使用权力一直到遇到有界限的地方才休止。"新刑事诉讼法第7条规定:"人民法院、人民检察院和公安机关进行刑事诉讼,应当分工负责,互相配合,互相制约,以保证准确有效地执行法律。"该规定体现了在刑事诉讼中权力之间的制约性。绝对权力导致绝对的腐败,没有制约和监督的权力甚于洪水猛兽。检察机关虽然是法律监督机关,但在实践当中,却难以对羁押作出有效的监督。以公安机关的逮捕为例,刑事诉讼法修改前,检察机关对其的监督仅限于批捕权。至于批捕之后的羁押状态,法律没有全面规定检察机关的相关职责,仅规定检察机关可以通过延长羁押期限审批的方式进行监督。但实践中,侦查机关和部门基于自身的权力意识,完全可以另寻他途,以法定的理由避开检察机关的监督。如侦查羁押期限的计算,根据1996年刑事诉讼法第128条的规定,在侦查期间,发现犯罪嫌疑人另有重要罪行的,自发现之日起重新计算侦查羁押期限;犯罪嫌疑人不讲真实姓名、住址,身份不明的,侦查羁押期限自查清其身份之日起计算。重新计算侦查羁押期限的,由公安机关决定,无需人民检察院批准,但须报人民检察院备案。也就是说,侦查机关和部门完全可以根据实际需要,自行决定重新计算羁押期限而不受检察机关的监督。实际上,检察机关往往处于两难境地,不批捕,有可能导致犯罪嫌疑人或被告人实施妨害刑事诉讼的行为;批准逮捕,则基本上难以接触被羁押人,难以对其是否具有羁押的必要性进行审查,导致实践中对其羁押的期限的监督难以实现,形成检察机关法律监督的盲点,这也是现实中非法羁押、久押不决等的原因之一。而新刑事诉讼法规定检察机关对于羁押措施进行必要性审查,赋予其对有关机关(应当包括侦查机关和审判机关)的羁押监督权,实际上是对作为最严厉的强制措施——逮捕的另一重控制,形成双重保障体系。为"有关机关行使继续羁押的权力设置控制防线,使羁押措施的持续状态不再无所约束,能充分实现检察监督原则对逮捕羁押权的有效控制"[①],体现了权力的监督和制约理念。

---

① 王希发:《羁押必要性审查的理性审视》,载《重庆广播电视大学学报》2012年第6期。

三、实现无罪推定原则、必要性原则和比例原则的必由之路

羁押必要性定时审查制度的法理基础为无罪推定原则、必要性原则和比例原则。新旧刑事诉讼法均在第12条规定："未经人民法院依法判决，对任何人都不得确定有罪。"该条规定确立了我国刑事诉讼法的无罪推定原则。依据这一原则，在法院依法判决之前，应当保障嫌疑人、被告人应有的人身自由。而逮捕后的羁押措施却剥夺了犯罪嫌疑人、被告人的人身自由，它使得一个在法律上处于无罪地位的人受到了类似有罪的处罚，遭到不利的社会评价，妨碍了其基于人身自由才能享有的其他权利的行使。这一情形与无罪推定原则形成了紧张对立的关系。然而，为了打击犯罪，保障刑事诉讼的顺利进行，有时对犯罪嫌疑人、被告人采取羁押等强制措施又是必要的。因此，对羁押必要性定期进行审查，以及时排除不必要的羁押，保障犯罪嫌疑人、被告人的人身权利，无疑就成了无罪推定原则的自然引申。

刑法是必要的"恶"，审前羁押同样如此，应当遵循必要性原则和比例原则。所谓必要性原则，是指只有在采取其他措施无法保障诉讼顺利进行而确实有必要的前提下方可适用羁押；所谓比例原则，是指选择适用强制措施的强度应当与犯罪嫌疑人罪行的轻重、人身危险性的大小以及妨害诉讼的可能性成比例。司法实践中，犯罪嫌疑人、被告人的羁押必要性条件并非一成不变，在羁押过程中，其人身危险性可能变小，那么其强制措施就应当予以适当的变更。羁押必要性定时审查制度在此情况下就显示出其应有的价值，这也是必要性原则和比例原则的必然要求。

刑事诉讼从来都是一个国家政治状态的反光镜，政治领域的观念变革和制度变迁必然投射到刑事诉讼的程序之上，深刻地影响刑事诉讼程序的设计理念和运作过程。新刑事诉讼法对羁押必要性审查的规定从某一方面也反映了国家政治领域观念中的一些特点。因为逮捕作为整个强制措施体系中最严厉的一种，"如同桅杆顶尖，对船身最轻微的运动也会做出最强烈的摆动"，"它的行使不仅关系到能否有效地追究犯罪，更直接关系到公民人身自由权利的保障，并且鲜明地体现出一个国家民主与法治的程序。"正因为如此，羁押必要性审查制度的构建既体现了检察机关的法律监督特性，也是适应刑事诉讼法修改的实际要求，更是解决现实羁押问题，化解社会矛盾的有效手段。

第二节　羁押必要性审查的制度构建

在对新刑事诉讼法及相关司法解释进行研究的基础之上，立足于长期的司法实践，经过半年的调研，针对实践中已经出现或可能出现的问题，笔者从审查对象、审查主体和步骤、启动方式、评判标准、结果处理几点入手，对羁押必要性审查的制度进行了初步构建。

一、审查对象

通说认为，羁押是指将依法被拘留、逮捕的犯罪嫌疑人、被告人（以下统称被羁押者）羁押于看守所等羁押场所，限制其人身自由的一种强制措施的附属状态或当然状态。其存在和适用体现了国家权力对个人权利的抑制，是国家基于保证刑事诉讼活动顺利进行之需要而对公民个人权利的剥夺，其目的在于从程序上保障刑事诉讼各项活动的实施。

羁押的诉讼预防目的决定了羁押的性质，从应然意义上讲，具有以下几个特征：第一，强制性。"强制的本意是凭借手中的力量，迫使他人作既定的服从。"也就是不须经得羁押对象的同意，通过暴力手段排除被羁押者的抗拒。这意味着，在刑事诉讼中，被羁押者要无条件地与司法机关合作，接受审查，以便司法机关查清犯罪事实，维护诉讼程序的正常运转，这是由羁押的目的性所决定的。第二，临时性。单纯的诉讼目的及迅速审判原则都要求羁押必然是暂时的而不应是长期的。在诉讼过程中，应根据案件进展情况而予以变更或者解除。第三，严厉性。羁押针对的是人身自由，与其他针对物质（财产、住宅等）的强制措施相比，由于关系公民的基本人身权利，显示出其非同一般的严厉性。上述特点决定了其只是保障刑事诉讼程序顺利进行的一种手段，是"为了保障大多数人的人权，但同时它又很有可能被人为地利用或错误使用而成为侵犯人权的杀手锏"。所以，从实然的角度来看，在司法实践中，羁押成为一种常态化现象，羁押常被滥用甚至异化，表现方式有二：一种是羁押常被异化为替代侦查的一种手段。侦查机关或部门为了搜寻证据以求迅速破案，通过对被羁押者进行人身自由的限制来获取口供。另一种是羁押也常被作为一种惩罚措施。认为羁押量越大，羁押率越高，就越能承担起震慑犯罪、维护社会稳定的功能。"这是对程序公正的扭曲，是漠视甚至是对被羁押人员正当权利的践踏。""羁押功能的异化一定程度上背离了羁押制度应有的法律价值，不利于保护被羁押人的合法权益，也不利于刑事诉讼程序的有序运行。"

通过对羁押的概念进行厘定可以得出，羁押必要性审查的对象是被批准逮捕的犯罪嫌疑人和被告人。但不是对于任何犯罪嫌疑人及被告人都适用羁押必要性审查制度，应当对适用的对象进行一定的限制，否则可能会使该种制度流于形式，浪费司法资源。

羁押必要性审查制度的审查对象应为轻微刑事案件犯罪嫌疑人（超期羁押、违法羁押情况除外），主要是：主观恶性较小、犯罪情节轻微、初犯、偶犯、过失犯罪（如交通肇事）、数额不大的侵财型犯罪、未成年人犯罪，具有自首、认罪态度好等法定、酌定从轻情节，同时可能判处五年以下有期徒刑，具备取保候审或监视居住条件，对其变更强制措施不致再危害社会的犯罪嫌疑人、被告人。对于累犯、惯犯以及其他有故意犯罪前科的人，具有吸毒、赌博等恶习，恶意致人重伤以上的故意伤害案件，涉黑涉恶，危害国家安全，危害公共安全，涉众型经济诈骗犯罪等恶性犯罪案件的犯罪嫌疑人和被告人原则上不应适用羁押必要性审查制度。[1]

二、审查主体和步骤

1. 侦查监督部门

侦查监督部门在收到监所检察部门移送的申请人变更强制措施的申请后，即应启动羁押必要性审查程序。基于对案件案情及证据情况的掌握和了解，原则上应指定原负责审查逮捕案件的承办人进行审查，审查应当遵循以下步骤：

（1）对申请人提出的申请理由和证明材料进行审核。如有必要，办案人员可以再次讯问犯罪嫌疑人或开展其他查证工作，以核实相关情况。

（2）对于需要结合犯罪嫌疑人的身体情况及在看守所内的表现情况进行综合分析的，可以向监所检察部门发函，要求了解情况。

（3）审查完毕后出具审查报告、形成审查意见，并连同相关证明材料一并提交本部门负责人审核，本部门负责人审核后报经检察长决定，重大复杂案件或者存在特殊社会情形（如涉访、涉诉案件）的，可报请检委会集体讨论决定。

（4）如果经审查无继续羁押必要，则立即向侦查机关发出建议释放或者变更强制措施的检察建议。

---

[1] 姚秋红、韩新华：《审查起诉环节继续羁押必要性审查机制的构建》，载《中国检察官》2010年第11期。

(5) 将审查决定告知监所检察部门,由监所检察部门监督看守所对检察建议的执行情况,并告知申请人最终审查决定。

2. 公诉部门

公诉部门案件承办人在办案过程中主动发现的犯罪嫌疑人可能无继续羁押必要性的案件,应就个案进行提请,向本办案部门提交《逮捕后继续羁押必要性审查表》,启动审查机制;或是在收到监所检察部门移送的申请人变更强制措施的申请后,立即启动羁押必要性审查程序。审查过程应遵循以下步骤:

(1) 严格审查逮捕后的案情、证据及犯罪嫌疑人、被告人自身身体的变化情况,或是对申请人提出的申请理由和证明材料进行审核。

(2) 在审查过程中应当与作出逮捕决定的侦查监督部门进行沟通,听取其意见。同时也应征询监所检察部门的意见,综合掌握犯罪嫌疑人在看守所内的表现及身体状态等情况。在案件审判阶段启动羁押必要性审查程序的,可以征求法院的意见。

(3) 审查完毕后出具审查报告、形成审查意见,并连同相关证明材料一并提交本部门负责人审核,本部门负责人审核后报经检察长决定,重大复杂案件或者存在特殊社会情形的,可报请检委会集体讨论决定。

(4) 在审查起诉阶段,经审查决定不再继续羁押的,应先制作《决定释放通知书》,书面告知公安机关执行,随后办理取保候审或监视居住手续。公安机关认为该变更强制措施不恰当的,可以申请检察机关复核一次。该变更强制措施的决定,同时通知原审查逮捕部门。而在案件进入审判阶段,经审查后认为无继续羁押必要的,则向审判机关发出释放或者变更强制措施的检察建议,并监督检察建议的执行。

(5) 在依申请启动羁押必要性审查程序的情况下,将审查决定告知监所检察部门,告知申请人最终审查决定。

3. 监所检察部门

监所检察部门是检察机关内部分工中贯穿整个侦查、批捕、起诉、审判环节的重要业务部门,犯罪嫌疑人从拘留开始一直到判决生效、刑罚交付执行都处于监所检察监督的权力范围内。因此,监所检察部门对于被羁押人信息的获取、更新有着得天独厚的条件。其对羁押必要性审查的办理程序如下:

(1) 对犯罪嫌疑人、被告人是否属于羁押必要性审查的对象进行判断,对所有符合条件的犯罪嫌疑人、被告人建立羁押必要性审查特别档案。

(2) 定期或依申请对符合条件的犯罪嫌疑人、被告人进行羁押必要性审查,包括对羁押合法性、身体状况的变化、被羁押期间的表现、悔罪表现等方面进行考察，出具考察报告、形成考察意见后，连同相关证明材料一并提交本部门负责人审核，本部门负责人审核后报经检察长决定。

（3）经审查如果没有继续羁押必要，立即向侦查机关发出释放或者变更强制措施的检察建议，并对侦查机关执行检察建议的情形进行监督，同时对变更强制措施的犯罪嫌疑人、被告人进行跟踪监督，确保其能够不再危害社会，并保障刑事诉讼的顺利进行。

（4）对审查过程中发现的违法、违规或不合理现象，及时发出《纠正违法通知书》和《检察建议书》，督促其进行整改。

（5）在因申请而启动羁押必要性审查的情况下，将最终审查决定告知申请人。此外，在部分案件的羁押必要性审查过程中，监所检察部门还承担着初审及配合其他部门开展审查工作的职能。监所检察部门在对案件进行初审的情况下，应当对其负责审查的事项进行审查，出具审查报告，并形成初审意见，经部门领导审核后，将初审意见及包括羁押必要性审查特别档案在内的相关证明材料，一并移送至作出最终决定的部门。而在监所检察部门配合其他部门开展羁押必要性审查工作的情况下，应当对侦监、公诉部门的征询函进行及时反馈，并如实通报犯罪嫌疑人、被告人的身体状况、被羁押期间的表现、悔罪态度等相关情况。另外，在依申请启动的羁押必要性审查程序中，监所检察部门还承担着受理变更强制措施申请的职能。受理过程中，对符合受理条件的申请，应予受理。受理后，对于无需启动羁押必要性审查程序的案件（如不属于羁押必要性审查对象的情形），受案人应直接作出不予变更强制措施的决定，报科室领导和主管检察长批准后，通知申请人。对需要启动羁押必要性审查程序的案件，根据不同的情形，选择由本部门直接办理，或移送相关部门办理。存在以下三种情形的，应当作出不予受理决定，并告知申请人不予受理的原因：（1）申请人仅提出口头申请而未提供相应证明材料的；（2）在检察机关作出不同意申请的决定后，申请人在没有提供新的证明材料的情况下，以同样的理由再次提出改变强制措施申请的；（3）由新刑事诉讼法第95条规定的法定申请人以外的单位或个人提出申请，检察长不同意受理的。

4. 控申部门

新刑事诉讼法第95条规定，犯罪嫌疑人、被告人及其法定代理人、近亲属或者辩护人有权申请变更强制措施。为了将该条规定落到实处，办案部门应当严格依照刑事诉讼法的相关规定，在各自的诉讼阶段及时告知犯罪嫌疑人、被告人该项诉讼权利及举证事项。由控申部门负责受理被羁押的犯罪嫌疑人、被告人的法定代理人、近亲属或者辩护人提出变更强制措施的申请，负责对申请材料进行初步审查，并将材料及时转交侦查监督部门。同时为避免随意启动审查程序,犯罪嫌疑人、被告人一方应当提供其不具有继续羁押必要性的相关事实材料,当然,这种材料的提供并非举证责任,仅为启动审查的初步材料。由侦查监督部门办案人员对材料进行审查,作出是否继续羁押的决定。

被害人及其辩护人、近亲属或犯罪嫌疑人、被告人及其辩护人或近亲属对决定不服的,或者认为办案人员徇私舞弊、滥用职权的,也可以向控申部门进行申诉和控告。控申部门应当对全案进行复查,并在规定的时间内作出裁定,对控告的案件根据性质不同进行处理,属于违纪的交由纪检监察部门处理,违法的作为案件线索进行管理。

三、审查启动方式

1. 主动审查

在具有以下两种情形时,检察机关应当主动启动羁押必要性审查:第一,检察机关对公安机关提交的重新计算在押的犯罪嫌疑人羁押期限的申请,应当对羁押必要性进行审查。新刑事诉讼法第158条规定:"在侦查期间,发现犯罪嫌疑人另有重要罪行的,自发现之日起依照本法第154条的规定重新计算侦查羁押期限。"为了加强对公安机关重新计算羁押期限的监督,防止出现不必要的羁押,检察机关对于公安机关重新计算羁押期限的,应当进行羁押必要性审查。第二,检察机关在工作中自行发现存在不需要继续羁押情形时。如检察机关在工作中发现被逮捕的犯罪嫌疑人的条件发生了变化,犯罪嫌疑人不需要羁押了,就应当主动启动羁押必要性审查程序,以最大限度地维护犯罪嫌疑人的权益。

2. 依申请审查

犯罪嫌疑人、被告人及其近亲属、辩护律师申请检察机关进行羁押必要性审查,检察机关可以启动审查程序。新刑事诉讼法第95条规定:"犯罪嫌疑人、被告人及其法定代理人、近亲属或者辩护人有权申请变更强制措施。人民法院、人民检察院和公安机关收到申请后,应当在3日以内作出决定;不同意变更强制措施的,应当告知申请人,并说明不同意的理由。"这一条文明确规定了犯罪嫌疑人、被告人享有变更强制措施申请权及其司法机关的程序保障义务。"规定由检察机关对逮捕的必要性继续进行审查,是为了加强检察机关对逮捕这种限制人身自由的强制措施的监督。"① 法律监督的性质决定了这种程序是犯罪嫌疑人、被告人在羁押问题上进行权利救济的最后手段。第93条的规定必然会使申请羁押必要性审查案件大量增多。一旦犯罪嫌疑人、被告人提出申请，检察机关必须启动审查程序，必然徒增检察机关办案压力。而在当前案多人少矛盾十分突出的情况下，检察机关客观上难以做到对所有申请的案件都审查。从第95条规定的"可以"而不是"应当"可以看出，对于犯罪嫌疑人、被告人申请羁押必要性审查的，检察机关应享有程序启动的自由裁量权。

根据新刑事诉讼法第94条的规定，侦查机关发现犯罪嫌疑人、被告人采取羁押措施不当的，应当及时撤销或者变更。所以，其他侦查机关对于自己办理的案件采取羁押措施不当的，应当主动纠正，及时决定撤销或者变更，而不需要报请检察机关再进行羁押必要性审查。

3. 公安机关羁押延期时审查

公安机关在法定的羁押期限内不能办结案件而向检察机关侦查监督部门提出延长对犯罪嫌疑人的羁押期限时，检察机关应在审查案件的同时进行羁押必要性审查。检察机关经审查后，如果认为对犯罪嫌疑人不需要继续羁押的，对公安机关提请的延长羁押期限的申请不予批准，同时还应当建议公安机关对犯罪嫌疑人予以释放或者变更为非羁押强制措施。新刑事诉讼法第154条规定："对犯罪嫌疑人逮捕后的侦查羁押期限不得超过2个月。案情复杂、期限届满不能终结的案件，可以经上一级人民检察院批准延长1个月。"第156条规定："下列案件在本法第154条规定的期限届满不能侦查终结的，经省、自治区、直辖市人民检察院批准或者决定，可以延长2个月……"

检察机关负有对超期羁押、不符合羁押条件等违法羁押的纠正权，故对于办案机关办案期限已经超过法定期限或者利用现行立法上的不成熟或模糊规定，规避刑事诉讼法律的相关规定，"体现在法律文书上未突破法定羁押上限"的隐性超期羁押，应当及时提出纠正意见。② 实践中的难题在于隐性超期羁押的纠正，如换押中在途时间的随意性、退回补充侦查等诉讼期限的互借、二审中多次审判、延期审理等，由于存在形式合法的审批手续或者法律规定不明确，导致确认违法存在相当困难，这也是未来检察监督的重点，需要对立法进一步明确，同时对司法机关的权力进一步限制。不符合羁押条件的违法羁押

---

① 张兆松：《论羁押必要性审查制度的十大问题》，载《中国刑事法杂志》2012年第9期。

② 张兆松：《论羁押必要性审查制度的十大问题》，载《中国刑事法杂志》2012年第9期。

情形，主要是指新刑事诉讼法第 65 条第 1 项、第 72 条第 1 项、第 2 项、第 3 项中所规定的可以适用取保候审、监视居住的情形，即"有严重疾病、生活不能自理，怀孕或者正在哺乳自己婴儿的妇女，采取取保候审不致发生社会危险性"以及"系生活不能自理的人的唯一扶养人"的，应当视为无逮捕必要，适用取保候审或者监视居住措施。

四、评判标准

1. 标准

为维护犯罪嫌疑人、被告人的正当权益，防止控方随意使用审前羁押，各国刑事诉讼法一般对"审前羁押的必要性"标准作出了明确规定。主要包括三种情形：（1）逃避诉讼之危险；（2）妨碍司法之可能；（3）再犯危险。因此，我国的羁押必要性也应与上述各国的通行标准大体相当，即是否有妨碍诉讼的危险或者重新犯罪的危险。

检察机关内部三部门进行羁押必要性审查的标准则应参考以下情形：

（1）行为以及后果因素。对预备犯、中止犯、防卫过当、避险过当及初犯、偶犯，共同犯罪中的从犯、胁从犯以及犯罪情节轻微的犯罪嫌疑人、被告人，以及可能被判处三年以下有期徒刑的犯罪嫌疑人，羁押必要性的审查标准可以从宽。对流窜作案、累犯等的羁押必要性审查应当从严。

（2）主观因素。属过失犯罪或主观恶性较小的故意犯罪，羁押必要性审查可以从轻。对主观恶性较大的故意犯罪的羁押必要性审查应当从严。

（3）年龄及身体因素。

（4）社会危险性因素。

（5）保障刑事诉讼活动顺利进行的因素。犯罪嫌疑人、被告人有干扰证人作证，毁灭、伪造、隐匿证据或者串供可能，或是存在自杀、自残以及逃跑可能的，应予继续羁押。

（6）羁押期间的表现因素。对在羁押期间能够自觉服从监管、主动接受教育、阻止或检举其他被羁押人违法行为，或有其他方面突出表现的，羁押必要性审查标准从宽。

（7）悔罪表现及被害人谅解因素。对犯罪后自首，有立功表现或者积极退赃、赔偿损失，确有悔罪表现的，审查标准从宽；对达成刑事和解，取得被害人谅解的，审查标准可适当从宽。

新刑事诉讼法并没有规定羁押必要性定期审查的标准，但为了减少审查的随意性，制定一个明确的审查标准应当是必要的。逮捕的审查标准与羁押必要性审查的标准既有联系又有一定的区别。在我国羁押是逮捕措施所包含的其中一个内容，实际上检察机关在进行逮捕审查的时候，也已经对羁押必要性进行了相应的审查。换言之，审查逮捕标准中已经包含了羁押必要性的审查标准。可以说，逮捕审查解决的是是否应当羁押的问题，而羁押必要性审查解决的是是否应当继续羁押的问题。因此，羁押必要性审查主要考虑的不是逮捕决定是否错误，而是逮捕的必要性条件是否持续存在，所以逮捕的必要性条件也就可以认为是羁押必要性审查的标准。

新刑事诉讼法第79条规定了以下八种逮捕必要性条件：（1）可能实施新的犯罪的；（2）有危害国家安全、公共安全或者社会秩序的现实危险的；（3）可能毁灭、伪造证据，干扰证人作证或者串供的；（4）可能对被害人、举报人、控告人实施打击报复的；（5）企图自杀或者逃跑的；（6）可能判处10年有期徒刑以上刑罚的；（7）曾经故意犯罪的；（8）身份不明的。

另外，最高人民检察院2010年修订的《人民检察院审查逮捕质量标准》对逮捕的必要性条件根据司法实践做了细化规定，有证据证明存在以下情形之一的，无逮捕必要的，也可视为无继续羁押的必要：（1）案件事实、证据或者法律发生变化，犯罪嫌疑人、被告人不构成犯罪或者不需要追究刑事责任或者不可能被判处徒刑以上刑罚；（2）犯罪嫌疑人、被告人的近亲属积极退赃或者积极赔偿经济损失，得到被害方谅解，符合刑事和解条件的；（3）犯罪嫌疑人、被告人有预备、中止、未遂、自首、立功、防卫过当、避险过当等法定从轻或者减轻处罚情节的；（4）犯罪嫌疑人、被告人系已满14周岁未满18周岁的未成年人或者在校学生，本人有悔罪表现，其家庭、学校或者所在社区以及居民委员会、村民委员具备监护、帮教条件的；（5）犯罪嫌疑人系老年人或者残疾人，身体状况不适宜羁押的；（6）犯罪嫌疑人、被告人有不适合继续羁押的疾病，或者正处于怀孕、哺乳期不适宜继续羁押的；（7）犯罪嫌疑人、被告人的近亲属生活不能自理，其系唯一扶（抚）养人的；（8）犯罪嫌疑人、被告人真诚悔过，可能被判处徒刑宣告缓刑以下刑罚；（9）其他不予羁押不致再危害社会的情形的。

2. 证明责任

司法实践中，本应由公安机关承担的证明有逮捕必要性的责任在事实上变为由检察机关证明无逮捕必要性。司法实践中有一个潜藏的逻辑，即构罪是社会危险性的最大证明，无社会危险则需反证。刑事诉讼法赋予公安机关对不批准逮捕决定的复议、复核权也让检察机关在和公安机关有不同意见时不得不更为慎重。在审查逮捕时间有限、材料欠缺的情况下，检察机关要说明无逮捕必要性几乎是不可能完成的任务。

鉴于此，羁押必要性证明责任应由逮捕提请机关（部门）承担，在法院决定逮捕时由法院承担。此点殊为重要，只有确立证明责任，该承担者才有收集并提供相关证据证明的动力。现行的羁押必要性证明模式，和以往强职权主义的诉讼模式有类似之处，公安机关提请批准逮捕，只注重构罪证据的提供，羁押必要性证据提供甚少或基本不提供。在构罪的情况下，检察机关羁押必要性查证责任反而超过公安机关。西方诸国羁押由司法者居中裁决，警察或检察机关提供证据不力，其所提请的羁押申请将被驳回，故而其有极大动力去搜集羁押必要性证据。证明责任确立后，逮捕阶段，羁押必要性证明责任当由提请机关（部门）承担；逮捕以后的羁押必要性复查阶段，若为被羁押人申请启动，其需提供材料证明羁押必要性发生变化，但证明羁押必要性的责任仍由侦查机关或法院承担，检察机关负责查证；若羁押必要性复查由检察机关主动启动，侦查机关或法院认为仍有羁押必要的，应由其继续承担证明责任。

五、结果处理

根据新刑事诉讼法第93条规定，"对不需要继续羁押的，应该建议予以释放或者变更强制措施。有关机关应当在十日以内将处理情况通知人民检察院。"因此，检察机关根据审查，有权向"有关机关"建议。

从新刑事诉讼法的规定来看，检察机关的羁押必要性审查权力是一种建议权，当公安机关对合理性建议并不予以回复或者虽然回复建议但并没有落实为具体的行动时，检察机关并没有相应的强制权力。

但是，结合宪法、刑法及刑事诉讼法的相关规定，对于公安机关超期羁押、违法羁押的情况，检察机关可以发出纠正违法通知书。在司法实践中，检察机关与侦查机关应当就逮捕后的案件建立信息通报制度、联席会议制度、重大案件讨论制度，对于案件中出现的新情况、新问题，侦查机关应当及时通知人民检察院，双方应当针对相关问题及时沟通协调，发现不应继续羁押的，检察机关应当及时发出检察建议并予以纠正。

第三节 实施过程中的问题及解决

一、无强制力保障的"建议"权

根据新刑事诉讼法第93条的规定，人民检察院在对羁押必要性进行审查后，如果认为不需要继续羁押的，应当"建议"而不是"决定"予以释放或者变更强制措施；有关机关应当将处理情况"通知"人民检察院，而不是经人民检察院"批准"。据此，检察机关对捕后羁押必要性审查的处理，仅停留在启动和监督办案机关审查羁押必要性这一层面，对不需要继续羁押的释放或变更强制措施的决定仍然由具体的办案机关作出。

  检察建议是一种柔性的法律监督方式，法律监督权在本质上不是一种实体处分的权力。检察机关对诉讼活动的法律监督基本上是一种建议和启动程序权。对诉讼中的违法情况提出监督意见，只是启动相应的法律程序，建议有关机关纠正违法，不具有终局或实体处理的效力，对于检察机关自己决定的逮捕案件来说，这种建议权具有决定是否变更强制措施的效力。但对于非检察机关决定的逮捕案件，这种建议仅仅是一种建议权的体现，并非决定权。是否决定变更强制措施消除羁押状态，还需"有关机关"根据检察机关的建议，结合自身所办案件的具体情况而决定，并将结果通知检察机关。发出检察建议并不代表着羁押必要性审查机制的结束，检察建议权并非决定权，强制措施是否解除或变更，还需有关机关对强制措施进行全面性的审查才能确定。

  事实上，检察建议缺乏应有的权威，刚性不足。首先，从立法层面上看，现行法律对检察建议的方式方法、效力等问题缺乏应有的基本规定，造成了检察建议的实施和效力缺乏必要的法律保障。其次，从实践层面上看，公、检、法三机关在刑事诉讼法上的关系定位是分工负责、互相配合、互相制约，作为被建议的公安机关和法院而言，可以根据实际情况接受建议，但也能基于自身诉讼便利的考虑不予接受。最后，检察建议的法律意义毕竟只是"软性"的建议，本身并不具有强制性的约束力。

  虽然根据《人民检察院刑事诉讼规则》，检察建议的法律效力是有关机关应当在十日以内将处理情况通知人民检察院。检察机关经审查发现侦查阶段、起诉阶段或审判阶段的不必要羁押，只能发出检察建议，要求侦查机关、本检察机关或审判机关在十日内释放或变更强制措施，并将处理结果通知检察机关。不采纳检察建议的，需要说明理由和依据。但这毕竟只是程序性的要求，如若出现有关机关未能按照检察机关的建议，或是没有正当理由拒不解除或变更强制措施等情况，检察建议往往会存在只有法律意义没有法律效力的缺陷，必要性审查机制势必成空文。

  同时，当前的制度并没有规定监督对象的具体义务以及不履行义务时应承担的法律后果，这使得检察机关的监督缺乏法律刚性保障，会导致羁押必要性审查流于形式。因此，还应对必要性审查的结果进行监督，建立违法羁押制裁制度。其制裁的对象不是警察、法官或检察官个人，而是对其非法羁押、超期羁押等行为的制裁,并令其承受消极的程序性法律后果。这一点在新刑事诉讼法里也有所体现,如新刑事诉讼法第53—57条规定的非法证据排除规则就是这种程序性消极后果的具体表现,以此达到对羁押必要性审查的实际法律效果。刑事诉讼法的修改,涉及诉讼资源的分配和司法职权的新配置,按照近年来中央司法改革加强监督这一基本指导思想,新刑事诉讼法最明显的特点就是全面强化了检察机关的法律监督权,使检察机关获得了更好的执法条件,刑事诉讼法第93条的规定就是这种特点的体现之一。

二、被害方的不理解

现实社会中,普通民众普遍认为羁押是一种惩罚犯罪的措施,被羁押即被惩罚。这是一种传统的观念,也是我国长时期以来羁押普遍化所造成的结果。被害方对被羁押者的仇恨使其不能理解对被羁押者解除羁押的做法,抵触情绪强烈。这就要求无论是继续羁押还是解除羁押,检察机关都应当以书面形式将理由和依据向当事人进行必要的说理和解释,以获取诉讼当事人的信赖和尊重,特别是不能忽视被害人权益的保障。对变更强制措施的,应向相关办案机关、被害人等利益方说明变更的理由;对维持原羁押决定的,应向犯罪嫌疑人、被告人等被羁押方说明不予变更的理由。

这在国际上也能找到依据,联合国《公民权利和政治权利国际公约》就规定"对被逮捕和羁押的人必须告知逮捕、羁押的理由以及不利于他的任何控告"。

对各级人民检察院来说,要响应最高人民检察院2011年8月9日印发的《关于加强检察法律文书说理工作的意见(试行)》,提高认识,积极推进检察法律文书说理工作,提高检察公信力。

三、缺乏多元救济制度

新刑事诉讼法第95条规定:"犯罪嫌疑人、被告人及其法定代理人、近亲属或者辩护人有权申请变更强制措施。人民法院、人民检察院和公安机关收到申请后,应当在三日以内作出决定;不同意变更强制措施的,应当告知申请人,并说明不同意的理由。"法律如此规定,极大地尊重和保障了犯罪嫌疑人、被告人的人权,既为规范羁押行为提供了法制保障,又为犯罪嫌疑人、被告人设立了必要的司法救济途径。但刑事诉讼法的相关规定较为原则、笼统,不利于实践中操作。

对权利的保护理所当然地包括对权利的救济，只有建立多元的救济制度，才能保证每一项权利都能得到应有的保障。因此，应在救济制度中完善审查前的权利告知制度。依申请启动审查程序的制度构建能否落到实处，关键在于被羁押人的知情权能否得以充分保障。为此，办案机关在作出羁押决定时必须明确告知嫌疑人及其近亲属羁押的理由，驻所检察部门在犯罪嫌疑人入所时应逐人发放羁押必要性审查提醒卡，告知其享有的权利、义务，以便使其对羁押的合法性作出及时的判断，并随时提出司法救济的申请。被羁押人对检察机关作出的审查决定不服的，可以向本级检察机关提出复议申请，也可以向上级检察机关提出控告、申诉，相关部门应在法定时限内给予最终处理决定。

（苏伟　河南省荥阳市人民检察院）

第六章 检察机关技术侦查措施的实践之维

技术侦查措施作为一种新兴的侦查手段,在现代化犯罪手段"日新月异"的今天,无疑对侦破犯罪有着重要的作用。新刑事诉讼法赋予了侦查机关技术侦查权,完成了我国技术侦查措施由实践摸索到基础性立法的重大转变,对我国犯罪侦查工作有着重要意义。技术侦查措施写入刑事诉讼法,赋予了检察机关技术侦查权,这样的转变是空前的,对于职务犯罪的侦查更是有着里程碑般的意义。立法的愿望是美好的,美中不足的是经过一次次实践的洗礼,让人们不断看到其中存在的不足。

第一节 概述

2012年3月14日,十一届全国人大五次会议通过了《中华人民共和国刑事诉讼法》(以下简称新刑事诉讼法)的修改决定,修改后的刑事诉讼法赋予了检察机关技术侦查权。但是通过一段时间的实践,我们也看到了其中存在的一些问题。

一、刑事诉讼法修改前后的法律规定

刑事诉讼法修改之前,技术侦查措施只在人民警察法和国家安全法中有秘密侦查措施的简单规定,且未赋予检察机关以使用权限。例如,1993年2月22日公布施行的《中华人民共和国国家安全法》第10条规定:"国家安全机关因侦察危害国家安全行为的需要,根据国家有关规定,经过严格的批准手续,可以采取技术侦察措施。"1995年2月28日公布施行的《中华人民共和国人民警察法》第16条规定:"公安机关因侦查犯罪的需要,根据国家有关规定,经过严格的批准手续,可以采取技术侦察措施。"虽然这两部法律中使用的都是技术侦察而非技术侦查,但通说认为这只是采用了侦查机关内部的习

惯用语，此处的技术侦察也即技术侦查。①

刑事诉讼法修订后，用了单独的一节从程序基本法的层面对"技术侦查"正式进行了规定，并从适用主体、适用范围、适用期限以及证据运用等方面确立了技术侦查的基本制度框架。新刑事诉讼法第 148 条规定："公安机关在立案后，对于危害国家安全犯罪、恐怖活动犯罪、黑社会性质的组织犯罪、重大毒品犯罪或者其他严重危害社会的犯罪案件，根据侦查犯罪的需要，经过严格的批准手续，可以采取技术侦查措施。人民检察院在立案后，对于重大的贪污、贿赂犯罪案件以及利用职权实施的严重侵犯公民人身权利的重大犯罪案件，根据侦查犯罪的需要，经过严格的批准手续，可以采取技术侦查措施，按照规定交有关机关执行。追捕被通缉或者被批准、决定逮捕的在逃的犯罪嫌疑人、被告人，经过批准，可以采取追捕所必需的技术侦查措施。"该条文界定了技术侦查适用的时间、适用主体和案件范围。

关于技术侦查各项规定，其中最明显的应属赋予检察机关技术侦查权，这是法律赋予检察机关权力的一项重大变化。随着社会的发展，职务犯罪手段也在不断变化，检察机关职务犯罪侦查的难度随之在逐步加大，在此时赋予检察机关技术侦查权是响应着时代的号召而作出的变革，这将有利于检察机关职务犯罪侦查的顺利开展，更有利于反腐倡廉工作的进一步推进。

二、技术侦查措施的概念与种类

1. 技术侦查措施的概念

新刑事诉讼法用了一节来对技术侦查适用的时间、适用主体、范围等进行了规定，但是究竟什么是技术侦查措施，技术侦查措施到底该如何定义，法律却没有给出明确的规定。对此，学界也有不同的看法，争论的焦点主要在于是否应将秘密性作为技术侦查的基本特征。其中，认为秘密性属于技术侦查基本特征的又分为两种观点。一种观点认为秘密侦查的外延大于技术侦查，技术侦查只能是秘密侦查的一种表现形式而已。所谓技术侦查措施，是指侦查机关运

---

① 在权威部门对这两部法律的解释中，技术侦察措施被定义为：侦查机关根据国家有关规定，采取的一种特殊侦察措施，包括电子侦听、电话监听、电子监控、秘密拍照、录像、秘密获取某些物证、邮件检查等秘密的专门技术手段。参见郎胜、王尚新主编：《〈中华人民共和国国家安全法〉释义》，法律出版社 1993 年版，第 72—73 页；郎胜主编：《〈中华人民共和国人民警察法〉实用问题解析》，中国民主法制出版社 1995 年版，第 80 页。

用技术装备调查作案人和案件证据的一种秘密侦查措施。① 另一种观点认为技术侦查就是秘密侦查，两者可以等同使用。所谓秘密侦查即侦查机关采取隐瞒身份、目的、手段的方法，在侦查对象不知晓的情况下，发现犯罪线索，收集犯罪证据，乃至抓捕犯罪嫌疑人的活动。由于秘密侦查往往要使用一些专门的科学技术手段，所以又称为技术侦查。②

　　反对将秘密性作为技术侦查重要特征的观点认为，技术侦查既有秘密进行的，也有公开进行的，将技术侦查解释为秘密的专门技术手段，有悖于其通常的含义。③ 在此基础上，形成了两种有代表性的观点。一种观点认为技术侦查和秘密侦查相互独立，互不隶属。这种观点将技术性侦查措施的种类和秘密性侦查措施的种类进行了不同的归类。前者包括测谎检查、网上查控、通讯工具控制、模拟画像、刑事鉴定、警犬使用、会计资料勘验、脑纹识别；后者包括刑事特情侦查、卧底侦查、秘密逮捕、密搜密取、秘密辨认、跟踪盯梢、守候监视、秘密监听、密录密拍、邮件检查、便衣侦查。④ 另一种观点认为技术侦查和秘密侦查是交叉关系，秘密侦查与技术侦查最大的区别在于实施方式上。秘密侦查强调侦查的秘密性，不论其是否有技术含量；而技术侦查强调技术性，只要具有技术性，就可纳入技术侦查的范畴。技术侦查可以采取公开方式也可以采取秘密方式。因此，有些侦查措施既可纳入秘密侦查范畴也可纳入技术侦查范畴。采取秘密方式实施的技术侦查，如监听、秘密拍照等，既属于技术侦查也属于秘密侦查。采取秘密方式实施的秘密辨认、秘密搜查等没有什么技术含量的措施就只属于秘密侦查，而不应视为技术侦查。同理，采取公开方式实施的带有技术含量的侦查措施，如测谎检查，就只属于技术侦查，而不应视为秘密侦查。⑤

　　从新刑事诉讼法的基本构架看，将技术侦查措施用单独的一节来加以规定，而该节中又包含有秘密侦查的法律条文，则表明立法的本意认可了技术侦查所具有的秘密性，即将学者通常所理解的秘密侦查纳入了技术侦查的外延。笔者认为，从实践出发，应从广义的角度来理解技术侦查的概念，技术侦查的

---

①　谢佑平、万毅：《刑事侦查制度原理》，中国人民公安大学出版社2003年版，第246页。
②　何家弘：《秘密侦查立法之我见》，载《法学杂志》2004年第6期。
③　宋英辉：《刑事程序中的技术侦查研究》，载《法学研究》2000年第3期。
④　詹建红：《理论共识与规则细化：技术侦查措施的司法适用》，载《法商研究》2013年第3期。
⑤　詹建红：《理论共识与规则细化：技术侦查措施的司法适用》，载《法商研究》2013年第3期。

内涵应兼具"技术性"和"秘密性",二者可平行、可交叉,甚至融为一体。因此,所谓技术侦查,是侦查机关为了查清犯罪事实,利用现代科技手段或专门的秘密手段进行侦查的各种特殊侦查措施的总称。这虽对技术侦查作了扩大理解,但正与新刑事诉讼法的规定相对应,这种广义理解正好是第二编第二章第八节的节名所指的"技术侦查措施"。而相关条文中的"技术侦查措施"则应作狭义理解,是指专门的高科技技术侦查手段。

2. 技术侦查措施的种类

前面对技术侦查措施的概念外延进行了界定,而对于技术侦查措施的种类,新刑事诉讼法也未作出明确的规定。可与此同时,刑事诉讼法在第149条与第150条中规定了,批准和采取技术侦查措施时,应明确批准使用的技术侦查措施种类,并严格按照批准的技术侦查措施种类执行。这就让一些人不免疑惑,立法并未就技术侦查措施的种类作出规定,在实践中可以批准的技术侦查措施究竟有哪些,立法这样规定是否合理?

据悉,在本次刑事诉讼法修改过程中,曾有意见主张应该在立法中明确技术侦查措施的种类,而不应当进行笼统的规定,如果不进行限制,怕会增加权力滥用的机会,会更不利于公民隐私权的保护。或许是考虑到随着科技日新月异的进步,详细列举技侦手段不太能跟上时代进步的步伐;另外,如果对技侦手段进行明确列举,也就对侦查手段进行了曝光,使得犯罪分子加强防范,不利于侦查工作的进行,立法最终并未明确规定技术侦查措施的种类。

其实,目前无论是学界还是实践中,对于应如何界定技术侦查措施的种类都有争议。笔者认为,技术侦查措施本身就是随着时代的进步而出现的以应对不断变化的新型犯罪手段的一类侦查手段,随着科技的不断深化,新型犯罪手段的不断出现,许多原有的技侦手段也会因为效用、成本以及人们行为方式的转变而逐步退出历史舞台,因此,技侦手段也须跟随科技的发展而不断推陈出新,倘若在立法中加以明确的列举,会将技侦手段限制在某一个框架内,进而束缚侦查机关的手脚,与原有的立法本意不符,这样的法律条文也永远滞后于现代科技的发展。

一部分人认为,技侦措施种类不明确难以掩盖侦查实践中切实存在的困惑与疑问。比如许多全新的技术性侦查手段包括手机短信息查询、手机与电脑定位、情报信息数据库的查询与比对是否属于技侦手段?[①] 对于这样的疑惑,在

---

① 程雷:《检察机关技术侦查权相关问题研究》,载《中国刑事法杂志》2012年第10期。

此应该首先弄明白两个不同的概念，那就是侦查技术和技术侦查。在立法对技术侦查措施进行规定前，侦查机关在侦查案件时并未使用技术侦查措施，而是利用一些人为的、科技的手段查找相关证据，这些传统的侦查手段也就是所说的侦查技术。而立法之所以将技术侦查措施的授权和使用进行了明确的规定，是因为随着科技的发展，传统的侦查技术不足以应对新型的犯罪手段，而如果擅自用这样的手段将会侵害公民的人身权、隐私权等权益，因此立法对其作了明确的规定。只有在符合条件并得到授权的情况下才能使用，这样的手段就是技术侦查手段。而前面所说的手机短信查询、情报信息数据库查询等手段，在传统的侦查过程中已在使用，因为这些手段是事后手段，不会随时随地跟踪了解嫌疑人信息，是宪法和法律本身就赋予侦查部门的权力，就无所谓权利侵犯，这些就属于侦查技术。而手机和电脑定位，侦查机关通过这种方式能立即了解嫌疑人的信息，容易对嫌疑人的权益造成侵犯，因此需要得到严格的审批和控制，这样的手段就属于技术侦查手段。

鉴于此，笔者建议这样理解，技术侦查措施是对公民权利进行干预的侦查手段，无论科技怎样进步，无论侦查机关要运用怎样的手段，一旦其对公民的人身权利进行了干预，则可归为技术侦查措施。而通过对公民人身权利的干预，无非就是对公民物品、活动、通信以及所处场所的监控，无论新型技术手段衍生出何种全新的侦查手段，只要是通过这些手段而对公民上述四种权利客体进行秘密、同步监控，即可视为技术侦查措施，如电子监听、监控、手机定位、秘密拍照、秘密录音录像等目前都属于所能运用的技术侦查措施，而事后对已经存在的各种信息进行查询等则不属于技术侦查措施，而是传统意义上的侦查技术。

另外，对技术侦查措施的概念取了广义，对其种类，笔者认为也应从广义进行界定。新刑事诉讼法第二编第二章第八节规定了秘密侦查、诱惑侦查、控制下交付，虽然规定只能由公安机关在特定情况下使用秘密侦查和控制下交付，而严格限制诱惑侦查的使用，但是前面也指出，技术侦查本身兼具技术性和秘密性，而这几种侦查措施，虽然不一定会用到高科技手段，但是其侦查手段本身就具有较高的技术性，秘密性更是不言而喻的，因此，笔者认为这几种侦查措施也属于技术侦查措施。

第二节 赋予检察机关技术侦查权的必要性

技术侦查措施是一类新兴的侦查手段，对于应对不断出现的新的犯罪手段发挥了很好的作用，而职务犯罪的犯罪分子拥有相对较高的权力和智商，其犯罪手段相对于普通刑事犯罪更先进，反侦查能力也更强，因此赋予检察机关技术侦查权更加必要。

一、适应新形势下职务犯罪侦查需要

1. 隐蔽性强，不易被察觉

职务犯罪分子一般都是与国家权力相结合实施犯罪，都有合法的身份作掩护，行为诡秘，并且犯罪分子都是利用职务之便，其职务范围内不易被他人察觉，尤其是贪污贿赂类职务犯罪，并且职务犯罪一般不涉及公民个人利益，就更不易被察觉。这与公安机关侦查的刑事犯罪有所不同，刑事犯罪一般都有具体的被害人，且犯罪结果明显，短时间之内就会暴露，而职务犯罪活动，尤其是贪污贿赂类职务犯罪一般没有直接的被害人，其危害性潜伏周期较长，不容易被揭发，给侦查带来了较大困难。

2. 犯罪主体反侦查能力强

职务犯罪是特殊主体的智能型犯罪，有些主体还熟悉法律，懂得侦查技能，加上有一定的职权和社会地位，因而其反侦查能力特别强。[①] 职务犯罪的主体，尤其是贪污贿赂职务犯罪主体，一般都具有较强的业务技能，其对职权范围内各项工作流程都非常熟悉，一般都能够熟练地利用职务便利达到自己的目的，包括作案前的准备、作案过程中如何更加隐蔽，事成后如何毁灭证据等等。另外，职务犯罪主体一般都具有相应的文化知识，有的甚至对法律法规相当熟悉，因此，更懂得如何规避法律，以应对侦查机关的查证。

3. "由人查事"使得取证难度增加

普通的刑事犯罪一般都有被害人，且犯罪后果比较明显，犯罪事实清楚，侦查的目的主要是确认相应的犯罪人员。而职务犯罪，尤其是贪污贿赂类职务犯罪，无论是举报人提供的线索还是检察机关自行发现的线索，往往都是指向某人可能犯某罪，对具体的犯罪过程都不清楚，尤其是举报人的举报线索大多笼统模糊。因此，检察机关在得知线索后，无法根据某件事实去查证，而只能由人着手，开始查找其可能构成犯罪的事实和证据，这也就使得对职务犯罪的侦查比对普通刑事犯罪的侦查难度更大，更需要先进的侦查手段予以辅助。

---

① 王定顺、陈祖德等：《职务犯罪侦查机制的实践与反思》，中国检察出版社2012年版，第13页。

二、适应侦查模式由传统"由供到证"向"由证到供"转变之需要

正如前面所述,职务犯罪是"由人查事"的侦查进程,再加上犯罪手段的高科技化,在传统的职务犯罪侦查过程中,由于侦查水平相对落后,检察机关往往只能将获取当事人的口供作为突破口。而由于法律相关规定的限制,要在短时间内获取口供的难度相对较大,很多当事人都抱着侥幸的心理,认为"熬过"这段时间就可以了,所以检察机关更难获得当事人的口供。这也就是为何出现在很多老百姓看来,职务犯罪行为不少,但检察机关却会出现无案可查的情况。检察机关如果对相关人员进行了询问,而未获取当事人的供词,那么这个案件几乎就无法再继续追查下去。因为在不能获取当事人口供,同时缺乏相关书证、物证的情况下,当事人一旦得知检察院调查自己,如果有犯罪事实的话一般都会想办法毁灭证据。所以检察机关如果未能一击就破,再继续追查难度将会更大。也正是这种传统的侦查模式,导致一部分检察机关为了破案而不惜涉嫌违法,进行刑讯逼供。

刑事诉讼法修改后,对检察机关自侦案件的侦查进行了更多的限制,检察机关再实行传统的"由供到证"的侦查模式已经不适应法律和时代的需要,检察机关只有适应现代科学技术的需要,提高自己的侦查水平,有全面、扎实的书证、物证等相关在手,相信在铁的证据面前,当事人必然不能再狡辩。因此,赋予检察机关技术侦查权势在必行。

三、实现法治化和保障人权之需要

随着信息化和全球化的进程,我国法治化的进程也加快了脚步,但是法治化不能盲目地进行,必须跟随国际的脚步,职务犯罪侦查也是如此。2005年10月27日,全国人大常委会决定批准中国加入《联合国反腐败公约》。《联合国反腐败公约》第50条第1款规定:为有效打击腐败,各缔约国均应当在其本国法律制度基本原则许可的范围内并根据本国法律规定的条件在其力所能及的情况下采取必要的措施,允许其主管机关在其领域内酌情使用控制下交付和在其认为适当时使用诸如电子或其他监视形式和特工行动等其他特殊侦查手段。这里的电子监视即技术侦查。

1996年,我国修改刑事诉讼法时,经过对有关公权与私权的博弈与权衡,更多地从保障人权的角度对公权力的行使进行了规范和约束。但是,保障人权

并不代表就不惩罚犯罪,事实上,快速有效地惩罚犯罪也是更好地保障人权之需要。因此,此次刑事诉讼法的修改不仅注重了保障人权,也致力于更好地打击犯罪,规定了诸如秘密拘捕、技术侦查等以同时实现保障人权和打击犯罪的目的。

第三节 检察机关适用技术侦查措施现状及存在的问题

法律赋予检察机关技术侦查权,是为了检察机关能更好地侦破职务犯罪。但在刑事诉讼法修改之后的实践过程中,检察机关却遇到了一些问题。

一、检察机关适用技术侦查措施现状

1. 适用率低

技术侦查措施被规定为侦查机关最后的侦查手段,也就是侦查机关在穷尽其他一切侦查措施之后,才能使用技术侦查手段,而且对其适用的范围和适用程序有着极为严格的设置。立法之所以做这样的规定,目的在于防止侦查机关,尤其是检察机关自侦部门滥用技术侦查权,侵害相关人员的人身权利。但事实上,技术侦查措施在实践中到底运用得如何,尤其是在新刑事诉讼法赋予了检察机关技术侦查权后,检察机关对技术侦查措施的运用到底如何,笔者做了一些调查。

据调查显示,到目前为止,技术侦查措施在检察机关自侦部门的办案过程中运用率非常低,尤其是基层检察机关使用得更少。以笔者所作调查的某市检察机关为例,该市检察院下属各县区基层院自新刑事诉讼法实施以来,自侦部门办理的重大职务犯罪案件没有一起运用技术侦查手段。

该市某县检察院接到群众举报,该县国土资源局局长牛某某在该县合村并城过程中利用职务之便收受某公司贿赂数十万元,并为该公司谋取非法利益。接到举报后,该院反贪局干警立即对该线索进行了调查,通过银行账目等未能查出有利证据,于是便对该公司相关人员进行了询问,也未能获得更多有利证据。由于该公司负责该项目的人出差在外,该公司同意一旦其回公司便让其协助调查,也正是检察干警到该公司的调查惊动了该被举报人。该公司此项目负责人回来后,检察干警对他进行询问时,该负责人对检察干警的询问简直是对答如流,找不出任何破绽。后据知情人士称,检察干警询问该负责人前,该负责人刚去见过被举报人。检察机关本想行使刑事诉讼法赋予的技术侦查权,对

该被举报人进行跟踪监听,但是由于该案件前期证据不足,尚未达到立案标准,无法立案,因此不能使用技术侦查措施。这只是其中的一种简单情况,该市辖区的检察院,甚至全国大部分检察院都遇到过这样的情形。而一旦立案,基本上都会对嫌疑人采取强制措施,而且以拘留居多,所以也就无从谈起采取技术侦查措施了,这就是为什么虽然法律已经赋予检察机关以技术侦查措施,但是使用率却如此之低。

2. 程序繁琐,主要用于追捕在逃犯

由于检察机关使用技术侦查措施须在立案后,且需要完全符合条件,并进行严格的审批,并且审批后需交由公安机关执行,程序极为繁琐、复杂,并且又是作为最后的救济手段,因此检察机关很少使用技术侦查措施,即使使用一般也多是用于追捕在逃犯罪嫌疑人,而很少用来取证或获取线索。近期媒体报道的数件检察机关使用技侦手段的案例多少印证了上述判断,比如江苏海门检察院在侦查"豪赌镇长"张健贪污、受贿案时使用技侦手段对其进行了抓捕;① 黑龙江绥化市检察院侦查肇东工商银行储蓄所所长赵某挪用公款案中使用技侦手段对其进行了监控。② 2011年1月10日,河南省检察、公安联手抓获三门峡市原市委常委、组织部长、安阳市委原副书记李卫民,就是借力于技术侦查手段成功抓逃的范例。③

二、存在的问题

1. 立法与实践不相适应

新刑事诉讼法第148条第2款规定技术侦查手段只能适用于"立案后的重大的贪污、贿赂犯罪案件以及利用职权实施的严重侵犯公民人身权利的重大犯罪案件"。从立法规定可以看出,首先技术侦查手段只能适用于已经立案的案件,而在实践中,检察机关自侦部门却不能轻易地对某嫌疑人立案。因为自侦案件(尤其是贪污贿赂类职务犯罪案件)是因人而立的案件,不同于一般刑事犯罪案件。举报人在举报时一般都只是简单陈述某某有贪污或受贿的可能性,检察机关接到举报线索后,则开始对该被举报人的行为进行探查了解。此

---

① 报道来源:http://222.221.5.134/shehui/falv/2007/1/1168767292_24/,访问时间:2013年7月9日。
② 报道来源:http://www.china.org.cn/chinese/law/1275002.htm,访问时间:2013年7月9日。
③ 陈波:《反贪侦查瓶颈问题实战破解》,中国检察出版社2012年版,第63页。

时检察机关几乎没有任何证据证明该被举报人有明确的犯罪事实,在无凭无据的情况下,检察机关根本不能立案,也不能传讯该被举报人。因此,检察机关若想对该被举报人的行为进行调查了解,只能进行初步调查,也就是检察机关通常所说的初查。在初查阶段检察机关必须要查清楚该被举报人是否有犯罪事实,必须认定该被举报人构成犯罪,只有构成犯罪才能够立案。以贪污犯罪为例,我国刑法规定的贪污罪的立案标准为:(1)个人贪污数额在5千元以上的;(2)个人贪污数额不满5千元,但具有贪污救灾、抢险、防汛、防疫、优抚、扶贫、移民、救济款物及募捐款物、赃款赃物、罚没款物、暂扣款物,以及贪污手段恶劣、毁灭证据、转移赃物等情节的。检察机关自侦部门想要立案就必须要有足够的证据证明嫌疑人的行为符合上述两条标准,而此阶段的查证往往是整个案件调查取证环节中最难的部分。因为此阶段未对案件进行立案,为了不打草惊蛇,调取各种书证和询问证人一般只能秘密进行。而书证的调取因为没有具体的目标往往像是大海捞针,无从着手;相关的证人也因为此时嫌疑人本身还在原来的岗位,担心被报复等种种原因,一般不愿意作证;对嫌疑人本身,检察机关更是无计可施。因为在此阶段尚未对其立案,不能确认其任何犯罪行为,采取最多的就是传统侦查模式中的请其协助调查,对其进行询问。在传统"由供到证"的侦查模式中,检察机关自侦部门大多是寄希望于该被举报人的口供,一旦该被举报人坦白,便可以有方向地调取相关书证,进而开始立案侦查。但是在此阶段要想让该被举报人坦白,是何等不易,干过自侦工作的同志相信都有同感。因此,在此种情况下,为了快速突破案件,也就有可能出现一些刑讯逼供或其他侵害当事人权利的行为。

  只是要达到法律规定的基本的立案标准都这么难,而在实践中,为了督促下级检察机关努力开展工作,多地检察系统内部都从上到下设立了相应的考核机制。该类考核机制对自侦部门立案侦查的案件一般都要求"立得起、诉得出、判得下",即一旦立案就要求公诉机关必须能够诉走,同时到法院会作出有罪判决,而同时对立案也有相应的大案率、起诉率、有罪判决率、有罪判决大案率、实刑判决率等要求。各级检察机关为完成考核任务,在考核中取得好的成绩,在立案时就要将后面一系列目标考虑进去,考虑该案件是不是大案,到法院后是否会作出有罪判决,是否会作出实刑判决,等等。因此,在实践中,无论是在基层检察机关还是高一级的检察院,其自侦部门的自侦工作几乎都是在立案前(也就是所说的初查阶段)完成。案件一旦正式立案,其证据已相当完善,几乎可以马上侦结,由公诉机关起诉到法院。而立案后的侦查过程也多是对初查阶段遗漏的证据或新发现的犯罪事实开展的"补充"侦查。

  由此,可以知道为什么虽然法律赋予了检察机关技术侦查权,但是适用率这么低了。因为其规定技术侦查措施只是在立案后才能适用，可是主要的工作几乎都已在立案前完成。而且在实践中，一旦对嫌疑人立案侦查，一般情况下都会对其采取强制措施，且多以拘留为主，人都在看守所何来技术侦查呢，且就算是采取取保候审或者监视居住强制措施，嫌疑人知道检察机关已对其立案，在说话办事方面都会非常谨慎，使用技术侦查措施的意义也就不大了。而事实上，检察机关在立案前要完成的工作，也就是初查阶段的工作是相当困难的。新刑事诉讼法赋予了嫌疑人更多的权利，无论是从严格按照法律规定还是保障人权方面看，检察机关的工作都将更加艰难。而在嫌疑人反侦查能力日益提高和新型高科技犯罪手段更加突出的情况下，检察机关在此阶段开展工作只会更加困难。而此阶段如果不完成相应的工作，连立案标准规定的事实都证明不了，立案也就无从谈起，更无法开展下一步的侦查。很多学者都说，对适用技术侦查措施进行严格规定，是为了保障当事人的权利，笔者对此深表赞同。但是从另一方面而言，国家设立职务犯罪侦查部门，是为了打击损害国家和人民利益的职务犯罪，更是为了保护人民权益，那么，赋予侦查机关相应的侦查权，是为其查清犯罪事实服务的，而其设定后如若不能为此服务，则形同虚设，这不得不让人们去思考，问题究竟出在何处，究竟是立案标准的问题，还是法律规定的问题，还是其他方面的问题。

2. 审批程序规定不明确

为了保障公民的人身权利不受侵犯，刑事诉讼法对技术侦查的适用范围进行了严格的限制，尤其是规定了严格的审批程序。从新刑事诉讼法第148条的规定可以看出，无论是公安机关立案的案件，还是检察机关立案的案件，或是追捕在逃的犯罪嫌疑人，需要采取技术侦查措施的，都需经过严格的审批程序。而第149条规定："批准决定应当根据侦查犯罪的需要，确定采取技术侦查措施的种类和适用对象。批准决定自签发之日起三个月以内有效。对于不需要继续采取技术侦查措施的，应当及时解除；对于复杂、疑难案件，期限届满仍有必要继续采取技术侦查措施的，经过批准，有效期可以延长，每次不得超过三个月。"第150条第1款规定："采取技术侦查措施，必须严格按照批准的措施种类、适用对象和期限执行。"这两条明确规定了适用技术侦查措施只能在审批的种类和期限内适用，但是对技术侦查措施究竟应由哪一级、哪个部门审批，审批应该用什么样的文书，经过什么样的程序都没有作出详尽的规定。

一部分学者认为，技术侦查措施审批方面过于简单的规定对实践不具有任何约束力，不利于技术侦查措施的公开化、透明化，甚至会导致侦查部门

"自说自话"、任意扩张权力、控权流于形式等后果。① 从法治化和人权保障方面来考虑，学者们有这样的担心不无道理。规定如若不明确，没有审批程序的保护，对于技术侦查措施的立法在某种程度上就有可能异化为单纯的授权立法，这种单向度的立法取向如果运用不当，公民隐私权的保护必将面临严重挑战。

但事实上，在实践中，尤其是在职务犯罪侦查过程中，检察机关所面临的对象一般都是在一定岗位上、有一定权限的国家工作人员，这一部分人都具有一定的知识水平和法律知识。在法治化逐渐健全的当今社会，一般老百姓的法治意识和权利意识也都在逐渐增强，这一部分人更是具有很强的权利保障意识，因此检察机关如若再走以前建立在侵权基础上的侦查老路已不太现实。而实践中，随着法治化的深入，检察干警们，至少是绝大多数检察干警们都具有较强的法治观念和人权保障观念，在执法办案过程中他们都是严格按照法律规定进行，一般不会出现滥用权力等现象。因此，在技术侦查权的适用审批过程中，绝大多数检察干警都能严格遵守程序，严格按照规定执行。反观，从检察实践出发，正是因为法律规定的不明确，导致各地的审批程序不一致，有的走的是四级内部审批机制，有的地方却是本级主管领导审批，等等。也正是因为这样，各地检察院自侦部门办案的效率也有较大的差别。

如上所述，职务犯罪对象一般都在某一岗位上任职，具有一定的权力，且反侦查能力较强，当其被立案，检察机关想对其适用技术侦查措施时，经过层层审批，在交予执行机关执行时，很可能已打草惊蛇，或许还没等到适用技术侦查措施，该嫌疑人就已转移或掩盖相应的罪证，使得侦查工作陷入尴尬境地。这也就是实践中为什么检察机关对技术侦查措施适用率低，甚至于不用的原因之一。

3. 决定权与执行权相分离导致效率低

新刑事诉讼法第148条第1款规定公安机关经审批后，可以采取技术侦查措施，而第2款规定检察院进行职务犯罪侦查，如需要适用技术侦查措施，经审批可以采取技术侦查措施，但要按照规定交有关机关执行。从这两款规定可以看出，法律关于技术侦查的执行权对公安机关和检察机关作了不同的规定，公安机关采取技术侦查措施不需要交别的机关执行，而检察机关采取技术侦查措施却需要交给"有关机关"，至于"有关机关"究竟是指哪些机关，法律并

---

① 吴富丽：《授权有余、制约不足：刑事诉讼法技术侦查规定之评析》，载《渤海大学学报》2012年第6期。

没有明确规定。而新刑事诉讼法通过前，2011年8月向全国公开的《刑事诉讼法修正案草案》（以下简称《草案》）一稿中规定，技术侦查措施由公安机关执行。应当说，此前草案的规定主要是考虑到当前侦查实践中，技术侦查基本由公安机关侦查部门来执行。而且1989年最高人民检察院、公安部《关于公安机关协助人民检察院对重大经济案件使用技侦手段有关问题的答复》也规定："……对极少数重大经济犯罪案件主要是贪污贿赂案件和重大的经济犯罪嫌疑分子必须使用技术侦查手段的，要十分慎重地经过严格审批手续后，由公安机关协助使用。"① 新刑事诉讼法虽未明确规定检察机关自侦案件采取技术侦查措施的执行机关为公安机关，但在实践中，检察机关自侦案件的技术侦查措施由检察机关审批后，都是由公安机关协助执行的。

很多学者和专家赞成职务犯罪案件技术侦查措施的执行机关审批权和执行权的分离，执行权由公安机关执行。认为这样有利于防止检察机关的权力滥用，这样的想法自然有一定的道理，如果检察机关集审批权与执行权于一体确实有可能会出现权力滥用的现象。但是从实际现实来看，这种协作机制存在一定的不足，具体表现为以下几个方面：（1）启动程序复杂，持续时间长，容易贻误战机。主要在于公安机关的技术人员对职务犯罪案件案情不熟悉，并不完全了解检察机关的侦查意图，再加上程序复杂，需要花费较长时间，配合协调难度大，因此在执行过程中往往会贻误最佳时机，使得达不到本身想要的效果。（2）协作程序不规范，协作效果不一。由于法律和相关法规未对该协作程序作明确的规定，因此在实践中两机关的协作不易规范，很多时候都是运用工作中建立的私人关系相互配合。如果双方负责人私人关系好，则公安机关配合比较积极，这样也很容易开展工作，很容易出效果；但是如果遇到关系一般或有矛盾时，工作便很难开展，严重的甚至进行不下去。这种仅仅依赖于部门负责人之间的私交运行的协作关系本身就存在潜在的危机。（3）协作的实际效果经常是差强人意。主要由于公安机关本部门工作任务繁重，在这种情况下，大部分公安机关工作人员当然会先完成本部门的任务，而后完成协作单位的任务，这样就会错过监控、录制最佳时机；而有些工作人员甚至处于应付状态，对监控和录制不负责，往往错失监控时机。

---

① 董坤：《职务犯罪侦查中技术侦查程序立法研究——以新刑事诉讼法为分析场域》，载《海南大学学报》2012年第5期。

第四节　应对之建议

对于赋予侦查部门技术侦查权,尤其是赋予检察机关技术侦查权,目前学界仍是众说纷纭。作为一名基层检察工作者,笔者从检察实践看其中存在的问题,同时从检察实践出发,提出一些浅显的建议。

一、从实践出发,改进内部考核制度

为了督促下级院严格认真开展工作,目前我国检察机关几乎都有各自从上至下的考核机制,省级检察院考核地市一级的检察院,地市一级的检察院考核县区级基层检察院。无论其考核办法如何规定,反贪、反渎工作绝对是其中的重中之重(尤其是反贪工作)。这两个自侦部门工作成绩的好坏,经常直接关系到各个检察院的考核成绩。也正是因为如此,各个检察院的领导都非常重视这两个部门的工作。也正是受考核机制的影响,为了在考核中取得好的名次,考虑到如立案的大案率、起诉率、有罪判决率、实刑判决率等,很多检察院在办理职务犯罪案件时,立案前已经做了相当多的工作,有的甚至整个侦查工作都在立案前的初查阶段完成,且所立案件全为大案,立案后可以直接起诉到法院,并被作出有罪判决。

也正是如此,立案前的初查工作显得非常重要,且在很多时候非常艰难。而在现代科学技术日新月异的今天,职务犯罪手段更是不断"推陈出新"。检察干警在这样的情况下,再对一些手握权力的嫌疑人用一些一般的侦查技术进行初查,且要完全掌握证据,几乎非常困难。而法律赋予检察机关的技术侦查权,又只能在立案后使用,检察机关当然应该严格按照法律规定进行,此时只能让技术侦查权形同虚设。

因此,笔者建议从上至下,从检察机关内部着手,改进考核机制,降低考核标准,比如对大案率的考核。有的检察院在立案前发现嫌疑人涉嫌犯罪的金额较小,怕到侦查阶段不能再查出其别的犯罪行为而影响到大案率的考核,因此而放弃。因此在考核时,不应该再作这样的规定。如果没有大案率的考核,对于符合法律规定的标准的案件,检察机关即会立案,符合使用技术侦查措施条件的,即可申请使用采取技术侦查措施。有了技术侦查手段的介入,即可能查出更多的犯罪行为。这只是从考核的一个方面进行的简单举例。全国各地检察院的考核标准虽有不同,但都存在各种各样的问题,这些问题很多都在一定程度上影响着技术侦查手段的使用。因此,为了更好地开展职务犯罪侦查工

作,建议各地检察院联系实际,审视自己考核标准的不足而加以改进。

二、完善相关法律规定

1. 适用阶段的权力的扩大与限制

目前,我国立法规定,立案后,因案件的需要才能采取技术侦查措施,"立案"作为适用技侦手段的时间起点体现了严格适用的规制精神。如前所述,自侦案件的侦破工作大部分在立案前完成,立案前并不能使用技术侦查手段,因此立案前的工作相对立案后更难开展。立案后,检察机关又多会对嫌疑人采取相应的强制措施,几乎已无采取技术侦查措施之必要。但"立案后"这一时间点的规定却将技侦手段的适用人为地划分为侦查取证手段与立案前的情报搜集手段两大阶段或者说两大类型,二者同时并存且相互关联。①

贪污贿赂类职务犯罪与渎职类职务犯罪有所不同,此类犯罪是无被害人犯罪,如果没有举报人提供线索,犯罪对象几乎可以高枕无忧,即使有举报人提供线索,提供来的线索一般也很难查证。因此,对某人立案,证明其有犯罪事实的过程非常艰难。对此,笔者建议适当扩大检察机关在情报搜集阶段,也就是初查阶段的权力,同时为了防止权力滥用而对该权力加以限制,做到既帮助侦破犯罪又不滥用权力。比如可以作如下规定:对贪污贿赂类职务犯罪,对于五人以上联名实名举报,且基本具备相应书证,只是欠缺证人证言便可立案的案件,可以赋予检察机关此阶段的技术侦查权,并同时对检察机关使用技术侦查措施的申请进行严格的审批,规定在此阶段检察机关申请使用技术侦查措施时,必须明确是针对哪一种可能涉嫌犯罪的行为,并列出相关书证欠缺的证据,且对该证据的使用进行严格限制,只能用于证明该项犯罪,除非发现新的犯罪行为,否则不得作为其他证据使用,更不得用于其他任何用途。

2. 扩大适用范围

新刑事诉讼法第 148 条第 2 款规定:"人民检察院在立案后,对于重大的贪污、贿赂犯罪案件以及利用职权实施的严重侵害公民人身权利的重大犯罪案件,根据侦查犯罪的需要,经过严格的批准手续,可以采取技术侦查措施,按照规定交有关机关执行。"《人民检察院刑事诉讼规则》第 263 条规定:"人民检察院在立案后,对于涉案数额在十万元以上、采取其他方法难以收集证据的重大贪污、贿赂犯罪案件以及利用职权实施的严重侵害公民人身权利的重大犯

---

① 陈卫东:《理性审视技术侦查立法》,载《法制日报》2011 年 9 月 21 日第 9 版。

罪案件，经过严格的审批程序，可以采取技术侦查措施，交有关机关执行。本条规定的贪污、贿赂犯罪包括刑法分则第八章规定的贪污罪、受贿罪、对单位受贿罪、行贿罪、对单位行贿罪、介绍贿赂罪、单位受贿罪、利用影响力受贿罪。本条规定的利用职权实施的严重侵害公民人身权利的重大犯罪案件包括有重大社会影响的、造成严重后果的或者情节特别严重的非法拘禁、非法搜查、刑讯逼供、暴力取证、虐待被监管人、报复陷害等案件。"由此可以看出，对于渎职犯罪的适用种类，高检规则采用了列举法，并用了一个"等"，也就是说，只要是利用职权实施的严重侵害公民人身权利的案件，都有可能适用技术侦查手段予以侦查。但是，对于贪污贿赂类职务犯罪案件，高检规则作出了明确规定，限制适用的犯罪类型、涉案金额和使用阶段。

应该说，为了防止权力被滥用，对技术侦查手段的适用条件作出严格的限制不无道理。但是归根结底，从实践的角度看，技术侦查手段总是要用来为侦查工作服务的，如果其失去本来的意义，法律将其规定出来就无必要。在实践中，尤其是对于基层检察机关而言，侦破涉案金额为十万元以下的案件，在目前掌握的侦查手段的情况下，并不会比涉案金额为十万元以上的案件容易。而且在立案之初，用别的侦查手段并不能完全掌握其明确的涉案金额或者别的犯罪行为，而随着案件的深入调查，涉案金额或犯罪行为可能会越来越多。因此，如果一开始就因十万元的起点金额而被限制使用技术侦查手段，使得案件的突破举步维艰的话，岂不是得不偿失。另外，我国目前贪污贿赂犯罪的立案标准为 5000 元，如果以这个立案标准，距离高检规则规定的十万元相差甚远，很多检察机关也只能对技术侦查手段的使用望而却步，将案件草草侦查终结了事，而不作进一步的调查，这岂不是也有悖于惩治腐败的初衷。

鉴于此，笔者建议降低贪污贿赂犯罪使用技术侦查措施的涉案金额，从基层院的实际情况考虑，将可采取技术侦查措施的贪污贿赂类案件的涉案金额降为五万元。

另外，从高检规则的规定可以看出，挪用公款类职务犯罪并不能使用技术侦查措施。之所以作出这样的规定，在一定程度上是考虑到了挪用公款类职务犯罪主观恶性较小，但挪用公款的犯罪行为损害的同样是我国的公共财产权利，也会造成对职务行为的侵害。且在实践中，检察院反贪局办理的案件中挪用公款类职务犯罪所占的比例并不在少数，这一类犯罪表面看似主观恶性较小，但却正是许多手握公权之人谋私利的捷径，这些人往往都认为自己并没有想将公共财产据为己有的想法，只是"暂借"而已，便打着这样的旗号滥用权力为自己谋私利，如果这样的思想得以助长，最终损害的将是国家和人民更大的利益。

因此，笔者认为对于某些挪用公款犯罪，可以规定在某些情况下能采取技术侦查措施，比如挪用公款进行营利或从事犯罪活动的，或者多次挪用公款、情节严重的，可以像贪污贿赂罪一样采取技术侦查措施。

三、扩大技术侦查措施种类

新刑事诉讼法用了一整节来规定技术侦查措施，足以见得本次立法对技术侦查措施的重视，但是，笔者在前面分析概念和种类时曾分析过，这只是对技术侦查措施的一个总的规定，其具体的种类法律并未作出明确规定。因此，无论是学界和实践中，大家对技术侦查措施的种类都有着不同的理解，但一般认为包括电子监听、监控、拍照、录像等科技含量比较高的技术侦查手段。新刑事诉讼法第二编第二章第八节也对秘密侦查、诱惑侦查、控制下交付作了规定，一部分人认为这些规定只是挂靠在本章节中，本身不是技术侦查措施。笔者不赞同该观点，如前所述，技术侦查本身兼具技术性和秘密性，秘密侦查、诱惑侦查、控制下交付当属技术侦查措施的种类，只是这几种技术侦查措施不同于其他使用科技手段的技术，而是在利用科技手段的同时利用了人脑和心理技术。以上技术侦查措施在国外广泛适用。

新刑事诉讼法第151条将卧底侦查、控制下交付的权力赋予了公安机关，而且明确禁止诱惑侦查。这是出于对人权保护和权力控制的考虑，有其道理。但是，在《联合国反腐败公约》中有明确规定，从有利于打击职务犯罪出发，都应当在职务犯罪侦查中适用，不宜"自缚手脚"，作不必要的限制。① 在实践中，很多贪污贿赂型职务犯罪人，尤其是受贿罪的受贿人，行贿人对其行贿其实就是利益的一种诱惑，如果其能够经受住诱惑而不为所动，依然坚守法律底线，其根本就不会走上犯罪道路，那么能否经受住诱惑也成为罪与非罪的根本界限。而诱惑侦查只是根据犯罪活动的倾向为其提供实施的条件和机会，如果行为人根本没有犯罪动向，也就无所谓犯罪。

因此，笔者建议赋予检察机关在侦破贪污贿赂类职务犯罪时使用诱惑侦查的权力。职务犯罪特别是贪污贿赂型职务犯罪，是一种非常隐蔽的犯罪行为，在严格法定程序之下的诱惑侦查是查办此类案件的重要手段。②

---

① 陈柏新：《刑事诉讼法修改背景下检察机关技术侦查的若干思考》，载《上海政法学院学报》2013年第2期。

② 王定顺、陈祖德等：《职务犯罪侦查机制的实践与反思》，中国检察出版社2012年版，第219页。

1. 明确审批程序

新刑事诉讼法规定，侦查部门采取技术侦查措施要经过严格的审批，但对具体的审批程序未作明确的规定，在实践中也是做法不一。职务犯罪的侦查，效率很重要，有时候稍有耽搁，就会给嫌疑人以毁灭罪证的时机，因此必须当机立断地进行技术侦查。但是，由于审批程序的复杂繁琐，往往会耽误最好时机，降低侦查效率。

有些人提出技术侦查措施的审批权应向国外学习，比如由法院进行审批。但是从我国的国情和实践来看，审批权归于法院并不尽合理，甚至会影响工作的顺利开展。因此，笔者建议对于检察机关技术侦查措施的审批由检察机关内部进行，具体可以作如下规定：

（1）采取双重审批制：一是检察机关自侦部门需要采取技术侦查措施时，应当报本院检委会审批。但同时考虑到召开检委会需要一定的时间，有时可能造成侦查工作的延误，在案情特别紧急的情况下也可由本院正职检察长批准，这里所指的情况特别紧急是嫌疑人有逃跑、毁灭罪证或实施新犯罪的情况。同时为了防止诸如有些学者所说的因党派斗争或者别的原因而滥用权力，采取技术侦查措施在由本院检委会或检察长批准后，应再报上一级检察院侦查监督部门同意。当然，最高人民检察院除外。上一级检察院侦查监督部门接到审批申请后，应在 48 小时内进行审查并作出答复，必要时可延长至 72 小时。

（2）无论是本级检委会或检察长，或是上级侦查监督部门在审查时可以从以下几方面进行审查：①审查是否符合适用技术侦查的条件，如嫌疑人涉嫌的犯罪是否为法律规定的可以采取技术侦查措施的犯罪，涉案金额是否达到规定标准，犯罪行为是否严重等。②审查适用对象是否正确，不得对除嫌疑人或被告人以外的其他人适用。③审查是否有必要适用技术侦查措施，如果有别的手段可以达到同样效果，则无必要适用。对于这一点，由于审批部门的工作人员可能会缺乏相关的侦查技术，在必要时，比如案情复杂、紧急的情况下，可以邀请相关专家进行讨论。④审查是否用于侦查目的。⑤审查技术侦查方案中是否有相应的保密措施。

2. 执行主体转变，应由检察机关自己执行

根据目前刑事诉讼法的规定和实践来看，公安机关采取技术侦查措施的审批权和执行权均由公安机关行使，检察机关采取技术侦查手段的审批权由检察机关行使，执行权却由公安机关行使。这种执行权交由公安机关行使的做法，已经在前面论述了其诸多弊端。通过对实践的调查了解，笔者建议，检察机关的技术侦查手段应由检察机关自己执行。在目前经济和各方面条件有所欠缺的

情况下，可考虑地市一级及其以下所设县区检察院的技术侦查由地市一级检察院执行，最高人民检察院及省、自治区检察院的技术侦查由各自的技术侦查部门执行。理由如下：

（1）简化程序，提高效率。因为检察院内部审批后，即可开始执行，在目前的体制下，相对于公安机关的配合，内部配合的速度和效率相对较高。（2）检察干警熟悉案情，并有着丰富的职务犯罪侦查经验，懂得把握技术侦查过程中的关键点，更有利于取证，在执行职务犯罪技术侦查措施时有天然的优势。（3）查办职务犯罪是检察机关最重要的业务之一，也是法律监督的最重要的手段之一，可以说查办职务犯罪的成效关系到检察机关的地位和前途。国外经验表明，技术侦查是侦破职务犯罪的达摩克利斯之剑，因此检察机关必将高度重视技术侦查，从人员安排、办案经费、设备购置等方面向技术侦查倾斜，充分利用这柄利器惩治腐败。①（4）从可行性的角度来看，检察机关享有独立实施技侦手段的权力，从资金、技术与人员的角度来看，都是必要的和可行的。根据最高人民检察院反贪总局负责同志的粗略估算，假设在市级以上人民检察院增设技侦部门，则共需要在415个单位建设相应的设备、增加大约4150名工作人员，而每个建设单位购买与维护技侦设备需要200万元投入，总计投入8个多亿，人员与财政投入的增加并不是很大，是完全可以解决的。②

职务犯罪案件技术侦查的审批权与执行权均赋予检察机关后，将有效缓解目前实践中委托公安机关而使得执行效率低下、延误侦查的弊端，将更有利于惩治职务犯罪，有利于保护国家和人民的权益，更顺应我国党和政府反腐倡廉的要求。

（张脐芳　河南省荥阳市人民检察院）

---

① 陈柏新：《刑事诉讼法修改背景下检察机关技术侦查的若干思考》，载《上海政法学院学报》2013年第2期。
② 程雷：《论检察机关的技术侦查权》，载《政法论丛》2011年第5期。

第七章 人权保障视野下的羁押期限与办案期限

美国现代实用主义法学的创始人霍姆斯曾说过，法律显示了国家几个世纪以来发展的故事，它不能被视为仅仅是数学课本中的定律及推算方式。法治概念的最高层次是一种信念，相信一切法律的基础，应该是对于人的价值的尊重。在一个法治国家里，民众对权利和审判的漠不关心的态度对法律来说，是一个坏兆头。而作为法律的具体践行者，司法实务工作者更应该在适用法律的过程中严格执法、规范办案，以保障社会主义事业的顺利进行。羁押期限与办案期限是刑事诉讼法适用过程中一个非常具体的问题，同时也是办案中不可回避的问题。在修改前刑事诉讼法中，羁押期限与办案期限是合二为一的。这种含混不明的立法状态导致司法实践中出现许多问题，有对嫌疑人的超期羁押，更多的是案件的久拖不决。新刑事诉讼法试图通过实务性的操作将羁押期限与办案期限实现部分脱离，以达到惩罚犯罪与保障人权的平衡，但这种分离并不彻底和具有可操作性。

本章试图通过对立法目的的探索，从以下几个方面理解羁押期限与办案期限的关系。首先，羁押期限不等于办案期限，办案期限一般长于羁押期限。在不考虑延长及退补的情形下，一个月的审查起诉期限既是通常办案期限又是最高羁押期限。其次，未决羁押作为剥夺犯罪嫌疑人人身自由的一种状态，应当遵循比例性原则的要求。最后，协调羁押期限与办案期限关系的路径选择，不可避免要对立法及执法规范进行修改及完善。笔者将立足于实践，对法条进行细致梳理，力求给出合理的解释及建议，希望能对实务操作有所裨益。

第一节 立法关于羁押期限与办案期限的规定

羁押期限，是指国家司法机关对涉嫌犯罪但未经法院判决的人采取剥夺其人身自由的时间。刑事诉讼中对犯罪嫌疑人或者被告人实施羁押兼具预防和保障双重功能，即防止其继续实施犯罪行为及保障诉讼过程的顺利进行。办案期限是司法机关进行刑事诉讼活动必须遵守的期间，即侦查、审查起诉、审判以及履行相关通知、告知义务等必须遵守的时间。本章对两种期限进行研究所设定的时间区间均为刑事立案后到一审判决作出前。所探讨的办案期限主要涉及侦查、审查起诉与审判的办案期限，至于履行相关通知、告知义务、送达等必须遵守的期限，因为法律规定非常明确，且没有任何争议，本章不再涉及。

一、新刑事诉讼法关于两种期限的规定及解读

新刑事诉讼法第65条关于取保候审的规定中，提到了羁押期限的概念。第147条规定，对犯罪嫌疑人作精神病鉴定的期间不计入办案期限。在新刑事诉讼法中，羁押期限与办案期限的字眼散落其中，但是，两者之间的关系却错综复杂，给司法实务工作者造成了较大的困惑，同时也不利于犯罪嫌疑人的人权保障。

在强制措施一章，第96条规定，犯罪嫌疑人、被告人被羁押的案件，不能在本法规定的侦查羁押、审查起诉、一审、二审期限内办结的，对犯罪嫌疑人、被告人应当予以释放；需要继续查证、审理的，对犯罪嫌疑人、被告人可以取保候审或者监视居住。"应当予以释放"的规定是此次修改新增的内容。立法的基本考虑是，刑事诉讼法对各种羁押措施的条件作了严格限定，而且对侦查羁押期限、审查起诉期限及审理期限等作出了明确规定，应该在规定的期限内办理完毕。同时，有些案件因为特殊情况，确实未能结案，需要继续进行侦查、审理，对于这些案件，继续羁押已不妥当，可以取保候审或者监视居住。新刑事诉讼法第97条规定，人民法院、人民检察院或者公安机关对被采取强制措施法定期限届满的犯罪嫌疑人、被告人，应当予以释放、解除取保候审、监视居住或者依法变更强制措施。从两个法条的并列关系中可以看出，羁押并不是一种强制措施，而是一种剥夺犯罪嫌疑人或者被告人人身自由的状态。嫌疑人被拘留或者逮捕，包括随之而来的审查起诉与法庭审理，都是产生羁押状态的直接原因，与强制措施相伴随的，是羁押的法定期限。同时，法律规定的审查起诉及一审期限即是法定最高羁押期限，超过这个限度，必须释放，需要继续查证、审理的应当改为取保候审或者监视居住。可以看出，这两个期间的办案期限与羁押期限有一定的重合，但办案期限长于羁押期限。

新刑事诉讼法第154条到第158条对侦查阶段的羁押期限时间的延长与重新计算作了规定，但对审查起诉阶段与审判阶段的羁押期限并未提及，而是分别规定了审查起诉办案期限与审理案件办案期限。即人民检察院对于公安机关移送起诉的案件，应当在一个月以内作出决定，重大、复杂的案件可以延长半个月。人民法院审理公诉案件，应当在受理后二个月以内宣判，至迟不得超过

三个月。从法条之间的关系来看，办案期限似乎等同于羁押期限，故刑事诉讼法不再重复列明。如果嫌疑人或者被告人在移送起诉时处于被羁押的状态，那么在审查起诉或者审判期间，一般情况下将继续保持这种被剥夺了人身自由的状态。羁押期限与办案期限相重合，并伴随着办案期限而自动延长，例如刑事诉讼法中关于改变管辖、补充侦查等规定。正因为立法的不明确，导致了司法实践中实务工作者对羁押期限与办案期限关系的误读。

修改前刑事诉讼法对羁押期限与办案期限采取模糊处理，而新刑事诉讼法则提出了一些具有创新性的想法，例如关于对羁押期限与办案期限的监督，以及羁押必要性审查。此处，我们姑且不论这两种举措的优点与弊端，单从法条的增减上便可以看出，新刑事诉讼法试图将两者分离开来，虽然并未开展自上而下的立法修改，但是从条文的字里行间，依然能够看出两者分离的趋势，遗憾的是，这种区分更多是从实务的角度来进行操作，并未在统一的法律架构上形成分离状态。例如，新修改的《人民检察院刑事诉讼规则》第614条规定，人民检察院依法对羁押期限和办案期限是否合法实行监督。对公安机关、人民法院办理案件的羁押期限和办案期限的监督，犯罪嫌疑人、被告人被羁押的，由人民检察院监所检察部门负责；犯罪嫌疑人、被告人未被羁押的，由人民检察院侦查监督部门或者公诉部门负责。对人民检察院办理案件的羁押期限和办案期限的监督，由本院案件管理部门负责。该条首次将办案期限与羁押期限列入并行的地位。该规则第316条规定，检察机关批准逮捕的时间同嫌疑人是否被拘留有着密切的关系，未被拘留的，应当在收到提请批准逮捕书后的十五日以内作出是否批准逮捕的决定，重大、复杂的案件，不得超过二十日。第617条规定了羁押必要性审查。在逮捕的条件发生变化或者消失时，可以提出释放犯罪嫌疑人、被告人或者变更强制措施的建议。以上刑诉规则，试图在实务操作中展现羁押与办案的可分离性。这种趋势从新刑事诉讼法中也可略见一二。刑事诉讼法第206条规定，对于羁押与未被羁押的自诉案件，适用两种不同的审理期限。对于自诉案件的被告人正在有关场所羁押的，按照审理公诉案件的期限，未被羁押的，按照民诉法审理普通民事案件的期限。该规定充分考虑了惩罚犯罪，依法办案与保障犯罪嫌疑人人权的平衡，体现了羁押期限与办案期限的分离倾向。

二、羁押期限与办案期限合一的法律适用效果

新刑事诉讼法并未将审前羁押作为一项单独的强制措施加以界定。依据现行刑事诉讼法的规定，刑事强制措施有五种：拘传、取保候审、监视居住、拘

留和逮捕。与审前羁押密切相关的刑事强制措施主要是拘留和逮捕。在我国,"与刑事拘留和逮捕相比,审前羁押并不是一种法定的刑事强制措施,而是由刑事拘留和逮捕所带来的持续剥夺犯罪嫌疑人、被告人人身自由的当然状态和必然结果"。① 对于法律专门规定的侦查羁押期限的延长,至少存在上一级和省级检察机关审查批准的制度。一旦进入到审查起诉和审判阶段,在对嫌疑人、被告人的羁押问题上,就连最起码的审查程序都不存在了。审查起诉阶段和审判阶段的羁押基本上属于侦查阶段羁押的自然延续,而不需要经过任何形式的专门审查批准程序。从法理层面来看,在整个刑事诉讼过程中,羁押属于限制公民人身自由最严厉的手段,应当获得明确的法律授权或者是经过严密的司法审查。因为缺乏对羁押的司法控制,导致羁押会伴随着办案期限的延长、重新计算以及不计入办案期限而变化,例如羁押期限随着审理期限的延长而增加;检察机关补充侦查后,法院要重新计算审理期限,羁押期限也要随之延长;在审判期间,对被告人作精神病鉴定的时间也不计入审理期限。由此可见,羁押期限与办案期限是合二为一的。

然而,从前面的分析中可以看出,新刑事诉讼法试图通过实务性的操作将羁押期限与办案期限实现部分脱离。这是一种充满矛盾的状态,既未在整个刑事诉讼法体系上明确表明羁押期限与办案期限的分离,又试图通过一些散列的法条规定达到惩罚犯罪与保障人权的合理平衡。立法者已经意识到,修改前的刑事诉讼法中关于羁押期限的规定,主要目的是服务于刑事案件的办理及诉讼流程的推进,即惩罚犯罪的需要。随着形势的变更,保障嫌疑人人权的概念已经深入人心。惩罚犯罪只是刑事诉讼任务的一个方面,另一个方面就是尊重和保障人权。具体表现为三个层面,即保障犯罪嫌疑人、被告人和罪犯的权利,防止无罪的人受到刑事法律追究,防止有罪的人受到不公正对待;保障刑事诉讼中的被害人、辩护人、诉讼代理人等所有诉讼参与人的合法权利;通过对犯罪的惩罚保护广大人民群众的权利不受侵害。由此可见,新刑事诉讼法的目的需要达到两者的平衡。正如美国独立宣言起草人杰弗逊所说,法律和制度必须跟上人类思想进步。在法律的演变及司法实践中,必须对羁押期限与办案期限中的人权保障问题高度重视。

目前,这种含混不明的立法状态导致司法实践中出现许多问题,有对嫌疑人的超期羁押,更多的是案件的久拖不决。立法者期待司法工作者在法定的办案期间内,严格遵守期限,自觉维护司法效率,而不会故意拖延时间或者延误

---

① 陈瑞华:《未决羁押制度的理论反思》,载《问题与主义之间——刑事诉讼基本问题研究》,中国人民大学出版社2003年版,第200页。

案件的办理进程。各种超期羁押的事实证明,这种期待是过于理想化的。在基层,案多人少的矛盾一直都非常突出,这是造成案件久拖不决的重要原因。同时,由于法律对各种办案期限都规定了大量弹性的,甚至是模糊的延长条款,而法律又没有规定羁押的最高期限,这导致司法实践中有些案件被无限制地拖延,伴随而来的是对嫌疑人的长期羁押。这种情形从法条本身来讲并不违法,但是从现代人权保障理念出发,是非常不合理的。

第二节 司法实务中羁押期限与办案期限的现状

一、司法实务工作者对两种期限的认识不一

根据笔者对某区公安局及检察院的调研发现,许多案件承办人对羁押期限与办案期限之间的关系,以及对新刑事诉讼法中有关期限条文的理解存在普遍的困惑。一位基层检察官向笔者提出疑问:"一个月的审查起诉期限,到底是羁押期限还是办案期限?"如果是羁押期限,那么这种羁押是如何获得授权的呢?如前所述,依照我国刑事诉讼法的规定,某些强制措施的适用会必然带来羁押状态,但是,此处一个月的羁押状态是因何而来的?此外,如果犯罪嫌疑人被取保候审,是否还需要遵守这一个月的审查起诉期限?① 如果是办案期限,那应该理解为所有的案件,不管是嫌疑人被羁押还是取保候审,都应当在这个期间内办理完毕。然而法律又明确规定,人民法院、人民检察院和公安机关对有下列情形之一的犯罪嫌疑人、被告人,可以取保候审,其中之一便是羁押期限届满,案件尚未办结,需要采取取保候审的。因此,司法实务中对一个月的审查起诉期限,存在两种不同的认识。一种观点认为,该期限为羁押期限。如果羁押期限届满,可以采取取保候审,继续办理案件。另一种观点认为,一个月为办案期限,无论嫌疑人被采取何种措施,必须按照法定日期办理完毕。笔者以为,这两种观点各有论据,但综合立法法条规定,探寻立法原意,该期限应该为法定最高羁押期限,同时也是办案期限。一般情况下,所有案件都应该在该期限内审查及审理完毕。只有案情特别复杂时,才能在非羁押状态下适当延长办案期限。

---

① 此处的一个月的期间仅作为考察样本,审查起诉期限的延长及退回补充侦查的研究同理。

二、实践中违规办案现状及原因分析

依照上文分析，当法定最高羁押期限届满，与之重合的办案期限亦届满时，为了服从办案的需要，可以运用取保候审或者监视居住的强制措施，适当延长办案期限。严格来讲，这种做法并不违法。但是，从整个刑事诉讼法的基本精神及人权保障的角度出发，犯罪嫌疑人、被告人在押的案件和犯罪嫌疑人、被告人取保候审案件的办案期限不一致，是不规范执法的表现。把取保候审期限当作办案期限处理，认为取保候审案件只要不超过十二个月结案就行，与"规范执法行为，促进执法公正的执法理念背道而驰"。① 以某区检察机关办理的刑事案件为例，某甲涉嫌盗窃于 2011 年 10 月 11 日被区公安局刑事拘留，同年 10 月 17 日被取保候审，2012 年 5 月 8 日向某区检察院移送审查起诉。该院于 2012 年 6 月 22 日作出相对不起诉决定。某乙涉嫌交通肇事犯罪，于 2012 年 1 月 1 日被某区公安局刑事拘留，于 2012 年 1 月 13 日被检察机关批准逮捕。2012 年 1 月 20 日被某区公安局取保候审，同年 12 月 31 日向某区检察院移送审查起诉。从上述两个案例中可以看出，公安机关对于取保候审案件的处理，确实有些"久拖未决"的味道。盗窃案件中，中间相隔 7 个月，而在交通肇事案件中，长达 11 个月。这两起案件，案件事实非常清楚，取证并不复杂，但是公安机关却迟迟未将案件移送起诉。案件到了检察机关以后，也同样面临着久拖未决的问题，尤其是相对不起诉案件的办理。

笔者在调查中发现，这并不是偶然现象，而是具有一定的普遍性和代表性。不管是公安机关、检察机关，还是法院系统，案件承办人均表示，案多人少是基层司法系统的突出矛盾，为解决这一困境，只能先处理犯罪嫌疑人被羁押的案件，然后再处理被取保候审的案件。诚然，的确存在许多原因使得各阶段的案件承办人倾向于将诉讼期限使用到最大限度，期限届满时才作出处理或移送到下一诉讼阶段。例如，犯罪嫌疑人异地作案、流动性强、收集证据困难，同案犯在逃，向上级请示的疑难案件答复较为缓慢，案多人少的矛盾突出等。但是我国长期以来形成的强制措施服从于办案需要而不考虑人权保障的传统，承办人已形成的执法理念问题也是不容忽视的。

已经废止的 1984 年全国人民代表大会常务委员会《关于刑事案件办理期限的补充规定》中提到，对被羁押正在受侦查、起诉、一审、二审的被告人，

---

① 曾淑清：《在押案件和取保候审案件办案期限应一致》，载《人民检察》2008 年第 7 期。

不能在刑事诉讼法规定的期限内办结，采取取保候审、监视居住的办法对社会没有危险性的，可以取保候审或者监视居住。取保候审或者监视居住期间，不计入刑事诉讼法规定的办案期限，但是不能中断对案件的审理。人民检察院审查起诉和人民法院审理的公诉案件，被告人没有被羁押的，不受一个半月和一个月的限制，但是不能中断对案件的审理。在补充规定出台后，最高人民检察院对检察机关执行全国人民代表大会《关于刑事案件办理期限的补充规定》的一些问题作出了答复。关于人民检察院对公安机关移送审查起诉或者免予起诉的案件，在法定期限内不能办结的，可否延长办案期限？最高人民检察院认为，在没有新的规定前，仍应该按照刑事诉讼法第97条（指1979年刑事诉讼法，编者注）的规定执行，即人民检察院对于公安机关移送起诉或者免予起诉的案件，应当在一个月以内作出决定，重大、复杂的案件，可以延长半个月。由此可见，依照以前的法律规定，取保候审或监视居住是不计入办案期限的，而移送审查起诉与法庭审理的办案期限的时间同是否被羁押密切相关。虽然后来随着刑事诉讼法的修改，这些规定逐渐被废除，但是由于修改后的刑事诉讼法对羁押期限与办案期限的规定一直处于模糊处理状态，导致司法实践中案件承办人认为，只要在取保候审期间内（12个月）将案件办结，就不算违法。实践中，这种违规办案情况确实存在。一种是利用取保候审、监视居住期限的规定，拖延办案时间，待期限届满时才移送下一个机关处理或者作出决定。另一种是超过取保候审的期限，犯罪嫌疑人被释放后才移送检察机关审查起诉。例如，公安机关对于取保直诉的案件，往往超过取保候审的期限才送到检察机关，退回补充侦查后又迟迟不移送。检察机关对该情况的做法是发送违法建议书，但收效不大，公安机关认为这种做法并不违反刑事诉讼法规定的办案期限。但依笔者之见，尽管立法作出了相对灵活的办案期限规定，但在案件办理过程中，根据"举重以明轻"的法律规则，如果犯罪嫌疑人被羁押，司法机关要遵守侦查羁押期限、审查起诉期限及审理期限的严格规定，而对于取保直诉的案件，案情相对简单，更应该在这些期限内办理完毕。羁押固然是对犯罪嫌疑人人身自由的剥夺，影响较大，应当缩短办案流程，保障人权。但对于被采取其他强制措施的犯罪嫌疑人，哪怕是未被采取任何措施，悬而未决都不能算是真正的"解脱"。人身自由处于待定状态，而被破坏的社会秩序迟迟不能得到修复，"迟来的正义即非正义"。因此，对于司法实践中的"违规办案"现象应该坚决予以纠正。

三、我国羁押适用的任意化

司法实践中一直存在未决羁押适用的任意化问题，具体表现为三个方面。其一，实践当中大量出现的超期羁押、对不需要采取羁押措施的犯罪嫌疑人普遍适用羁押措施等问题。在我国刑事诉讼法中，不仅审前羁押的最高羁押期限没有受到明确的限定，就连每一个诉讼阶段的羁押期限也缺乏"最高羁押期限"。因此，无论是刑事拘留还是逮捕后的审前羁押期限，都有大量的例外延长审前羁押期限的情形。一位资深检察官表示，公安机关对于拘留期限的延长最为随意。按照法律规定，拘留3日内应当提请检察院审查批准逮捕，特殊情况下，经县级以上公安机关负责人批准可以延长1日至4日。对于流窜、结伙、多次作案的重大嫌疑分子，经县级以上公安机关负责人批准可以延长至30日。为了侦破案件的需要，或者说出于期限延长的随意性，拘留的期限经常会呈现出"最大化"倾向。在某些侦查人员的心目中，37日是拘留的通常期限，而不是特殊情况下的期限。同时，作为审前羁押重要组成部分的逮捕，在我国刑事司法活动中的适用率很高。据统计，2002年全国检察机关共批准逮捕各类刑事犯罪嫌疑人782060人，批捕率高达92.50%；2003年逮捕率为92.89%；2004年逮捕率为92.42%；2005年逮捕率为97.92%；2006年逮捕率为90.39%；2007年逮捕率为90.23%；2008年逮捕率为89.83%；2009年逮捕率为88.61%；2010年逮捕率为87.53%；2011年逮捕率为85.94%。虽然从数据统计上看，检察机关的批捕率总体上呈现出下降趋势，但是，被批准逮捕的犯罪嫌疑人人数却在不断增长，这种构罪即捕的做法导致了羁押的常态化。其二，对羁押期限的延长缺乏法律依据，仅是随着办案期限而延长。假如嫌疑人被羁押，随着退回补充侦查、重新计算羁押期限等，办案期限相对延长。此时，羁押期限也随之延长。我国羁押期限与办案期限合一的规定，导致羁押一直缺乏法定依据。侦查阶段对犯罪嫌疑人羁押的法定依据主要是检察机关批准逮捕的决定，在审查起诉阶段以及以后的审判阶段，司法实践中普遍的做法是按照检察机关、一审法院、二审法院等办案所需要的期限自觉决定犯罪嫌疑人、被告人的羁押期限。其三，审前羁押的审批具有很强的行政化，司法审查原则严重缺失。在现代刑事诉讼中，只有法官才是事实的认定者和裁判者，只要是涉及当事人权益的事项均应当由法官进行裁决已是不争的事实。为避免当事人人身自由的权利遭到非法侵犯，在法治国家，法律明确规定遭受逮捕或者审前羁押的被追诉人享有及时接受法官就逮捕或者未决羁押的合法性进行司法审查的权利。但在我国，羁押期限的延长是由负责侦查、起诉的警察、检察官、法官直接控制，而且是以行政性审批的方式加以审查决定，存在明显的行政化倾向。即便是侦查羁押期限的延长由检察机关予以监督和审批，但本质上仍然是追诉机关的同体监督机制，而不是司法审查机制，受两者追诉职责上不可分割的联系的影响，这种审批通常是易于完成的。

第三节　羁押期限与办案期限的关系构造

一、国外的立法经验及对我国的启示

在羁押期限与办案期限相区别的论题中，其实聚焦着一个最根本的内容。普遍来讲，办案期限是进行刑事诉讼的时间期间，这一理解是易于接受的。在构造两者关系时，只需要解答关于羁押的各种问题，便可以将两者作一明确区别。即羁押是否要与拘留、逮捕等强制措施相分离、羁押的功能定位、羁押期限的延长及审查等。在有关国际刑事司法文件以及大多数国家的刑事诉讼中，均未采用我国刑事诉讼法意义上的"刑事拘留"的措辞，而适用"逮捕"一词加以界定，只有个别国家刑事诉讼法典中规定有类似制度。《法国刑事诉讼法》规定，对于现行重罪案件和法定刑为监禁的现行轻罪案件，为了听取有关人员的陈述，在侦查所必须时，司法警官享有24小时的拘留权。从各国司法实践看，西方逮捕制度类似于我国的拘留，属于一种临时性的强制措施，而犯罪嫌疑人被逮捕后，会在极短的时间里被带到法官面前，经由法官审查，决定是否进行审前羁押，羁押是一种独立的强制措施。西方国家未决羁押制度在司法实践中不断完善和修正，从偏重于对犯罪嫌疑人人身权利的保护，到注重犯罪嫌疑人人身权利和社会危险性的综合评价，相关制度已经日趋成熟。[①]

《公民权利与政治权利国际公约》第9条第3款规定，"被告人在审判前的羁押期限不应不合理"。[②] 在大陆法系国家和英美法系国家，逮捕和羁押在适用程序方面是分离的。与此相适应，警察机关和检察机关决定的强制措施和法院决定的羁押就分别在不同的场所执行。日本实行"逮捕前置主义"，并且以检察官请求为前提，对于起诉后的羁押则由法院依职权决定，所有的羁押一律凭法官或法院依法签发的羁押证进行。由此可见，日本法律上对逮捕与羁押

---

① 张剑峰：《逮捕制度新论》，吉林大学2013年博士学位论文。
② 房国宾：《审前羁押与保释》，法律出版社2011年版，第78页。

是实现分离的,虽然还未彻底实现羁押场所与侦查部门的分离,但较之我国法律与实践的双重模糊,仍然要好得多。德国法律规定更为严谨,根据联邦《基本法》确定的比例原则,要求采取审判前的羁押措施必须与案件的重大程度、可能判处的刑罚或保安处分相称,并根据罪行轻重规定了三种不同的羁押:通常情况下的羁押;危险犯的羁押;以预防为目的的羁押。此外,不管适用哪种羁押,德国法律都明文规定了在押犯罪嫌疑人的一些基本人道待遇。由此可见,几乎所有的西方国家,逮捕与羁押在适用程序方面都是明显分离的。从各国立法情况来看,逮捕是以强制方式使犯罪嫌疑人到案的一种措施,它只会带来较短时间的人身监禁。不论逮捕的实际授权者是谁,在逮捕后法定的羁押期间结束后,司法警察或检察官必须毫不迟延地将嫌疑人送交司法官员,后者有权对是否继续羁押的问题进行全面审查。而且,西方国家一般在法律中都对羁押的理由作出了明确规定。采取审前羁押的最主要目的是程序性的,而非实体性的,也不具有惩罚性。关于羁押,纵观各国立法,大陆法系国家或地区多在其刑事诉讼法典中加以规定,如德国、日本、韩国、我国台湾地区都在总则部分以专章形式加以规定,同时在宪法中也都有相关依据。例如,日本宪法第33条规定"任何人除为现行犯而受逮捕者外,并依具有权限之司法官签发指明罪状之逮捕状,不得逮捕之"。第34条规定,"任何人若非立即告以被控理由,并予以即可委托辩护人之权利,不得拘留押禁。又任何人若无正当理由,亦不得予以拘禁。如经要求,必须立即在本人及辩护人到场之公开法庭说明理由"。①

与之相较,我国宪法对于羁押相关基本原则并未作出独立的规定,而是仅仅关注了强制措施,有学者将之称为"实用之宪法"。我国的羁押也不是一种强制措施,而是由刑事拘留和逮捕的适用所带来的持续限制犯罪嫌疑人和被告人人身自由的当然状态和必然结果。羁押期限以及羁押期限的延长完全依附于强制措施的适用,在移送审查起诉后,几乎与办案期限"合二为一"。犯罪嫌疑人、被告人被刑事拘留、逮捕之后必然意味着较长时间的羁押,未决羁押依附于刑事拘留、逮捕,没有成为一个独立的司法控制系统。要解决实践中羁押期限随意延长、办案期限无限制的状态,首要困境是将拘留、逮捕与羁押剥离开来。有学者认为,中西犯罪嫌疑人羁押场所之所以不同,与刑事诉讼构造有关。西方是"以裁判为中心"的构造,而我国则是一种"流水作业式"的整

---

① 胡建军:《从超期羁押看我国未决羁押制度的建立》,载《广西政法管理干部学院学报》2005年第5期。

体构造。① 在侦查程序中，不存在控辩裁三方的法律关系，而是就犯罪嫌疑人是否犯罪的事实进行单方面的调查。在我国"重实体、轻程序"法律传统的影响下，若对羁押期限与办案期限的分离一直缺乏实体性规定，则试图从程序上予以保障更为遥远。从目前我国的司法现状出发，借鉴西方国家的立法经验，我国的羁押期限与办案期限问题应当从以下几个方面进行协调。即从立法层面对羁押作出规定，将羁押期限与办案期限明确分开。同时，明确羁押的功能，转变司法工作人员的执法理念，严格执法、规范办案，提高诉讼效率。对于违反刑事诉讼法中关于羁押期限与办案期限相关规定的，根据情节采取不同的救济措施。

二、协调羁押期限与办案期限的基本原则

1. 羁押只具有预防再犯功能与保障诉讼功能

本文的羁押主要指审理前羁押，或者是"未决羁押"，即在有罪判决生效之前的羁押。其目的在于剥夺嫌疑人人身自由，防止其逃跑、自杀或实施伪造、隐藏、毁灭证据及串供等行为，从而保证刑事诉讼活动顺利进行。在现行刑事诉讼实践中，未决羁押具有浓厚的惩罚意味。其与办案期限紧密相连，并随着办案期限的延长而自动顺延。同时，羁押的期限比较长，变更羁押的理由并不全是出于羁押必要性的考量。一些案件承办人认为，根据刑法规定，有期徒刑或者拘役判决执行以前先行羁押的，羁押一日折抵刑期一日，从而对羁押的时间不断延长，这导致了刑罚惩罚功能的"提前化"。某些案件因为羁押时间太长，造成了判决生效之日便是被告人刑满释放之时的状况。此外，迫于被害人及其家属上访、缠访压力的影响，一些只采取非羁押强制措施便可保障诉讼顺利进行的案件，只因被害人索要数额巨大无法达成和解，便不得不批准逮捕。在普通百姓的眼中，只有被拘留或者批准逮捕，犯罪嫌疑人处于被羁押的状态时，才实现了对嫌疑人的惩罚，否则，便是对犯罪的放纵。

联合国《公民权利与政治权利国际公约》第9条第3项规定："等待审判的人受监禁不应作为一般原则，但是释放时可以附加担保在审判时或司法程序

---

① 这是我国著名诉讼法学家陈瑞华教授对我国刑事诉讼构造的称谓。陈教授认为中国刑事诉讼的典型特征就在于侦查、起诉和审判三阶段之间，以及公检法三机关之间具有既易于混同，又有些分散的特点。不仅中国的审判前程序不具有一体化的样式，而且审判与审判前程序也没有进行适当的分离。可参见陈瑞华：《刑事诉讼的前沿问题》，中国人民大学出版社2000年版。

的其他阶段出庭或者在案件需要的情况下与执行刑罚时到场的条件。"联合国人权委员会强调:"审判前的羁押应是一种例外,并且尽可能地短暂。"① 从犯罪嫌疑人人权保障的角度出发,羁押应当仅仅具备两种功能,即预防性功能与保障诉讼顺利进行的功能,不应当具备惩罚性色彩。人权反映了人的主体性要求、愿望与理想,是主体利益的外在表达方式,在这种意义上,人权又可以称为一种对社会的"主张"。英美法系国家在刑事司法领域一般认为法律保障的人权主要是个人权利,为公民所享有,主要就是个人的自由和权利,国家不得任意地剥夺和限制。而人权保障的制约对象主要是国家机关,认为国家对人权的侵害具有最大的威胁性和危害性。② 对于未决羁押中的犯罪嫌疑人,未经法院判决,任何人不得认定为有罪。如果羁押具有惩罚的功能,则违背了刑法的罪刑法定原则。

综上,未决羁押应当具备的两种功能,其一是预防功能,防止社会危险行为的再次发生。有些犯罪嫌疑人、被告人涉嫌犯罪后不思悔改,伺机继续犯罪。尤其是一些主观恶性较深的惯犯,不愿意轻易停止危害社会的行为。有的犯罪嫌疑人在罪行暴露以后铤而走险,对证人、被害人等实施打击报复。因此,在侦查、审查起诉以及审判阶段,对具有人身危险性的犯罪嫌疑人的自由进行剥夺,能够有效地防止其继续危害社会。其二是保障刑事诉讼过程顺利实施的功能。在破案水平尚待提高的今天,突破犯罪嫌疑人的口供依然有着重要的意义。尽管法律明确规定,对一切案件的判处都要重证据,重调查研究,不轻信口供,但是,在基层办案过程中,犯罪嫌疑人供述与辩解依然是一项重要的证据内容。在侦查阶段,将嫌疑人的自由予以剥夺,除了可以防止其串供、逃跑及利用自伤拖延办案期限、逃避法律追究,还可以给嫌疑人心理上造成一定的压力,有利于突破口供,固定证据。羁押的保障功能可以确保司法机关准确、及时地行使刑罚权,排除诉讼中可能遇到的行为人逃避诉讼和阻碍证据的获取所导致的案件事实不能恢复的障碍,从而保护诉讼的和平性和安定性,使被破坏的社会秩序恢复到正常状态。

2. 羁押期限与办案期限应该实现分离

从人权保障的角度出发,对被羁押的犯罪嫌疑人的权利保障日益凸显。与外国立法对羁押期限及其延长所作的种种严格限制相比,我国刑事诉讼法对审查起诉期限、审理期限等办案期限作了明确规定。但是在这些诉讼期间里,犯

---

① 张亚涛:《联合国刑事司法准则与我国审前羁押》,载《北京人民警察学院学报》2007年第3期。

② 房国宾:《审前羁押与保释》,法律出版社2011年版,第55页。

罪嫌疑人因何被羁押，被羁押的期限应该有多长，羁押的审批程序等，在法律上几乎没有任何体现。如前所述，这种模糊性规定导致了司法实践中案件承办人理解的偏差，从而影响司法效率，忽略了对犯罪嫌疑人及被告人人权的保护。依笔者之见，在目前的立法体系下，对于我国法律规定的羁押期限与办案期限应该作如下理解。其一，羁押期限不等于办案期限，办案期限一般长于羁押期限。延长办案期限并不当然意味着延长羁押期限。而在审理案件期间，犯罪嫌疑人或者被告人也不是必然被羁押的状态。其二，在不考虑延长及退补的情形下，一个月的审查起诉期限既是办案期限又是最高羁押期限。除非案情极其复杂，在该期限内无法审查完毕时，才可以变更强制措施，适当延长办案期限，但应当根据案件可能判处的刑罚作一比例性规定，无故拖延或者中断审查的，视为违规办案。一般情况下，对于取保直诉案件，应当在一个月内审查完毕。原因在于，根据法律规定的可以取保候审的条件，可以看出取保候审案件一般是简单而且罪行较轻的案件。如果对于嫌疑人被羁押，且案情较为复杂的案件，都应当在一个月内审查完毕（延期同理），那么，对于被取保候审的案件，更应该在一个月内审查完毕。实践中因为案多人少，且出于对被羁押的犯罪嫌疑人人权保障的考虑，承办人经常先办理被羁押的案件，对于取保候审案件则往后拖一拖。这种情形其实是将取保候审期限当作了办案期限来处理，是不规范执法的表现。新刑事诉讼法第96条和第97条的表述应当在一个特定的语境下进行理解，即遵从刑事诉讼法总则的规定。刑事诉讼法的任务是保证准确、及时地查明犯罪事实。这里暗含了对司法效率的要求，即应当尽可能快地将案件办结，修复被破坏的社会秩序。立法规定被采取强制措施法定期限届满的犯罪嫌疑人、被告人或者被羁押的，不能在规定的侦查、审查起诉等期限办结的案件，应当立即释放，需要继续查证、审理，而释放后又干扰办案的正常秩序的，可以取保候审或监视居住。此时，这两种强制措施的作用，是法律赋予检察机关维护正常办案秩序的强制力，是对办案规律的保障，并不是当然的办案期限。马克思认为，对国家机关，法无授权即禁止；对人民大众，法无禁止即许可。由此可见，公权力的实施非必须不得越位。对于能够在法定办案期限内办结的案件，如果一直拖延，则是不规范执法的表现，不符合刑事诉讼法的基本精神。

　　鉴于羁押具有剥夺他人人身自由这一特殊性，应当将羁押期限与办案期限分离，分别予以规定。首先，羁押应当具有明确的法律授权。依据刑事诉讼法的规定，在提请审查起诉之前对犯罪嫌疑人的羁押均具有法律授权，但这一授权原则并未贯彻到审查起诉和审判等阶段。起诉期限和审判期限是基于客观实际考虑，赋予检察机关实施审查案卷、讯问犯罪嫌疑人等活动所必要的时间，以及审判机关开展审判活动所需要的时间。羁押活动与办案活动不同,其集中表现在犯罪嫌疑人因羁押而处于被剥夺人身自由的状态,应当在法定授权下实施。① 其次,鉴于我国现行法律制度体系的特点,以及刑事诉讼构造的特殊性,目前并不适宜将强制到案措施与羁押措施分开。具体而言便是将拘留、逮捕与羁押相分离。新刑事诉讼法规定了羁押必要性审查制度。2013 年实施的《人民检察院刑事诉讼规则》又进一步具体化。侦查阶段的羁押必要性审查由侦查监督部门负责;审判阶段的羁押必要性审查由公诉部门负责。监所检察部门在监所检察工作中发现不需要继续羁押的,可以提出释放犯罪嫌疑人、被告人或者变更强制措施的建议。尽管有些学者对该制度提出了一些异议,但不可否认的是,这个制度的实施至少阐明了羁押并不当然随着办案期限而无限延长。随着案情的逐渐明晰、证据的收集完善、犯罪嫌疑人真诚悔罪等因素的影响,已不再对嫌疑人"一押到底",切实降低了羁押率。因此,在我国的法律规定中,只需要在相关法条中将办案期限与羁押期限分别规定即可。

3. 在羁押制度中引入比例原则

在法治发达国家,法律要求羁押的适用必须遵守比例原则,要求对被追诉人羁押的期限不得超过其可能判处的刑期,因而许多国家都对轻罪和重罪的羁押期限及其延长分别规定,对轻罪的羁押期限及其延长作出了更加严格的要求。② 但在我国,法律并没有作出这种区分。

丹宁勋爵曾指出,"在一个自由而安全的社会秩序中,倘若一个正直的人可以受到杀人犯或者盗贼的侵害,那么他的人身自由就分文不值了。每一社会均有保护本身不受犯罪分子危害的手段。社会必须有权逮捕、搜查、监禁那些不法分子。只要这种权力运用适当,这些手段都是自由的保卫者。但是这种权力也可能被滥用。而假如它被人滥用,那么任何暴政都要甘拜下风"。③ 为了维护社会秩序的稳定,面对严重危害社会秩序的犯罪行为时,国家通过刑罚对犯罪分子实施惩戒与教育。为了保证追诉行为的顺利进行,国家必须采取一定的措施,而这种措施通常与犯罪嫌疑人的人身自由相关。但作为主权行为的各项强制措施并不能任意、无序和过度使用,否则将违反自然法的基本精神。比例性原则,是指公权力对公民个人权利的剥夺范围、幅度,应最大限度地和行

---

① 陈贺评、吴专生:《羁押期限与办案期限之分离》,载《人民检察》2011 年第 22 期。

② 陈永生:《未决羁押制度的困境与出路》,载《未决羁押制度的实证研究》,北京大学出版社 2004 年版,第 49 页。

③ [英]丹宁:《法律的正当程序》,李克强等译,法律出版社 1999 年版,第 86 页。

为的违法程度相适应、成正比,具体到刑事强制措施的适用,要求国家专门机关在限制或剥夺公民的人身自由时要有一个合理的"度"。这个"度"具体包括三个方面的内容:符合客观情况的需要,具有相应的法律依据,强度不能超过必要程度。由此看来,羁押作为剥夺犯罪嫌疑人人身自由的一种状态,也应当遵循比例性原则的要求。羁押期限的确定、延长都需要经过严格的审批及审慎确定。未决羁押至少要有合理的理由、必要的证据、公正的判断程序以及适当的羁押期限及救济途径,这是人权保障的基本要求。

三、协调我国羁押期限与办案期限关系的路径选择

1. 立法及执法规范的修改及完善

在刑事诉讼法中,对羁押期限与办案期限的规定要明确,以免造成司法实践的混乱。根据上文分析,要在立法中对羁押进行规定,将羁押期限与办案期限相分离。目前,需要对现行立法进行修改与增设条文。首先,要在刑法总则中予以规定,人民法院、人民检察院和公安机关进行刑事诉讼,非经法律授权,不得对任何人实行羁押。该条目的在于明确羁押的权限来源,非法律授权不得为之,否则便构成违法。其次,修改刑事诉讼法第169条第1款的规定,人民检察院对于公安机关移送起诉的案件,应当在一个月以内作出决定,重大、复杂的案件,可以延长半个月。被羁押的犯罪嫌疑人,期满尚未审查完毕的,应当立即释放,需要继续查证、审查的,可以取保候审或者监视居住。办案期限的延长应当经省、自治区、直辖市人民检察院批准或者决定。同样道理,对人民法院的审理期限也应当实现羁押与办案的分离。

在执法规范中,要进一步严格限制羁押条件和羁押长度,特别是要严格限制各类羁押延长权的适用,降低羁押率,减少羁押时间,确保被羁押者能够尽快被带进法庭。要尽快改革羁押场所的人事和财政体制,使之独立于侦查机关,以确保羁押功能的准确运用。①

2. 司法机关违反期限规定的制裁后果

随着刑事诉讼法的修改及各机关考评机制的完善,违反羁押期限的案例是不太常见的,也即超期羁押问题已经基本得到解决。然而,隐形的"超期羁

---

① 王心安:《未决羁押问题的实证分析》,载《未决羁押制度的实证研究》,北京大学出版社2004年版,第219页。

押"问题①，对于办案期限的拖延问题等，尚待解决。目前，我国规定了羁押必要性审查制度，对公安机关办案期限的督促等，试图在刑事诉讼法中运用比例性原则，实现刑法本质上的公平。然而种种措施表明，目前的司法现状是监督有余、制约不足。例如，刑事诉讼法第77条规定，在取保候审、监视居住期间，不得中断对案件的侦查、起诉和审理。《人民检察院刑事诉讼规则》第357条中规定："对已经批准逮捕的案件，侦查羁押期限届满不能作出是否核准追诉决定的，应当对犯罪嫌疑人变更强制措施或者延长侦查羁押期限。"第560条规定："公安机关立案后三个月以内未侦查终结的，人民检察院可以向公安机关发出立案监督案件催办函，要求公安机关及时向人民检察院反馈侦查工作开展情况。"第566条规定："监所检察部门发现侦查中违反法律规定的羁押和办案期限规定的，应当依法提出纠正违法意见，并通报侦查监督部门。"第614条规定："人民检察院依法对羁押期限和办案期限是否合法实行监督。"第615条规定："对公安机关、人民法院办理案件的羁押期限和办案期限的监督，犯罪嫌疑人、被告人被羁押的，由人民检察院监所检察部门负责；犯罪嫌疑人、被告人未被羁押的，由人民检察院侦查监督部门或者公诉部门负责。对人民检察院办理案件的羁押期限和办案期限的监督，由本院案件管理部门负责。"第623条规定："人民检察院发现看守所的羁押期限管理活动有下列情形之一的，应当依法提出纠正意见：（一）未及时督促办案机关办理换押手续的。（二）未在犯罪嫌疑人、被告人羁押期限届满前七日以内向办案机关发出羁押期限即将届满通知书的。"

从上述法条规定可以看出，对于违反羁押期限或者办案期限的，法律只是规定了检察机关可以通过发送立案监督案件催办函及违法纠正意见的方式进行监督，并未对违反规定的机关进行制裁。在美国，联邦政府1974年通过的《联邦迅速审判法案》规定：检察官必须在被告人被逮捕后30日内对其提出正式指控，并在提出正式指控10日内将指控通知被告人。在将指控通知被告人60日内，检察官必须将案件提交法庭审判。如果不能在法定时间内交付审判，检察官将丧失对案件的起诉权。② 由此可见，这是对违反办案期限的严厉制裁。我国虽然规定了应当对这两种期限进行监督，由谁监督以及如何监督，但并没有相关的制裁内容，即缺乏有效的制约机制。依笔者之见，根据案件侦破、办理规律，办案期限不应当是固定不变的，应当允许适当的幅度变化。但

---

① 实质上超过了法律规定的羁押期限，并且不符合法律规定的延期条件，但办案人员通过种种途径办理了延期手续，因而从形式上并没有违反法律规定的超期羁押。

② 马跃：《美国刑事司法制度》，中国政法大学出版社2004年版，第312页。

是，对于大多数案件来讲，应当有一个普遍的期限。而这个期限则是毫无疑问要遵守的。一旦办案机关违反该期限，就应当受到法律的制裁。我国现行的诉讼构造决定了这种制裁目前尚不宜上升到刑事诉讼法的层面，但应当在《公安机关办理刑事案件程序规定》及《人民检察院刑事诉讼规则》之类的文件中得以体现，并且各地公检法机关可以根据具体情况制定相应的考评机制，根据情况实行奖优罚劣。

3. 允许犯罪嫌疑人、受害人遭遇违规办案时获得救济

上文所述，某乙涉嫌交通肇事犯罪，于2012年1月1日被某区公安局刑事拘留，于2012年1月13日被检察机关批准逮捕。2012年1月20日被某区公安局取保候审，同年12月31日向某区检察院移送审查起诉。一个简单的交通肇事案件，取保候审后的办案期间居然长达11个月。虽然取保候审并不会造成犯罪嫌疑人被羁押的状态，但是作为一项强制措施，它依然具有限制犯罪嫌疑人部分自由的作用。被取保候审的犯罪嫌疑人不得离开居住的市、县，住址、工作及联系方式发生变动的，要随时向执行机关报告，甚至会被勒令不得进入特定的场所，不得从事特定的活动，等等。因此，立法才规定在取保候审期间，不得中断对案件的侦查、起诉和审理。同时，案件的久拖不决对犯罪嫌疑人来讲，会造成巨大的压力，对受害人而言，迟迟未获得补偿及心理安慰，社会秩序没有得到很快修复。然而，法律并没有赋予其获得救济的权利，这显然是不太合适的，每个人都有要求及时感知正义的权利。因此，应当在执法规范中增加规定，对于案件事实清楚、证据充分的案件，人民法院、人民检察院、公安机关无故拖延的，当事人可以向有关部门进行申诉，并要求追究相关人员的责任。

4. 执法人员素质的提高及先进执法理念的熏陶

不可否认的是，目前我国刑事侦查队伍人员力量还相当不足，难以适应社会转型期犯罪高发的现状。刑侦工作的危险性及生活待遇的相对落后也影响了干警的工作积极性，并造成很多高素质的人员不愿意进入这类部门，特别是基层的刑侦部门。另外，许多地区受制于经济条件的限制，没有配备必要的技术条件。[①] 总之，警力少、任务重、条件差都严重影响了办案效率，导致案件难以在法定的办案期限内完结。为了能够完成刑事诉讼法追求司法效率和司法公正的目标，首先，应当不断提高基层干警办案水平，增加办案装备，调动其破

---

① 王心安：《未决羁押问题的实证分析》，载《未决羁押制度的实证研究》，北京大学出版社2004年版，第211页。

案及办理案件的积极性。其次，要加强对公安机关、检察机关、法院等办案部门干警的教育与培训，不断普及人权观念和现代刑事诉讼理念，特别是要加强现有侦查人员、检察人员、审判人员的队伍建设，真正摒弃有罪推定的心理，尊重刑事犯罪嫌疑人和被告人的人权，使其改变"权力本位、强制措施为我所用"的观念。

（王莉　河南省荥阳市人民检察院）

第八章 社区矫正实施现状及检察机关的监督角色定位

新刑事诉讼法正式完整地确立了社区矫正制度。社区矫正利用社区资源对符合条件的罪犯进行改造，改善了过去对判处非监禁刑人员"放养式"的做法，在当前非监禁刑逐步取代监禁刑而占据主导地位的国际行刑趋势下，社区矫正制度最终迎合了由严趋宽的刑罚执行趋势。社区矫正制度起源于英美等西方国家，在国外已经走向成熟，但由于我国社区矫正制度起步晚、经验较少，与其称之为一项制度不如视其为一项正在进行的实践探索。就检察机关对于社区矫正的监督工作而言，可以说开展的并非一帆风顺。新刑事诉讼法实施以来，检察机关的社区矫正监督权运行存在专门立法缺失，导致可操作性不强；执法主体混杂，监督权受阻等一系列问题。本章将立足于检察机关在社区矫正中的角色参与的实践视角，结合理论、立法，提出如下建议：一是通过立法细化检察监督的内容；二是以检察监督形式促成联动机制；三是建立多元化的动态监督机制，全方位、全程化跟踪；四是健全监督机构，赋予监所检察机构更多的监督职权等。希望能够对完善检察机关的社区矫正监督工作有所裨益。

第一节 社区矫正的理论基础及在我国的法律定位

一、社区矫正的理论基础

实践证明，监狱不仅是一个极其昂贵的机构，而且在促进罪犯重新适应社会生活方面的效果甚微，相反，它产生了很多监狱外的"监狱人"，伴随他们的是挥之不去的"监狱人格"，这种人格无疑阻碍了他们回归社会的进程，一个人就如同被打上标签，内在的人格和外在的压力使他们容易产生反社会的扭曲心理，再犯的危险性也大大增加。

20世纪七八十年代以来，伴随着人类文明的进程，世界各国都在不断地进行刑罚制度的创新，尝试用最有效、最人道、最文明的方式处理犯罪和犯罪人,社区矫正正是在这样的背景下诞生的一种新的刑罚方式。① 英国最早在1973年《刑事法庭权力法》中确立了"社区服务"刑种,据此法官可判决罪刑轻的被告人进行无偿的社区劳动,以弥补其犯罪给社会、个人造成的损失。

应该说,社区矫正是进入新世纪以来我国法治生活中的一件大事,是我国刑罚制度改革的新生事物。从理论角度分析:其一,其存在当然离不开当前通说的刑事政策和策略的影响。② 从国家本位到国家——社会双轨模式的政策导向转变,刑罚资源从最初被投入到最能获得效益的犯罪预防、惩治及矫治领域,转而走下国家的圣坛,权力被分出一部分回归社会,由社会资源自行进行矫正。实际上,我国的社区矫正制度就是在刑事政策的指导下展开的。正如司法部前部长张福森在2002年中国监狱学会研讨会上所指出的:"从世界范围看,行刑社会化已成为行刑领域的一个趋势,其深度与广度已成为衡量一个国家先进与文明程度的标志之一。因此,我们要加强对社区矫正问题的研究。"

其二,亚里士多德曾经提出分配正义和矫正正义的理论。社会诞生之初,依照自然法规则对正义进行了分配,个体在有序的环境中生活繁衍,当某些个体的行为背离了自然法的轨道时,平衡的社会秩序受到破坏,此时便产生了矫正正义的问题。社会通过采取某些措施将被破坏的正义恢复到相对从前的状态,这些措施有自然法、习惯法的约束。随着文明进程的推进,国家机器在矫正正义中逐渐扮演了主导角色,这也即前述提到的国家本位的政策立法模式。我们现在将刑罚的方式从监禁执行转为非监禁,并调动社会资源对他们进行无痕化的矫正管理,契合了矫正正义的原始形态,这本身就是一种理论的回归。个人犯罪后对社会正义造成危害,剥夺其自由固然可以起到惩罚和预警的目的,体现法律的威慑力,但法律毕竟只是社会发展到某一阶段的产物,完全依靠强制手段矫正正义的做法并不能长久,让社会资源参与到矫正中是必要可行的。

其三,犯罪行为是违背正义的,它在触犯法律的同时,更多是给被害人和社会造成了实际的损害。对受害人进行赔偿固然可以弥补造成的损失,但是精神的创伤却难以修复,有时甚至连起码的物质赔偿都不能到位,受到伤害的心

---

① 张华丽:《社区矫正理论和价值基础分析》,中国政法大学2006年硕士学位论文。
② 《中国刑事政策和策略问题》认为:"刑事政策和策略,简单来说就是一个国家在同犯罪作斗争中,根据犯罪的实际状况和趋势,运用刑罚和其他一系列抗制犯罪的制度,为达到有效抑制和预防犯罪的目的,所提出的方针、准则、决策和方法等","目前在我国,刑事政策和策略是党和国家制定的,或者政法机关制定并经党和国家肯定、推行的运用刑事法律武器同犯罪作斗争的一系列方针、措施、政策和办法的总和"。参见肖扬主编:《中国刑事政策和策略问题》,法律出版社1996年版,第2—3页。

理无法获得满足就容易产生报复社会的心理，导致私力救济的泛滥。因此，达成社会正义首先要考虑恢复犯罪行为对社会造成的损害，这就是所谓的"恢复性司法"。恢复性司法最早出现在巴尼特1977年发表的一篇题为《赔偿：刑事司法中的一种新范式》的文章。[1] 美国学者边奇（Bianchi）也认为，刑事司法活动所追求的正义之实现是要让各方当事人都能从冲突事件的后果中解放出来，或者至少可以尽量补偿不良后果，这是修复性刑事司法模式（亦即恢复性司法）的理论基础之一。[2] 通俗而言，恢复性司法就是恢复社会秩序，与亚里士多德的矫正正义观有类似之处，只不过恢复性司法所针对的主体不仅有社会，还有被害人和犯罪人。这一个三角形的架构模式，从物质和精神上弥补被害人的损失，让其达到心理平衡的状态，恢复社会秩序和人际关系，维护社会正义；通过对犯罪人进行惩罚起到警示作用，并把让其重新回归社会作为重点，逐渐淡化犯罪的烙印，避免出现社会的异化形态。它在这一过程中扮演的角色主要是平衡和治愈。社区矫正正是在恢复性司法理念的基础上产生的，是恢复性司法的典型。罪犯通过为社区提供无偿的服务性劳动，作为行为对社会造成侵害的一种补偿，这本质上也是刑事补偿的一种形式。通过从物质上对被害人的损失进行赔偿，达到精神弥补的目的，在此过程中促成行为人自身的反省和悔罪，是真正的恢复性司法实践。

其四，前科是指曾经受过有罪宣告或者被判处刑罚的事实，[3] 这种事实使曾经犯过罪的人被法律和社会标示出来，并被打上深深的烙印。前科的存在不可避免地会对具有犯罪前科的人的各种权益产生法定或者非法定的影响。[4] 受传统报应观念的影响，我国刑事司法一直沿用前科制度，"通过对具有前科的人降低法律地位，限制和剥夺其各种权益，来实现国家和社会的自我防卫，以达到预防再次犯罪和严惩屡次犯罪的目的"。[5] 通过给有前科的人打上特殊"烙印"，将他们与普通公众相区分，无形中降低他们的法律评价和社会评价，

---

[1] R. Barnett, "Restitution: A new paradigm of criminal justice", in 87 Ethics (1977), pp. 279-301.

[2] 许春余：《修复式正义的理论和实践——参与式刑事司法》，载《甘添贵教授六秩祝寿论文集——刑事法学之理想与探索》第4卷，台湾学林文化实业有限公司2002年版，第32—34页。

[3] 房清侠：《前科消灭制度研究》，载《法学研究》2001年第4期。

[4] 史志君：《规范与事实之间的断裂与弥合——试论我国未成年人前科保护制度的完善》，载《法律适用》2009年第11期。

[5] 柴建国、张明丽：《关于我国未成年人前科消灭制度若干问题的探讨》，载《河北法学》2003年第3期。

限制甚至剥夺某方面的权益,惩罚犯罪的同时能实现法的预防和教育功能,最终达到预防和惩治犯罪的目的。但是,随着社会道德的进化,刑罚已经从专制和摧残的圣坛上走下来,逐渐显现出谦抑和人道的精神。不否认标签理论与早期人类的"报应观念"和朴素的正义观相吻合,但随着文明进程的加快,在面临法理学和社会学的检验时,逐渐显露疲态,弊端越来越明显。社区矫正目的就是逐渐消除犯罪人身上的标签,通过多方面的接纳工作,使社会能够接受这类人,并让他们忘却自身犯罪的阴影,真正从生理和心理上融入社会。

其五,刑罚作为一种强有力的统治工具,加之人们朴素的报应观念,它的惩罚功能一度被发挥到极致,事实也证明它在惩处预警方面的功效,在重典的理念之下,必然会产生人人自危的社会恐慌,但这并不能表明犯罪被消灭了。犯罪的发生是偶然现象,也是各种矛盾积聚后爆发的综合体,是一个复杂的社会学问题,消灭犯罪是不可能的,我们能做的就是将其控制在社会所能容忍的限度内,而一旦发生犯罪就要尽力去弥补损失。用惩罚的方式去消灭犯罪只是治标的手段,最根本的还是要调动社会的力量去消除导致犯罪的各种矛盾。在现代文明社会,人们已经逐渐走出法治用重典的误区,主张刑罚的谦抑性和后备性,明确了刑罚的目的不应着重惩罚后,监禁刑逐渐被非监禁刑主导也成为自然,而社区矫正作为非监禁刑的配套制度,绝对不可或缺。值得注意的是,完全"放养"的做法并不可取,毕竟刑罚的惩罚功能不容忽视。

二、我国社区矫正的法律定位

在我国现行法律中,社区矫正最早出现在《刑法修正案(八)》的第2条"对判处管制的犯罪分子,依法实行社区矫正"和第13条"对宣告缓刑的犯罪分子,在缓刑考验期限内,依法实行社区矫正,如果没有本法第七十七条规定的情形,缓刑考验期满,原判的刑罚就不再执行,并公开予以宣告"。这标志着社区矫正作为一种行刑方式在我国刑事法律中正式得以确立。

根据该规定,2012年1月10日,最高人民法院、最高人民检察院、公安部、司法部联合制定了《社区矫正实施办法》,具体规定了社区矫正中公、检、法、司各司其职,即人民法院对符合社区矫正适用条件的被告人、罪犯依法作出判决、裁定或者决定,司法行政机关负责指导管理、组织实施社区矫正工作,公安机关对违反治安管理规定和重新犯罪的社区矫正人员依法处理,人民检察院对各环节实行法律监督。具体到各级司法行政机关,由县级司法局对社区矫正人员进行监督、管理和教育;各地司法所具体承担社区矫正日常工作;有关部门、村(居)民委员会、社区矫正人员所在单位、就读学校、家庭成员或者监护人、保证人等协助矫正机构进行社区矫正。这些规定为我们开展社区矫正工作提供了重要依据。

新刑事诉讼法正式完整地确立了社区矫正制度,第258条规定:"对被判处管制、宣告缓刑、假释或者暂予监外执行的罪犯,依法实行社区矫正,由社区矫正机构负责执行。"该规定首先明确了社区矫正的对象,在社区矫正试行阶段,司法部《司法行政机关社区矫正工作暂行办法》规定社区矫正的对象包括五类人员,即被判处管制、宣告缓刑、假释或者暂予监外执行的罪犯以及被剥夺政治权利并在社会上服刑的罪犯,此次修改明确将被剥夺政治权利并在社会上服刑的罪犯排除在社区矫正的范围之外。其次解决了执行主体冲突的问题。据1996年刑事诉讼法的规定,管制、宣告缓刑、假释和暂予监外执行的执行主体都是公安机关。但根据2003年《关于开展社区矫正试点工作的通知》,社区矫正试点工作由司法行政机关牵头组织有关单位和社区基层组织开展,街道、乡镇司法所具体承担社区矫正的日常管理工作,公安机关的职责转变为配合司法行政机关依法加强对社区服刑人员的监督考察。新刑事诉讼法明确了社区矫正的执行主体是司法行政机关的社区矫正机构,不再是公安机关。

第二节 社区矫正的实践困境及对策

一、我国社区矫正工作的实践困境

在新刑事诉讼法正式确立社区矫正制度之后,社区矫正在各地已经成为一项常态工作,由户籍所在地的县级司法局负责社区矫正,并安排当地下属司法所具体负责矫正工作,建立矫正档案进行跟踪帮教。虽然当前已经有大量的探索经验推广,立法也有明确规定,但是法律并没有作出统一细致的可操作性的规定,目前基本仍处于各自进行的阶段。不否认社区矫正制度设计的初衷是好的,也发挥出其正面积极的作用,然而就笔者对本地实践的调查来看,现在尚处在立法不成熟而无据可循的阶段,实践中的尴尬不容忽视。

1. 社区建设不成熟,群众认知程度低

由于社区矫正在我国发展不久,政府对社区矫正的宣传力度也较小,基层群众普遍认为罪犯在社区进行矫正会给社区的社会治安带来巨大的压力,因为身边随时随地可能出现的就是一个正在服刑的罪犯,由此产生一种排斥心理。我们曾对本市某社区进行过一次问卷调查,共发放问卷100份,调查中知道社区矫正的仅占被调查人数的 21%，而表示较为了解社区矫正的人员仅达到 13%，其中愿意接纳服刑罪犯来本社区服务的仅有 5 人。也就是说，大多数的社区群众对社区矫正工作了解不足，认知不够，这种不成熟的社区人文环境非常不利于矫正对象的改造，会使矫正对象产生逆反心理，使社区矫正走向反面效果。社区矫正在建设不完善的基层社区中被盲目的效仿、施行、变相施行或超前施行，而使社区矫正流于形式，给社区矫正的实施和推广带来负面影响。另外，社区硬件基础落后，配套设施不完善，应该说社区的基础设施的完善与否在一定程度上直接影响到社区服刑的实施内容和效果。在调查中我们发现，本市一些街道社区除了几栋居民楼外基本没有诸如社区活动中心、社区医院等社区公共配套设施，有位街道社区办事处工作人员感叹说："在我们社区没有可以服务的地方。"

2. 社区矫正队伍角色尴尬，专业程度不高

虽然立法已经明确规定，地方司法社区矫正机构负有社区矫正的职责，各地司法所具体负责矫正工作，但是矫正机构只将其当成增加的一项行政工作，走程序、走过场的情况频频出现。他们没有实际的执法权和司法权，为了不增加额外负担，对出现问题的被矫正人员只能听之任之，他们与法院和检察院的沟通甚少，反而在情绪上排斥这项所谓的负担，可想而知矫正效果已经偏离轨道。

另外，从一些地方试点情况看，第一批社区矫正工作者主要由原学校教育工作者、原监狱民警、现街道司法工作者、社会招聘人员组成。他们年龄偏大、学历偏低，普遍缺乏专业的社会工作知识和经验，思想观念多与社会工作的价值理念相悖，这限制了社区矫正工作的专业化和科学化发展。司法所的人员普遍较少，有的街道甚至只有一至二名司法工作人员，且多数是兼职，真正用于社区矫正工作的时间很少，走过场的情况时有发生。有的社区矫正工作人员从未受过专业的法律教育，甚至还出现了某些常识性错误。社区矫正人员肩负着改造服刑人员的重任，如果没有接受过系统的专业训练，就难以保证矫正效果的实现。尽管为了弥补矫正人员专业素养的缺乏，部分试点要求矫正人员在上岗前接受相关的专业培训，但很显然，这种停产"速成班"不可能培养出专业的矫正人员。

3. 对社区矫正机构约束不够，容易滋生变相的腐败

目前，整个社会欠缺对社区矫正的必要性和重要性认识，相关部门特别是一些领导同志还没有对社区矫正工作的意义有充分的认识，对社区矫正工作支持力度不够，影响了社区矫正工作的推进。在庞杂工作量的情况下，负责矫正

人员可能会有意刁难被矫正人员,将负担进行转嫁,进而形成一种交易式的矫正,极易造成花钱买矫正效果的情形。在调研中,我们发现有些被矫正人员为了不受到矫正机构的刁难,而通过缴纳某种形式的费用来获取相对的自由,同时又获得了矫正机构的所谓矫正好评,这种做法能解决矫正机构的经费问题,但也成为个人谋利的手段,本来之前没有社区矫正时犯罪的人尚没有那么大负担,现在却客观上加重了他们的负担,演变成了一种变相腐败。

二、困境的解决对策

1. 更新民众刑罚观念,完善社区软硬件设施建设

社区居民不能接受社区矫正的一个深层原因在于民众的刑罚观念落后,目前仍有相当一部分人存在传统的重刑思想,认为只有让罪犯进监狱才是对犯罪的惩罚,而让罪犯在社区服刑则是对犯罪的放纵。因此,当前的一个重要工作即是培养社区居民的包容、人道精神,更新传统落后的刑罚执行观念。对此,一是要加大对群众关于社区矫正方面的宣传力度,采用多种多样的途径宣传(例如对于普通大众,可以重点通过电视报纸杂志等传统媒体,以深入浅出的方式介绍;针对文化素质高的白领社群,可以通过网络等新兴媒体全面深入的介绍)社区矫正,让广大群众认识了解社区矫正的矫正目的和本质。二是要完善并强化社区居民的参与途径与意识,在拟判决社区矫正时对犯罪人的人身危害性进行调查,应采取社区公开质证的方式进行,吸收社区居民及其他群众参与质证,为其充分表达意见提供平台,这样可以使社区群众对社区矫正加深了解,从而减少对社区矫正人员的偏见。三是要拓展社区的公共领域,应鼓励有条件的社区积极开展诸如学生课余游艺、业余休闲体育锻炼、音乐教育、邻里救助等各种活动,在这些相对于单一进行劳动的活动中,社区矫正对象更容易体会到社区亲情的力量,同时一定程度上也提高了社区矫正人员的矫正积极性,进而达到事半功倍的矫正效果。

2. 建立具有相关专业知识背景的社区矫正工作队伍

当前,基层大部分社区矫正工作人员采用的是聘任制,很多基层司法所甚至临时抽调大学生村官来帮助司法所做日常矫正工作,且工资福利水平不高,可以肯定,没有稳定的职位编制和可观的薪酬很难留住专门的矫正人才,因此,有必要将社区矫正工作人员纳入政府的统一编制,通过选拔考试统一上岗,统一工资福利或者由政府设立专门的行政机关负责招聘和管理专门的社会工作人员,对所有社区矫正工作人员统一管理、统一培训和教育。只有通过改

革矫正机构人员任职方式,社区矫正工作人员的整体专业素质才会有根本性的提高。另外,我们可以尝试校院合作的方式,让开设有社会学、心理学、司法矫正专业的高校对社区矫正工作人员进行培训,以提高社区矫正人员的综合矫正能力。

3. 加强检察机关在社区矫正工作中的监督职能

为防止矫正机构的变相腐败,检察机关应积极参与到社区矫正的决定作出与矫正执行工作中去,通过定期核对名单、查阅案卷、听取情况介绍、定期走访社区矫正对象等方式,对社区矫正工作人员的竞聘、考核奖惩、培训以及社区矫正对象的集中教育等活动进行监督。另外,还应该加大职务犯罪预防和职务犯罪案件查办的力度,增强检察监督效果,把预防和查办职务犯罪案件与开展社区矫正检察监督有机结合,防止社区矫正被滥用,避免社区矫正中腐败现象的发生。

第三节 检察机关在社区矫正中的角色定位

前述对我国社区矫正的现状及困境作了分析,多次谈到法院和司法行政机关在社区矫正中的角色,作为法律监督机关的检察机关在其中的作用更不能忽视。虽然法院拥有对案件的最终裁决权,社区矫正直接与法院监管相对接,但是,检察机关在社区矫正中的作用可以直接弥补社区矫正的一些不足,这种作用是法院所不能达到的。

一、实践中检察机关实施监督权的经验举措

目前,社区矫正检察监督的内容主要涵盖两个阶段,即对决定适用阶段和执行阶段的监督。前一阶段是指检察机关对社区矫正决定适用阶段的监督,主要包括对人民法院适用非监禁刑和裁定假释的监督和对监狱机关审批暂予监外执行和报请假释活动的监督。后一阶段是检察机关对社区矫正执行阶段的监督,主要包括:对社区矫正服刑人员的交付活动及执行机关的具体执行活动是否合法,法律手续是否规范、齐全进行监督;对执行机关办理变更执行的活动及手续是否合法完备进行监督;对执行机关对执行期满应当释放、解除管制、恢复政治权利及执行期间死亡的社区矫正人员是否按期履行相关手续进行监督;对执法部门是否做好对服刑人员的监督管理及落实相关的矫正考察措施进行监督。在监督方式上,按照法律效力和强制力依次递增的顺序,社区矫正检

察监督的方式分别是提出口头意见、检察建议书以及纠正违法通知书。

2012年制定实施的《社区矫正实施办法》规定,人民检察院对社区矫正各执法环节依法实行法律监督。人民检察院发现社区矫正执法活动违反法律和办法规定的,可以区别情况提出口头纠正意见、制发检察建议书或纠正违法通知书交付执行机关,执行机关应当及时纠正、整改,并将有关情况告知人民检察院。新刑事诉讼法虽然规定了实行社区矫正针对的对象,对于检察院的监督没有涉及,但按照逻辑我们可以认定,检察院还是一如既往享有法律监督权。这些对监督阶段和方式的规定,为保证社区矫正规范有序运行发挥了积极作用。

二、检察机关对社区矫正监督存在的问题

1. 专门立法缺失,可操作性不强。目前,尚没有社区矫正法等专门规范明确规定检察机关行使社区矫正检察监督权,仅有2003年"两部、两高"下发的通知、2009年《关于在全国试行社区矫正工作的意见》(以下简称《意见》)和2012年《社区矫正实施办法》中单条提及,《刑法修正案(八)》虽然将社区矫正作为一种新的刑罚执行方式正式写入修正案,但对于检察机关行使社区矫正监督权更多限于宏观描述而缺乏具体指导,修订后的刑事诉讼法虽然增加了社区矫正制度,但同样缺乏对社区矫正检察监督的规定,对于监督的范围、方式等都没有明确细致的规定,很多疑难法律适用问题无法解决,加之目前社区矫正自身流于形式的弊端,法院监管和社区矫正对接后,容易将检察机关的监督排除在外,让监督权搁置。

2. 执法主体的混杂,监督权受阻。《社区矫正实施办法》在一定程度上解决了过去社区矫正执法主体不明确这一突出问题,但由于司法行政机关和公安机关长期以来职能分工定位不同,尤其是司法行政机关社区矫正机构配置不完善、执法力量弱等问题,致使矫正人员的接收、监管审批、教育矫正、处罚、解除矫正、收监执行等有关执法环节难以实现无痕化对接,容易造成执法主体间相互推诿,加之社区矫正人员数量多、交接环节复杂等现实问题的存在,致使社区矫正检察监督权运行受阻。

3. 监督机制乏力,影响监督的实际效用。检察机关依法对社区矫正工作进行法律监督,对于执法部门出现的违法违规行为可以区分情况提出纠正意见,然而比较尴尬的是,一旦被监督的执法机关拒不接受,检察机关只能向该执法机关的上一级行政主管部门发送检察建议书,如果被监督机关仍然拒绝改正,根据我国现行的法律、法规,检察机关没有其他的救济方式,这种情形势

必严重影响检察监督实际效用的发挥。

4. 职能定位和机构设置限制了工作形式，弱化了监督。一方面是检察机关的职能定位存在认知上的偏差。虽然宪法和法律明确规定检察机关是法律监督机关，但在司法实践中，尤其是在社区矫正工作中，由于存在牵涉部门多、工作内容繁琐、监督难度大等现实情况，检察机关往往重配合、轻制约。① 另一方面是监督机构设置不健全。在当前积极开展社区矫正的形势下，检察机关还没有建立起独立的社区矫正法律监督机构，直接负责行使社区矫正检察监督权的多为监所检察机构，检察人员少、年龄结构相对老化以及疲于应对上级机关开展的各类常规性检察监督活动等原因，势必制约监督工作的开展，工作形式受到限制，弱化了法律监督的力度。

三、如何完善检察机关的社区矫正监督权

1. 对社区矫正专门立法，细化检察监督的内容

在已经出台的《刑法修正案（八）》、新刑事诉讼法、《社区矫正实施办法》及其他规范性文件的基础上，吸收各地探索中的成功经验，进一步推动社区矫正检察监督工作规范化发展。在条件成熟时，出台专门的《社区矫正法》，将其上升到基本性法律的层面，对社区矫正开展实践中因缺乏监督出现的问题进行论证，并通过细化的规定加以有效预防，法律除了明确界定社区矫正的适用范围、法律性质、参与主体、工作程序、监管措施、职权职责、权利义务、救济方式、法律责任等当前比较突出的问题外，还需设立检察监督内容，对行使监督权的主体、权力范围、介入监督方式、监督事项、监督手段、监督程序等作出明确细致的规定，以防上述规定在实践中流于形式，不仅起不到社区矫正的最初作用，还会招致新型的腐败。

2. 执法主体各司其职，以检察监督形式促成联动机制

在立法中对公安机关和司法行政机关在社区矫正中的职责进行明确划分和定位，并完善司法行政机关参与社区矫正的机构设置，司法行政机关在接收矫正人员与法院实现对接后，并不意味着工作的结束，恰恰是矫正工作的开始，之后的教育矫正、监管审批、处罚、收监执行、解除矫正等有关执法环节如果完全由司法行政机关独揽，没有其他机关的有效监督，权力一旦缺乏有效监督，就容易因各种因素脱离正常轨道，因此，矫正权的滥用将直接影响其实施

---

① 周国强：《社区矫正检察监督权运作研究》，载《学海》2011 年第 6 期。

的效果。最终可能还会波及司法的公信力。矫正工作正式开始后,检察机关并不是置身事外的,需要依法从各个方面全程监督矫正工作的开展,发现有违法违纪情形时及时与公安机关沟通,配合处理,严重的还可能需要追究相关人员的刑事责任。因此,社区矫正是司法行政机关的职权,其他机关不得随意干涉,但是这项权力又不是独揽的,通过检察监督的方式在公检法司中形成联动,才能最终保证立法被落到实处。

3. 多元化的动态监督机制,全方位、全程化跟踪

在新形势下,要转变思路,不断拓宽监督方式,创新监督机制,建立信息共享机制,变静态监督为动态监督。一是定期召开检察院、法院、公安、司法行政机关几部门的联合座谈会,共同商讨社区矫正工作及法律监督中的难题。二是开展走访和回访,对所辖区域社区矫正执法活动、人员矫治情况进行调查访问和核实监督,建立矫正档案。采取定期和不定期相结合的方式,与矫正人员进行座谈,了解矫正动态,并及时更新矫正档案。三是坚持定期检查与重点监督相结合,在保证定期社区矫正检察的同时,确定和掌握社区矫正法律监督的重点与难点环节,通过日常检察与专项监督相结合,完善和强化事前、事中与事后监督相结合的监督方式,确保社区矫正检察监督的实效。

首先,做到提前介入,提前对犯罪嫌疑人进行评估,根据评估结果,检察机关应在公诉环节就增加对符合条件的犯罪嫌疑人适用社区矫正的量刑建议,在审判机关出现量刑畸轻、畸重的情况下,通过抗诉行使检察监督权;其次,做到事中严格认真的监督,对社区矫正人员的报到、学习培训、社会服务、活动情况、外出审批等行为进行监督,对监管主体的执法行为、执法幅度、执法程序进行监督,并对刑罚执行机关提请呈报的假释、减刑、暂予监外执行进行监督;最后,做好有效的事后监督,加强对判决、裁定等文书的审查,在立法保障的基础上,赋予检察机关常规监督方式以强制力,进一步完善救济途径。对检察机关提出的口头建议、检察建议书以及纠正违法通知书,执法部门未在法定期限予以答复并改正的,检察机关有权要求其立即改正,被监督机关不认可检察机关意见的,可向上一级检察机关申请复议。

4. 健全监督机构,多形式强化监督

立足当前主要由监所部门担负社区矫正检察监督的实际情况,赋予监所检察机构更多的监督职权。在符合人民检察院内部机构设置规定的前提下,选派专人负责社区矫正检察监督,并提供专项经费保障,为其开展正常的检察监督提供支持。在总结监所科开展社区矫正检察监督经验的基础上,吸收国外有益

做法，适时建立专门的社区矫正检察监督机构。[1] 配备科学合理的编制配置、职级待遇和机构设置等，由该机构依照宪法和法律赋予的职权，对社区矫正执法行为进行监督，既能保证社区矫正依法、规范和有序运行，也契合了我国推进社会管理创新，进一步完善社区矫正司法改革的发展趋势。

（贾健　西南政法大学法学院、河南省荥阳市人民检察院）

---

[1] 李根宝等：《对社区矫治工作的认识与思考》，载《法治论丛》2003年第2期。

第九章 附条件不起诉制度的立法目的与现实完善

新刑事诉讼法在第五编"特别程序"中规定了针对未成年人的附条件不起诉制度。应该说,这虽然在规范层面上对各地的试点实践做了总结和固定,但围绕附条件不起诉制度的争议却并未就此结束。例如,附条件不起诉制度与酌定不起诉制度的关系究竟应该如何界分?附条件不起诉制度所适用的范围是否合理?其所附条件又应该如何设置?等等。本章认为,上述问题的解决离不开对附条件不起诉制度的立法性质的考察,换言之,这些问题要想获得一个内部理念一致的解决方式,就必须符合其立法的性质。从刑事一体化的角度而言,附条件不起诉制度的立法性质更倾向于拓展保安处分的程序法路径,即立足于保护社会,而不应仅仅将其理解为为了"教育、感化、挽救未成年人"。在此基础上,笔者认为,附条件不起诉固然可以被认为是一种特殊的酌定不起诉制度,但两者具有本质的区别。针对个案而言,究竟是适用附条件不起诉还是酌定不起诉,不应仅看其是否具有悔改表现,还应对其人身危险性进行测评。从未来的发展趋势看,附条件不起诉的适用结构应进一步开放,监督考察结构应突出正面的教育功能。

第一节 防卫社会:附条件不起诉的深层立法目的

一、附条件不起诉制度的立法目的探析

附条件不起诉制度作为新刑事诉讼法设定的一项针对未成年人的特别程序,被规定于第五编第一章"未成年人刑事案件诉讼程序"当中,这样一来,其就必须接受新刑事诉讼法第266条所规定的"办理未成年人刑事案件的方针与原则"条款的统领,该条第1款规定:"对犯罪的未成年人实行教育、感化、挽救的方针,坚持教育为主、惩罚为辅的原则。"那么,这是否意味着附

条件不起诉制度的立法目的或者说其立足点就是保护未成年人呢?① 笔者认为,附条件不起诉制度的立法意旨固然在于"教育、感化、挽救"未成年人,但仍要看到其背后的"防卫社会"之根本。即是说,附条件不起诉制度一方面体现了对于未成年犯罪嫌疑人的强制性国家亲权保护,另一方面,其背后的根本目的仍是预防其再犯罪,或者说,其立法的立足点是为了防卫社会。

第一,如果将附条件不起诉制度的立法意旨仅理解为对未成年人的教育福祉,将会导致附条件不起诉制度与酌定不起诉之间的关系无法厘清。新刑事诉讼法第173条第2款所规定的酌定不起诉制度,其适用范围是"犯罪情节轻微,依照刑法规定不需要判处刑罚或者免除刑罚",所谓犯罪情节轻微,司法实务中一般认为其上限为三年有期徒刑。反观附条件不起诉制度,其适用条件是"对于未成年人涉嫌刑法分则第四章、第五章、第六章规定的犯罪,可能判处一年有期徒刑以下刑罚,符合起诉条件,但有悔罪表现的",显然这两者之间存在一定范围的重合。这就产生了一个问题,即如果纯粹从未成年犯罪嫌疑人的福祉角度看,酌定不起诉制度所适用的对象,其行为的社会危害性程度和主观恶性从法规范的角度看,较之于附条件不起诉对象尤为更甚,似乎这一部分人更需要这一教育福祉,更应该对之进行教育、感化、挽救的保护处分,而不是"一放了之"。

第二,从附条件不起诉制度的实质适用条件来看,其更偏向于防卫社会的用意。如果说涉嫌"刑法分则第四章、第五章、第六章的罪名"以及"判处一年有期徒刑以下刑罚"是附条件不起诉制度的形式适用条件的话,那么"有悔罪表现"即是所谓的实质适用条件。应该说,"有悔罪表现"既体现出行为人的人身危险性较小,也体现出行为人具有可教育性,但如果是后者的话,更为准确的表述应该是"有教育、感化、挽救的可能性与必要性"。② 从这一点看,"有悔罪表现"更侧重于对行为人人身危险性的评价,质言之,其立足点即是防卫社会。

第三,从附条件不起诉的考察内容看,缺乏专门机构的特殊教育,而是于刑法中的禁止令与社区矫正内容有诸多重合。应该说,刑法禁止令与社区矫正

---

① 附条件不起诉制度的立法性质,实际上决定了附条件不起诉制度的若干规范与适用问题的回答。例如,其与酌定不起诉的关系及其区分;对于缺乏稳定教育、感化、挽救环境的未成年犯罪嫌疑人之适用;附条件不起诉制度的形式适用条件与实质适用条件是否合理,监督考察内容与程序又该如何设计,等等。

② 这一点类似于保护处分中的"要保护性"要件,即是否要对少年进行保护处分,关键在于该少年是否需要国家的介入保护,该少年是否真正需要保护。

的目的正是消减行为人的人身危险性，进而防卫社会，如果说，附条件不起诉制度是站在"教育、感化、挽救"未成年人立场，显然应该更为注重对未成年行为人的特别改造。另外，新刑事诉讼法第273条规定了附条件不起诉的撤销条件，即在考验期内发现有：（1）实施新的犯罪或者发现决定附条件不起诉以前还有其他犯罪需要追诉的；（2）违反治安管理规定或者考察机关有关附条件不起诉的监督管理规定，情节严重的。人民检察院应当撤销附条件不起诉的决定，提起公诉。实际上，以教育、感化、挽救为目的与以防卫社会为目的，两者在撤销要件的标准上是有差距的，前者显然应该从正面去积极测评行为人是否收到了教育、感化的效果，而后者只需从反面确定行为人没有再犯的可能性即可，至于其是否真正收到了教育、感化的效果，则超出了防卫社会之目的的关照范围。

综上所述，附条件不起诉制度的立法目的并非全然在于其文义所表述的"教育、感化、挽救"未成年人，更深层次的目的在于消除行为人的人身危险性以防卫社会。笔者认为，某种意义上说，附条件不起诉制度的立法原意，是要将少年罪错处遇中具有替代刑罚性质之措施的保护处分制度引入刑事诉讼法，但由于过于突出了保护处分背后的防卫社会目的，进而更偏向于保安处分的性质。①

二、附条件不起诉的立法目的之现实背景

笔者认为，之所以会出现这样的情况，某种程度上说，与"当代中国社

---

① 所谓保安处分，一般是指对具有实施犯罪或其他类似反社会行为的特别危险性的犯罪人或非犯罪分子，以防止这种危险、预防对社会秩序的侵害为目的而给予的处分。就保安处分与保护处分的区别，学界主要有一元论、二元论与折中论等不同的观点。木村龟二持一元论观点，认为"少年法上的保护处分，是……保安处分的一种"。（参见［日］木村龟二主编：《刑法学词典》，顾肖荣等译，上海翻译出版社1991年版，第471页）二元论者则认为，保安处分立足于保护社会，而保护处分则是基于未成年人福祉，完全从少年的健康成长的角度出发所采取的要求，另外，保安处分是刑罚的补充替代手段，而保护处分则是为了回避以刑罚的方式追究刑事责任而设立的。（参见［日］大谷实：《刑法总论》，冯军译，法律出版社2003年版，第411页）折中论则在承认保护处分具有"保安"性质这一点上，承认两者的上述差异。本文赞同折中论的观点，（参见张明楷：《外国刑法纲要》，清华大学出版社1999年版，第441页）应该说，无论是保安处分之"矫正"未成年人还是保护处分之"教育"未成年人，其背后或多或少都存在"防卫社会"的目的，只是前者更为直接且强调的程度更甚而已。但毫无疑问，与其他保安处分措施相比，保护处分确实更多地体现了"国家亲权教化"的性质，这是其与其他保安处分措施的不同之处。

会因巨大的社会变迁正步入风险社会,甚至将可能进入高风险社会"① 的现实状况有关。这种由传统社会向风险社会转变的趋势在刑事法中的体现,即主要表现在危险犯的扩展上。随着风险时代的来临,危险犯的立法在各国均出现了由例外转向常态的趋势,刑法修正案八将"醉驾"予以入刑,即是明证。显然,危险犯的立法扩展将导致大量行为涌入刑事司法,且某一危险犯距离实害结果越远,认定犯罪所需要的事实越稀薄,对该类危险犯定罪量刑的合法性或者说社会认同性将越低,这种双重压力迫使刑事法必须考虑拓展非犯罪化的途径。而所谓非犯罪化,主要有刑事立法层面与刑事司法层面两种理解,欧洲委员会所作的《非犯罪化报告》指出,非犯罪化可分为"法律层面的非犯罪化"与"事实层面的非犯罪化"两种,前者指在立法上对特定行为的刑罚处罚范围予以收缩,而后者指通过刑事司法途径对特定情况下的特定行为减少处罚的力度,例如,检察官不予起诉、将轻微犯罪行为不交给警察机关处理等。② 就此,附条件不起诉制度无疑是一种事实层面的非犯罪化措施,本文断言,附条件不起诉制度在我国的发展趋势,最终必然会突破未成年行为人的限制,扩大到其他特殊人群,甚至取消行为人的身份类型限制亦有可能。事实上,美国的附条件不起诉制度,即审前分流(Pre - trial diversion)制度,最早就是适用于未成年人,以后逐渐扩大到其他特殊人群。而台湾的缓起诉制度以及与附条件不起诉相类似的日本起诉犹豫制度,则没有限定行为人的身份类型,对一切刑事犯罪,如果检察官根据犯人的性格、年龄、境遇、犯罪的轻重及情节和犯罪后的情况,认为没有必要追究犯罪时,就可以不提起公诉。身份类型的扩张无疑是我国附条件不起诉制度的未来发展方向。

---

① 薛晓源、刘国良:《全球风险世界:现在与未来——德国著名社会学家,风险社会理论创始人乌尔里希·贝克教授访谈录》,载《马克思主义与现实》2005年第1期。
② European Committee on Crime Problems, Report on Decriminalization (1980), p. 166.

第二节 人身危险性：附条件不起诉之若干适用问题的解决基点

正如耶林所言："目的是全部法律的创造者。每条法律规则的产生都源于一种目的，即一种实际的动机。"① 附条件不起诉制度作为新刑事诉讼法设定的一项针对未成年人的特别程序，显然也受某种立法目的的支配。即是说，对附条件不起诉制度的解释也必须在该立法目的的意旨之下进行。如上所述，附条件不起诉制度的深层立法目的更偏向于防卫社会，换言之，附条件不起诉制度的立法目的即在于消除行为人的人身危险性，基于此，附条件不起诉制度在适用过程中出现的种种问题，也应以人身危险性作为考虑的基点予以解决。

一、附条件不起诉制度与酌定不起诉制度的区别

如上所述，附条件不起诉制度与刑事诉讼法第 173 条第 2 款所规定的酌定不起诉制度具有重合之处，因此，如何处理两者的关系问题，成为学界与实务界讨论的热点。从维护未成年人合法权益角度出发，最高人民检察院《关于进一步加强未成年人刑事检察工作的决定》（下文简称《决定》）提出："对于既可相对不起诉也可附条件不起诉的，优先适用相对不起诉。"有学者同样指出，应该"按照'相对不起诉——附条件不起诉'的顺序将这两种不起诉制度进行逻辑体系上的明确区分与定位，对于同时符合相对不起诉和附条件不起诉适用范围的案件，应当首先选择适用相对不起诉决定，只有认为不适合作出相对不起诉决定的才进而考虑是否作出附条件不起诉决定，如果认为适合作出相对不起诉决定的，就不应考虑是否作出附条件不起诉决定"。② 本文不同意上述观点，就《决定》中的观点而言，某种意义上说，是将附条件不起诉中的"教育、挽救、感化"理解为一项针对未成年人的福祉，但按照这种理解，站在维护未成年人合法权益的立场上看，当这两种制度相重合时，优先适用相对不起诉的结论即是有问题的。就后一种观点来说，实际上并未指明

---

① [美] E. 博登海默：《法理学：法律哲学与法律方法》，邓正来译，中国政法大学出版社 1999 年版，第 109 页。
② 郭斐文：《附条件不起诉制度的完善》，载《中国刑事法杂志》2012 年第 2 期。同见马健：《附条件不起诉制度研究》，吉林大学 2013 年博士学位论文，第 27 页。

"适合"或"不合适"适用相对不起诉的标准。

  笔者认为,就如何区分酌定不起诉制度与附条件不起诉制度的问题,应立足于附条件不起诉制度的立法目的,即防卫社会,附条件不起诉制度所附的条件,或者说,其监督考察的内容正是以消除行为人之人身危险性为目的的,如果无视这一点,那无异于架空了附条件不起诉制度的立法意旨,导致附条件不起诉制度的无效。基于此,本文建议按照行为人人身危险性的有无与大小,区分酌定不起诉制度、附条件不起诉制度以及直接起诉。具体来说,对于没有人身危险性或人身危险性很弱的行为人(包括未成年人与成年人)直接适用酌定不起诉;对于有人身危险性,但存在改造可能性的未成年犯罪人适用附条件不起诉;而对于人身危险性较强的犯罪人,则不应适用附条件不起诉与酌定不起诉,而应该予以直接起诉。至于对酌定不起诉之适用条件中的犯罪情节轻微的理解,在与附条件不起诉相区别的层面,我们可以将其特别解释为没有人身危险性或者人身危险性较小,当然,犯罪情节轻微也本应包括人身危险性的考量。

  我们以此案为例加以说明:在校学生李某,刚满16周岁,受成年人张某教唆在公交车上扒窃多次,盗得财物价值共计约600元,后来李某因后悔向公安机关投案自首,并对违法所得予以返还,被移送检察机关审查起诉。在审查起诉过程中存在两种意见:第一种意见认为,李某虽多次扒窃,但系受人教唆,犯罪数额较小,情节轻微,且系未成年人,可以对李某作出相对不起诉决定。第二种意见认为,李某受教唆多次扒窃,其行为已构成刑法第264条规定的盗窃罪,但考虑其是未成年人,犯罪情节较轻且有后悔表现,可对其适用新刑事诉讼法中的附条件不起诉。① 笔者同意对其直接适用相对不起诉,但原因并不在于其犯罪数额较小,社会危害性轻微,而在于其系受人教唆,且能够主动悔过,这说明其人身危险性较小,经过相关诉讼程序,已经能够对其起到警示、预防的作用,因此,无需对其再进行监督考察。当然,该案在形式上完全符合附条件不起诉制度的主体条件、罪名条件与主观条件,但显然不能机械地对应适用。

  至于行为人的人身危险性有无与大小,我们可以通过对行为人的性格、生活状况、家庭情况、在校表现、罪中的主观恶性及罪后的态度等方面进行量化计分,并对行为人进行风险测评,以获得较为科学与准确的判断。

---

  ① 《附条件不起诉与酌定不起诉发生竞合如何选择适用》,参见 http://www.66law.cn/goodcase/19003.aspx,上网时间:2013年10月23日。

二、是否要以达成刑事和解为前提

新刑事诉讼法规定,人民检察院作出附条件不起诉的决定以前,应当听取公安机关、被害人的意见。但在当前的司法实践中,有地方检察院以双方当事人是否达成刑事和解作为适用附条件不起诉的前提,有的地方虽然没有这样直接规定,但规定"适用附条件不起诉可能激化矛盾或引发不稳定因素的,不得适用"。还有学者指出,未成年人的附条件不起诉制度与刑事和解制度具有相契合之处,一方面,附条件不起诉适用条件之一是是否有悔改表现,真诚向被害人道歉与被害人达成和解是是否有悔改表现这一抽象规定的具体化。另一方面,刑事和解制度的目的在于引入被害人、犯罪人调和机制,强调修缮因犯罪和被害所损害的社会关系,恢复原有的和谐秩序,而关系的修复正是附条件不起诉制度所要达到的目的,换言之,修复被犯罪损害的社会关系是两者共同的目的。[①]

笔者不赞同上述观点,首先,新刑事诉讼法规定,人民检察院作出附条件不起诉的决定以前,应当听取公安机关、被害人的意见,而非必须遵照被害人意旨办理,上述观点显然有违立法文义。其次,附条件不起诉制度背后的理论根据并非以关系修复为内涵的恢复性司法,而是社会防卫。事实上,恢复性司法绝非由司法机关占主导,而是"所有与特定犯罪有关的当事人走到一起,共同商讨如何处理犯罪所造成的后果及其对未来的影响。"[②] 从这一点看,刑事和解制度的理论基础可以被认为是恢复性司法,但附条件不起诉制度由于是在检察官的主导下完成的——决定权与监督考察权集一身,因此,不能认为其背后的理论根基是恢复司法理念。如上所述,附条件不起诉制度是以防卫社会为目的,行为人即使没有与被害人达成刑事和解,也不代表其具有人身危险性或人身危险性较高。在刑事和解的司法实践过程中,被害人一方及其法定代理人不顾法定赔偿数额"漫天要价",致使双方无法达成刑事和解的情况比比皆是。最后,说达成刑事和解是有悔改表现的具体化,笔者认为亦有待商榷。正如上义所述,是否有悔改表现并不适合作为附条件不起诉制度的实质要件,笔者建议将有悔改表现要么删去,要么将其解释成人身危险性较小。退一步来

---

① 赵凡:《论未成年人附条件不起诉制度——以"中华人民共和国刑事诉讼法修正案"为视角》,载《西南政法大学学报》2012年第4期。

② [英]格里·约翰斯通:《恢复性司法:理念、价值与争议》,郝方昉译,中国人民公安大学出版社2011年版,第3页。

说,即使达成刑事和解是有悔改表现的具体表现,那也只是其中之一,而不能将其作为附条件不起诉决定的前提。

综上所述,笔者的观点是,附条件不起诉的决定作出,不应以双方当事人是否达成刑事和解为前提,听取被害人意见,其用意仅仅在于辅助检察机关判断行为人的人身危险性,而并非必须遵照被害人的意见作出决定。

三、具有监管条件应否作为附条件不起诉的前提条件

有学者指出,对于缺乏监管条件的流动人口未成年犯罪人,检察机关在对其作出是否附条件不起诉决定的判断时,会倾向于对其不适用附条件不起诉,进而导致未成年人附条件不起诉制度在适用上的两极分化与不平等问题。① 事实上,在司法实践中,对此问题存在两种不同态度,一种做法将具备有效帮教条件明确规定为附条件不起诉的前提条件;另外一种观点认为,增加诸如必须具备一定的帮教条件等限制条件,不利于对未成年人的平等保护。

笔者赞同第一种做法,并且认为,这一做法无关附条件不起诉制度适用的公平性。正如上文所言,附条件不起诉制度的立法目的在于防卫社会,行为人的人身危险性有无及大小是其判断的唯一标准,就此而言,如果不具备监管条件,显然其人身危险性的矫正工作无法完成,其防卫社会的目的即无法达成。当然,如果将附条件不起诉制度纯粹看作一种对未成年行为人的一项法定福祉的话,那么,确实存在因为身份、地位原因导致不平等、不公平适用的情况,但如果将立足点转移到防卫社会的立场上,显然,判断是否附条件不起诉作出的平等与公平性,就应该以是否客观、准确地测评出行为人的人身危险性为标准了。

第三节 保护处分的回归:附条件不起诉制度的规范完善

必须指出,强调附条件不起诉制度的防卫社会目的,并不表示否认其保护处分的特质,或者说,前者是附条件不起诉制度在当前的实然目的,后者则是应然的发展方向。如何将防卫社会与对未成年行为人的福祉有机融合,是附条件不起诉制度之规范完善的最终依归。对此,笔者认为,可以借鉴结构功能主

---

① 陈晓宇:《冲突与平衡:论未成年人附条件不起诉制度》,载《中国刑事法杂志》2012年第12期。

义的研究视角予以全面、系统考虑。所谓结构功能主义，是由美国著名社会学家T. 帕森斯在20世纪40年代提出的，他认为社会系统为了维系自身的存在，必须要满足四种功能，即适应功能、目标达成功能、整合功能与潜在模式维系功能，而执行这四种功能的子系统则分别是经济系统、政治系统、社会共同体系统和文化模式托管系统。这些功能与结构在社会系统内部发生交换联系，以使得社会系统保持平衡。结构功能主义对刑法学研究影响巨大，当前风靡全球的机能主义刑法学理论，即以其作为自己的方法论基础。其实，如果我们将附条件不起诉制度的规范结构进行分解的话，可以得到这样两种主要结构：一是适用结构，包括形式适用结构与实质适用结构，前者由对象条件、罪名条件、刑度条件等构成，后者主要是指有悔罪表现这一主观条件。二是监督考察结构，包括监督考察机构、监督考察内容与监督考察标准。防卫社会功能与未成年人福祉功能即由这两种结构来具体承担，换言之，规范结构的完善是由其承担的功能要求决定的。

一、适用结构的完善

防卫社会功能与未成年人福祉功能均要求附条件不起诉制度应具有一种开放性的性质，这决定了其适用结构应进一步开放。有学者指出，我国罪量与罪质相统一的立法模式，已经实现了对犯罪行为与一般违法行为的第一次分流，因此，附条件不起诉制度无需承担提高司法效率的任务，且此次新刑事诉讼法将附条件不起诉制度的适用仅限制于特定的未成年人犯罪案件，这大大缩小了附条件不起诉的适用范围。① 笔者认为，我国定性加定量的立法模式，确实在立法上就实现了第一次案件分流，但犯罪情节极其轻微的行为在任何一个国家都不会被作为犯罪。以日本为例，其实际上是通过可罚的违法性理论予以出罪的。另外，如上文所述，我国目前面临着风险社会与劳教废止的双重压力，刑事立法的扩张成为一个显著的趋势，这样一来，通过各种途径拓展非犯罪化的路径就成为摆在面前的现实问题。② 附条件不起诉制度显然是其中之一。另

---

① 陈晓宇：《冲突与平衡：论未成年人附条件不起诉制度》，载《中国刑事法杂志》2012年第12期。

② 近日，最高人民法院院长周强在最高人民法院党组会上提出，各级法院要积极配合劳教制度改革，探索完善轻微刑事案件快审快结机制。参见《专家：劳教措施有望被轻刑处理取代》，网址：http://news.163.com/13/1024/05/9BU7CO2B0001124J.html，上网时间：2013年10月24日。

外,当前的附条件不起诉的适用结构过窄只是实然意义上的,这显然不能成为附条件不起诉制度并非是为了提高司法效率,实现繁简分流的依据,笔者认为,从应然层面出发,附条件不起诉制度的适用结构,应当进一步开放。具体而言:

第一,附条件不起诉制度的对象条件应该进一步开放。在之前各地的试点中,除了未成年犯罪嫌疑人以外,还包括在校大学生、怀孕、哺乳的妇女、老年人、盲聋哑人以及患有严重疾病的人等特殊人群。还有地方检察院,例如,重庆市涪陵区检察院就没有对附条件不起诉制度的适用对象作出限制,仅在涉嫌罪名种类、犯罪情节恶劣程度、是否累犯惯犯等方面作排他性规定。笔者认为,由未成年人适用对象向其他特殊人群进而完全开放适用对象要件,是附条件不起诉制度对象适用要件发展的未来方向。一方面,虽然酌定不起诉制度较之于附条件不起诉制度在适用对象要件上更具有开放性,但由于其不具有监督考察机制,因此,并不具有矫正预防功能;另一方面,如果将教育、感化、挽救作为一项国家亲权福祉,那么接受福祉的对象就没有理由限定于某种特定身份之内,即是说,由未成年人向其他群体扩散,理应成为一种应然人权的体现。

第二,就刑度条件而言,新刑事诉讼法出台之前,各地试点中一般以法定刑三年以下有期徒刑为标准,即与酌定不起诉的刑度条件保持了一致,而新刑事诉讼法中规定的是"依法可能被判处一年以下有期徒刑、管制、拘役或者单处罚金处罚的犯罪",即宣告刑一年有期徒刑以下。笔者认为,将刑度条件放宽到三年有期徒刑,让更多的适合附条件不起诉的犯罪嫌疑人接受教育、感化的福祉,不但是防卫社会的要求,也是接受国家福祉之人权的必然诉求。另外,将宣告刑改为法定刑,一来更具有明确性,二来也避免了检察机关侵蚀法院审判量刑权之嫌。

第三,就罪名条件而言,当前的附条件不起诉制度将其限定于第四章、第五章、第六章所规定的侵犯公民人身权利、财产权利与妨害社会管理秩序的犯罪,之所以如此规定,一来与未成年人犯罪的常见类型有关;二来试图将危害国家安全罪、危害公共安全罪等一些社会危害程度较为严重的犯罪排除在外;三来上述三类犯罪,大多具有直接被害人,较为便利进行社会关系修复。但如上所述,如果附条件不起诉制度的适用对象类型在未来进一步扩展的话,将适用罪名条件限定在这三类罪名之内就是不合理的了。另外,诸如危险驾驶等危害公共安全的罪名,正是风险社会状况下的显性犯罪,犯罪防控压力大,某种程度上说,其社会危险性并不比抢劫罪、强奸罪高,将其排除于罪名适用范围显然不合适。就便利进行社会关系修复而言,如上文所述,附条件不起诉制度的理论根基并非恢复性司法,另外,如同妨害社会管理秩序罪具有直接被害人一样,其他犯罪类型未必就没有直接被害人。因此,从应然角度看,有必要将附条件不起诉制度的罪名适用条件拓展到除危害国家安全犯罪以外的其他犯罪类型之中。

第四,就有悔罪表现这一主观要件而言,有学者建议,将认定"有悔罪表现"从附条件不起诉决定阶段纳入到附条件不起诉考察阶段中。① 本文持肯定态度,正如上文第一部分所指出的,附条件不起诉制度的立法目的实际上具有复合性,既具有国家福祉性质,从深层次看又是在于防卫社会,如此,如果站在教育、感化、挽救的国家福祉角度,有悔罪表现应该将其解读为"有教育、感化、挽救的可能性与必要性",而站在防卫社会的立场上看,则应该将其理解为人身危险性不大,因此,上述学者所建议的将有悔罪表现挪至考察阶段是较为合适的,但这样一来,就有必要为其寻找另外的实质标准,本文建议借鉴我国台湾地区"刑事诉讼法"第253条之一所规定的缓起诉制度中的规定,即"检察官参酌刑法第五十七条所列事项及公共利益之维护"、"认为缓起诉为适当者",该法第57条(刑罚之酌量)规定:科刑时应以行为人之责任为基础,并审酌一切情状,尤应注意下列事项,为科刑轻重之标准:一、犯罪之动机、目的。二、犯罪时所受之刺激。三、犯罪之手段。四、犯罪行为人之生活状况。五、犯罪行为人之品行。六、犯罪行为人之智识程度。七、犯罪行为人与被害人之关系。八、犯罪行为人违反义务之程度。九、犯罪所生之危险或损害。十、犯罪后之态度。即是说,检察官以行为人的人身危险性为依据,从防卫社会(公共利益之维护)的立场出发,对其是否有教育改造的可能性、必要性作实质考量,即"认为缓起诉为适当者"。笔者认为,这较之于规定"有悔罪表现"更符合立法的性质与目的。

二、监督考察结构的完善

就监督考察结构来说,除了承载防卫社会,即反面排除其再犯可能性的功能之外,还应该强调正面的教育、帮扶功能,以凸显附条件不起诉制度的福祉性质。基于此,笔者认为,正面的帮扶工作应该与反面排除其再犯可能性的工作区分开,属于后者传统缓刑、假释考察内容与禁止令的监督执行工作仍由检察机关负责,例如,新刑事诉讼法第272条规定,被附条件不起诉的未成年犯

---

① 史立梅、罗璀:《我国未成年人附条件不起诉制度之完善研究》,载《江西理工大学学报》2013年第4期。

罪嫌疑人，应当遵守下列规定：1. 遵守法律法规，服从监督；2. 按照考察机关的规定报告自己的活动情况；3. 离开所居住的市、县或者迁居，应当报经考察机关批准；……以及《人民检察院刑事诉讼规则（试行）》第498条所规定的下述事项：（一）完成戒瘾治疗、心理辅导或者其他适当的处遇措施；……（三）不得进入特定场所，与特定的人员会见或者通信，从事特定的活动；（四）向被害人赔偿损失、赔礼道歉等；……（六）遵守其他保护被害人安全以及预防再犯的禁止性规定。而新刑事诉讼法第272条中的"4. 按照考察机关的要求接受矫治和教育"；以及《人民检察院刑事诉讼规则（试行）》第498条所规定的"（二）向社区或者公益团体提供公益劳动；（五）接受相关教育"则应该交由已经在社区矫正实施过程中积累了大量经验的专门司法行政机关及其他部门去完成，基于此，应该尽快建立专门的少年观护制度，成立专门的少年观护队伍。在具体的帮教考察中，人民检察院作出附条件不起诉决定后，司法行政部门应当同时成立正面教育、考察、帮教小组，由司法行政部门中的专门未成年司法工作人员会同案件承办人、司法社工、学校、共青团组织以及其他社会帮教机构的代表，共同讨论拟定考察计划及方案。另外，检察机关要与司法行政部门制定相应的对接机制，定期或不定期地对司法行政部门的考察执行进行督察，对考察内容进行正面的积极评估，并最终反馈到附条件不起诉考察意见书中，而不能仅从反面排除被考察人没有违反考察事项，就此作出不起诉决定。

（贾健　西南政法大学法学院、河南省荥阳市人民检察院）

第十章 刑事和解程序的适用问题及其对策

　　轻缓、开放和体现人文关怀是刑事司法世界性的发展潮流，也是我国刑事司法制度的发展方向。1996年刑事诉讼法规定了自诉案件的和解程序，但没有设置公诉案件和解程序。在建设和谐社会的历史背景下，如何有效解决犯罪引起的冲突，平衡国家、社会、犯罪人和被害人之间的利益关系，日益成为实现社会正义的重大理论和实践课题。刑事和解在我国目前的司法实践中，早已从一个单纯的理论概念转变为诸多的法律文件。各地司法机关对刑事和解程序纷纷作出具体规定以指导司法实践。鉴于刑事和解制度对于矫正犯罪、抚慰被害人心灵、化解社会矛盾、修复社会秩序所具有的积极意义，新刑事诉讼法在第五编特别程序中对当事人和解的公诉案件诉讼程序作了专门规定。但由于理论界与实务界对法律规定的理解有所差异，刑事和解程序在各地的实践中也出现了诸多问题。

　　本文以对刑事和解程序的理念解读为基础，针对司法实践中对刑事和解的适用范围、对象、处理方式以及刑事和解协议的效力等有所争议的问题，提出一些看法和建议，以期能够对司法实践中的刑事和解工作有所裨益。

第一节　"恢复性司法"与"宽严相济"刑事政策

一、"恢复性司法"的司法理念

　　"恢复性司法"即为"恢复正义性司法"（restorative justice），其起源于"二战"后的欧美国家。"二战"以后，西方犯罪学日益呈现多元化，从研究犯罪产生到如何预防和遏制重新犯罪，犯罪学家作了诸多的实证研究，涉及刑事司法理念、刑事政策和刑事司法制度改革等多个方面和领域，"恢复性司法"即是国外学者对于这一系列现代刑事司法领域理论和制度全面的更新和改造。

　　1974年发生在加拿大安大略省基辛那市（Kitchener）的一个刑事案例可

以说是最早的恢复性司法案例。两个 16 岁的未成年人实施了一系列破坏性的犯罪，在当地缓刑机关和宗教组织的共同努力下，这两名犯罪嫌疑人与 22 名被害人逐个会见，深刻认识到自己的行为给被害人造成的伤害。他们不但承认了被指控的所有罪行，而且半年后交清了全部赔偿金。这次被害人与被告人的当面和解被视为恢复性司法程序化的起源。由于其出人意料地产生了良好的司法效果，因此有越来越多的国家和地区的司法官去效仿，他们通过对诸如新西兰毛利人"部落会议"、加拿大印第安人"家族会议"、中国"和为贵"思想的吸收，创造了多种犯罪处置模式，包括"刑事和解"（victim offender mediation）、团体处刑会议、加拿大的"社区责任小组"、新西兰的家庭团组会谈（family group conferencing），等等。

"恢复性司法"理念是现代刑事法治思想，它的产生与发展经历了一个以被害人保护为核心价值的概念化过程、以刑事和解为处置方式的制度化过程和以实现关涉各方利益诉求为根本目标的理论化过程。国际上对其较为通行的定义是：在特定的案件中，关涉各方共同解决犯罪问题，处理犯罪后果的过程。其中"刑事和解"是最受青睐的方案，在全世界得到不同程度的发展和应用。"刑事和解"是指为了增进被害人权益保护，提高司法机关办案透明度，提升罪犯改造效果，巩固社会稳定，通过安排刑事案件当事人双方会面，被告人面对犯罪给被害人的损害，主动承担责任，赔礼道歉，取得被害人谅解。被害人得到精神慰藉和物质赔偿，了解"自己的"案件的处理程序，缓解犯罪对其造成的精神、物质损害；被告人认识到自己行为的危害，勇于重新回归社会。"刑事和解"原来旨在建立一种新的更加有效的"被害人保护机制"，但随着理论的突破和实践的开拓，其核心价值体现为"全面恢复犯罪人、被害人和社区因犯罪而遭受的物质精神损失，强调预防和控制犯罪"。

"恢复性司法"代表着刑事司法改革新的世界潮流。相比较传统的犯罪控制手段，其具有全新的司法理念：摒弃报应主义，强化权利保护，围绕社会和解，着眼犯罪预防。其强调通过犯罪行为人承担责任，加强社会各方面力量参与，感化、教育犯罪人，复原因犯罪行为对被害人、被告人和社区（其他社会成员）引起的创伤，恢复原有的和谐的社会关系和秩序，以达成社会的长治久安。

二、我国"宽严相济"刑事政策的简要解读

宽严相济刑事政策是我国特有国情之下，在刑事司法领域的一个创新。长久以来，我国的刑事司法过于强调对于犯罪的惩治打击，存在犯罪化、刑罚化

比例偏高、重型化趋势明显的倾向。自"两法"修订以来，经过理论界的不断探讨，刑罚轻缓化、被害人权益保护、刑事司法制度改革等理念在实务界亦逐步得到认同和实施。2005年12月5日，在全国政法工作会议上，时任中共中央政治局常委罗干同志首次提出要注重贯彻宽严相济刑事政策。

宽严相济刑事政策是一种指导思想和刑事理念，而贯彻这种刑事理念的实际行动被体系化后，就可以称为宽严相济刑事制度。各地在贯彻宽严相济刑事政策的实践中，刑事和解被大量应用，并被认为是宽严相济刑事政策中的重中之重。实际上，和解曾被西方人称为"东方经验"。在中国数千年的传统文化中，儒家思想始终占据着绝对的统治地位，并渗透到社会、政治、经济、精神等各个领域，成为我国传统法律文化的核心思想。儒家的"和合"思想是宽严相济刑事政策的道德基础。"和合"思想主要包含三层含义：一是人与自然的关系。主张"天人合一"的思想。二是人与人之间的关系。强调和睦、融洽，避免争斗。中国人的"息诉"、"无讼"心理也是自此而来。三是人与国家社会的关系。主张"修身、齐家、治国、平天下"，强调"和谐协调"、"与人乐乐"和"上下同乐"。

通过对恢复性司法和我国宽严相济刑事政策的简单解读，我们可以看到二者有很多相通之处。而无论是西方国家对于运用恢复性司法的实践还是我国对于宽严相济刑事政策的实践中，刑事和解均是作为最为重要的一种制度得到大量的探讨和应用。

第二节　刑事和解在司法实践中存在的问题

新刑事诉讼法在特别程序第二章中对当事人和解的公诉案件程序作了规定，为刑事和解制度在司法实践中的应用提供了明确的法律依据，更加有助于发挥刑事和解的积极作用。与此同时，由于学术界和司法实务界对于刑事和解在刑事诉讼中的适用对象、范围、处理方式等存在不同认识，实践中的做法也不尽相同，所以在司法实践应用刑事和解的过程中也遇到了很多问题。

一、刑事和解的适用范围是否过于狭窄

对于刑事和解适用的案件范围，理论界有不同的主张，主要有以下四种观点。

第一种观点认为刑事和解适用范围侧重于轻微刑事案件和未成年人犯罪案件，也就是可能判处三年以下有期徒刑的轻微案件和未成年人犯罪案件。

第二种观点认为刑事和解适用于所有的轻微刑事案件和部分严重的未成年人犯罪的案件。

第三种观点认为刑事和解可以适用于所有被害人为自然人的刑事案件，即使是严重的犯罪案件也有适用的空间。其理由是："和解是为了最大限度地减少社会矛盾冲突，最大限度地消除影响社会和谐的因素。因此，从构建和谐社会的角度，只要刑事案件有被害人的，不论罪行轻重，均可在检察环节对附带的民事部分让被告人和被害人双方进行和解。"①

第四种观点认为刑事和解可以适用于除最严重的犯罪以外的其他所有刑事案件，"无论是轻罪还是重罪，只要不是非杀不可的就可以适用刑事和解"。②

刑事诉讼法修订后，对于刑事和解程序的适用范围，理论界仍然存在不同认识，有意见认为应设定为"侵犯公民个人人身权利、财产权利的犯罪和交通肇事犯罪，并可能判处三年以下有期徒刑、拘役、管制或者单处附加刑的公诉案件"；也有意见认为该程序的适用不宜过于保守，建议鼓励所有有直接被害人的刑事案件的双方当事人实现和解，这样更能有利于实现和解制度的功能和效用；还有意见认为"犯罪嫌疑人、被告人在五年以内曾经故意犯罪的，不适用本章规定的程序"的规定范围过宽，如果前者是故意犯罪，后者为过失犯罪，即不可和解，这样的规定失之过严，建议修改为"犯罪嫌疑人、被告人在五年以内曾因故意犯罪被判过刑的，不适用本章规定的程序"。

二、"五年"起算点应如何理解

新刑事诉讼法第 277 条规定"犯罪嫌疑人、被告人在五年以内曾经故意犯罪的，不适用本章规定的程序"。这是刑事和解程序关于适用范围的禁止性规定。值得注意的是，"五年以内曾经故意犯罪"的起算点应当如何理解？目前主要有三种观点：

第一种观点，有学者认为按照"五年内曾经故意犯罪"的规定，五年的起算点应当理解为犯罪行为发生时。

第二种观点，有学者认为应当理解为法院判决时或检察院决定不起诉时。因为只有经过法律程序确认，行为人的行为才能确定为犯罪行为。

第三种观点则认为应当参照累犯的规定，从刑罚执行完毕之日起算五年。

---

① 陈娅：《刑事和解应为刑事中的民事和解》，载 http://www.jcrb.com/nl/jcrb1499/ca660994.html.，上网时间：2013 年 7 月 22 日。

② 陈光中、葛琳：《刑事和解初探》，载《中国法学》2006 年第 5 期。

因为刑事和解的处理结果具有的功能之一就是给犯罪嫌疑人以改过自新的机会，而累犯具有较大的社会危险性，根据法律规定要从重处罚且不适用缓刑，因此对有可能构成累犯的犯罪嫌疑人、被告人不应当适用特殊程序中关于刑事和解的规定。

三、刑事和解是否就是花钱买刑

2006年广东省东莞市人民法院审理的王某等三人抢劫致人死亡一案曾在全国范围内引起过激烈争论。2005年11月1日，被告人王某等三人抢劫并致被害人蔡某死亡。案件发生后，被害人蔡某一家的生活陷入极端困顿的境地，被害人上有年近八十岁的母亲需要扶养，下有年幼的女儿面临失学。在检察院提起公诉的同时，被害人蔡某的家属提起了刑事附带民事诉讼。经法官多次从中调解，被告人王某的家属同意先行赔偿五万元，被告人王某真诚悔罪，表示要痛改前非，被害人蔡某一家表示满意。调解结束后，被害人家属还专门给法官送了一面锦旗表示感谢。法官依法对被告人王某作出从轻处罚，一审判处死缓。随后，东莞市中级人民法院将此案作为法院积极从事刑事和解工作的典型案例向媒体宣传公布。没有想到的是，案例一经报道，便被许多媒体解读为"花钱买刑"、"以钱买命"，认为其违背了司法正义，引起了轩然大波。比如，清华大学的张建伟教授就认为，"以钱减刑"有损公平正义。① 但是，也有一些学者认为无碍司法公正，值得肯定。②

确实，这是一个同时关系到正义和公平的问题。我国当前社会贫富差距较大、社会地区发展不平衡，社会中不同人群对金钱、权力、舆论等社会资源的占有程度不等。同样罪行，有钱的或者有权的加害人可以用钱来解决，免予或者减轻刑事处罚，而没钱的或者没权的加害人只能接受审判。许多人的担心就是刑事和解可能最终只是服务于富有者，造成定罪和量刑的不平等，形成新的司法不公，妨碍正义目标的实现。

四、和解协议的效力究竟如何

刑事和解遵循的是自愿原则，这就出现了当事人意思自治是否凌驾于司法

---

① 张建伟：《赔钱减刑有损公平正义》，载《人民法院报》2007年6月19日第5版。
② 左卫民、刘仁文、洪道德、曲新久：《赔钱减刑无碍于司法公正》，载《人民法院报》2007年6月9日第5版。

公平正义之上的质疑。如北京市海淀区人民检察院办理的多起加害方致被害方耳膜穿孔造成的轻伤案件，双方协商的赔偿数额从人民币 3000 元到 60000 元不等，中间有 20 倍的差距。又如一起故意伤害案件，犯罪嫌疑人李某和被害人葛某系同事关系，李某酒后与葛某发生纠纷，后将葛某的脖子割伤，经司法鉴定，葛某的伤构成轻伤。在审查起诉阶段，双方当事人及单位领导均积极要求刑事和解。但在刑事和解过程中，检察官发现李某的态度比较随意，仅愿意赔偿被害人医药费人民币 400 元，而被害人葛某则考虑到单位领导的介入，愿意"给领导一个面子"，最终接受了 400 元的赔偿数额。该案给我们提出了一个疑问：当双方当事人和解意思达成一致，但明显违反社会公序良俗时，是以当事人的意思自治为重还是以社会公平正义为先？在大量的司法实践中，可能出现的问题还有当事人反悔的情况，出现这样的情况，又该如何处理？

第三节　司法实践中的相关对策

一、应严格把握刑事和解的适用范围

笔者认为，公诉案件中的和解实际上是国家公权力对个人权利的有限让渡，因此，公诉案件刑事和解的适用范围应当严格按照法律的规定办理，从新刑事诉讼法第 277 条的规定可以看出，该程序只能适用于两类公诉案件，一类是故意犯罪公诉案件。对于这类犯罪，有三方面的限制条件：一是从案件起因上看，只能是因民间纠纷引起的，如婚姻家庭矛盾、邻里纠纷、财产纠纷等；二是从罪行的轻重程度上看，只能是可能判处三年以下有期徒刑、拘役、管制或者单处附加刑的案件，重刑犯罪案件不得适用该程序；三是从犯罪的种类上看，只能是属于刑法第四章、第五章规定的侵犯公民的人身权利、财产权利的犯罪。值得注意的是，刑法第四章中包括侵犯公民民主权利的犯罪，如破坏选举罪、非法剥夺公民信仰自由罪等。由于此类犯罪一般不因民间纠纷引起，且其对刑法保护的社会关系往往损害较大，因此对于此类案件要慎用刑事和解程序。第二类适用刑事和解程序的公诉案件是过失犯罪案件。过失犯罪案件适用刑事和解程序有两方面的限制：一是渎职犯罪不得适用刑事和解程序，这是由于渎职犯罪侵犯法益的重要性和此类案件严重的社会危害性所决定的；二是只能是可能判处七年有期徒刑以下刑罚的案件，这也是对于案件社会危害性的一个考察标准。

另外需要注意的是，适用刑事和解的必要前提是犯罪嫌疑人、被告人的真

诚悔罪。根据澳大利亚的研究表明，一些犯罪的受害人由于进入了刑事和解程序而面临更加糟糕的状况，特别是在再度受侵害方面。澳洲学者布拉斯沃特曾经讲过这样一个事例，在堪培拉发生了一起用装满血液的注射器威胁妇女的案件。在案件进入协商阶段以后，进展得不是很顺利，加害人与被害人的情感继续恶化。随后，被害人在其汽车的挡泥板上发现了她认为是加害人用以威胁她的注射器。当地一家电视台对这个案件作了全面报道，案件的事态也处于持续恶化的状态。如何消除被害人的恐惧和不安，保护被害人避免其受到加害人的进一步侵害是刑事和解必须要考虑的一个问题，所以，犯罪嫌疑人、被告人的真诚悔罪、赔礼道歉是适用刑事和解程序的必要前提。犯罪嫌疑人、被告人的认罪态度直接表明其对自己造成伤害的认知和考量。没有良好的悔罪态度，根本无法保证其不会再次伤害被害人，更无法期望双方当事人能进行良好的沟通以及社会关系的有效修复。

　　有很多学者认为，交通肇事罪虽然是危害公共安全的犯罪，但考虑其为过失犯罪、多发犯罪，且被害人家属往往需要获取赔偿、修复精神创伤，因此对可能判处七年有期徒刑以下刑罚的交通肇事罪可以适用刑事和解。笔者则认为，在现有的法律规定下，不宜对刑事和解的范围作扩大解释。但由于调解具有传统的刑事处罚所不具有的大量优势，所以在任何有被害人的案件中，都应当适当运用调解的功能，但不能将这些调解都归为刑事和解这一特殊程序的范畴。根据刑法第 61 条关于量刑根据的规定，"对于犯罪分子决定刑罚的时候，应当根据犯罪的事实、犯罪的性质、情节和对社会的危害程度，依照本法的有关规定判处"，这就说明犯罪分子的人身危险性也是量刑的重要依据。而 2000 年最高人民法院《关于刑事附带民事诉讼范围问题的规定》第 4 条则明确规定："被告人已经赔偿被害人物质损失的，人民法院可以作为量刑情节予以考虑。"另外，2010 年最高人民法院的《人民法院量刑指导意见（试行）》第 16 条酌定量刑要素则规定："酌定的量刑要素一般包括犯罪对象、犯罪手段、犯罪时间、地点、犯罪动机、起因、犯罪前的一贯表现、犯罪后的态度、退赃和赔偿情况等。"新刑事诉讼法第 173 条则对绝对不起诉、相对不起诉和存疑不起诉的三种情形作了相关规定。因此，结合刑法、刑事诉讼法及其他相关司法解释的规定，对于不属于刑法第四章、第五章不适用刑事和解这一特殊程序的犯罪如交通肇事罪等，犯罪嫌疑人、被告人与被害人达成调解协议的，也可以依法得到从宽处理，而没有必要对现行法律作出扩大的解释。这也是司法实践中应对众多关于刑事和解范围过于狭窄的一条良好对策。

二、"五年"的起算点应理解为犯罪行为发生之时

上文阐述的三种观点都有一定道理,但笔者赞同第一种观点。刑事和解最初是从被害人权益保护发展开来的,其具有的大量优势在此不再赘述。正是由于刑事和解是国际立法发展的一个潮流,新刑事诉讼法才对其作了专门规定。累犯虽然具有较大的社会危险性,但并不能因此就一概认为累犯不能适用刑事和解,因为在任何犯罪过程中,犯罪分子是否累犯,对被害人造成的伤害都是一样的,而通过刑事和解可以快速弥补被害人的物质和精神损害,这样的效果也是一样的。所以,是否构成累犯和是否适用刑事和解并无必然联系。《人民检察院刑事诉讼规则(试行)》第510条的规定也从一个侧面印证了上文中的第一个观点:"犯罪嫌疑人在刑事诉讼法第二百七十七条第一款规定的犯罪前五年内曾故意犯罪,无论该故意犯罪是否已经追究,均应当认定为前款规定的五年以内曾经故意犯罪。"由此可以看出,五年以内故意犯罪的,在实践中存在尚未被追究的情况,即未被确定为刑法认为的犯罪、刑罚也未执行的情况,所以从犯罪行为发生时算起具有更大的可操作性。

三、刑事和解绝不是"花钱买刑"

上文提到由于当事人的经济条件不同而可能导致责任承担上有差异的情况出现,从而不可避免地出现了"花钱买刑"的看法。应该说,这些担忧有一定的道理,但从根本上分析,刑事和解绝不是"花钱买刑",理由如下:

首先,刑事和解的根本出发点是保护被害人,特别是保护由于犯罪行为的发生而使生活经济条件处于劣势地位的被害人的权益,而非帮助经济条件较好的犯罪嫌疑人、被告人逃避惩罚。它与"花钱买刑"在精神实质和具体操作上完全不同,后者是单纯以金钱或者物质赔偿就可以换取减刑,并不在意加害人的社会危险性、人身危险性以及被害人的感受,其拿钱与国家机关作出交易,被害人的利益被忽略和漠视,二者之间的矛盾不但不会得到缓解和消除,反而会进一步激化。而刑事和解程序则提升了被害人的地位,满足了其精神和物质上的需要,这对于处于弱势地位的被害人来说尤其重要,也反映出对其机会上的平等对待和对权利的尊重。

其次,刑事和解最重要的一个前提是加害人认罪悔过,赔礼道歉,愿意向被害人进行经济赔偿和精神抚慰,以弥补自己犯罪给被害人造成的危害后果。经济赔偿只是加害人真诚悔罪、赔礼道歉的必然结果,真诚悔罪说明加害人的

主观恶性减小,通过赔礼道歉、经济赔偿的方式,抚慰了被害人的心理创伤和物质损害,双方的矛盾大大缓解,消除了社会的不和谐因素,这样的案件酌情从宽处理,不仅有法律的理论根据,在实践中也是相当有益的。对于一些"为富不仁"的犯罪行为人来讲,如果其主观恶性大,没有真诚悔过,完全可以不允许通过刑事和解的方式解决。在当前实践中就出现了把赔偿作为一种要挟的情况,包括在死刑案件中,被告人把钱放在法院,称如果不判死刑或重刑,就给被害人赔偿;反之,称如果判了死刑或重刑,就不赔偿。这样的情况不是真正的和解,因此,要坚决防止这种不符合和解目的、单纯"花钱买刑"、赔钱即减轻处罚的做法,对于只赔钱但不真诚认罪悔过、赔礼道歉的,对其所犯之罪应当依法处理。

再次,刑事和解并非专为富人而设,也不歧视任何群体,它实际上为社会上所有人提供了平等的准入机会,即机会平等。罗尔斯曾反复论证正义的一条原则就是平等原则。罗尔斯认为,平等原则就是"每个人都具有这样一种平等权利,即与其他人的同样自由相容的最广泛的基本自由",而平等原则最重要的一层意思就是机会平等。① 机会平等比结果平等更为重要,贫富不均的问题是整个社会的问题,其解决依赖于社会生产力的发展和生产关系的调整,不能寄托于法律制度的构建。刑事和解制度没有这样的职能,也承担不起这样的使命。事实上,经济因素在许多其他的法律制度中也都有体现,比如辩护制度,很少人因为请不起律师或者请不起好律师而怪罪辩护制度不公平。平等只能是一种法律上的平等,而不是事实上的绝对平等。绝对的公平并不存在,对刑事和解也应当以同样的态度对待。

最后,刑事和解不是"私了",而是公权力介入下的"公了",是一种犯罪处置方式。其根本上还是刑事性,所针对的是犯罪问题,公权力在其中始终具有影响和起一定的作用。刑事和解并不是无原则的和解,和是基础,解是关键。它并不以金钱作为唯一衡量标准,也不以之为最重要标准,其关键的还是在于加害人真心悔罪、勇于承担责任并求得被害人谅解。刑事和解是在一种透明的、开放式的纠纷解决机制下运行的,并非在一个封闭的情况下"暗箱操作"。在司法实践中,一些案件确实存在因加害人经济状况的不同而导致被害人得到的赔偿差异较大或者案件处理结果不同的情况,但应当提出的是,和解是在被害人愿意对加害人宽恕的情况下进行的,那么从刑事和解保护被害人权益的本意出发,我们当然可以给加害人一个悔过的机会,让其给被害人以精神和物质上的抚慰。

---

① [英]罗尔斯:《政治自由主义》,万俊人译,南京译林出版社2000年版,第5—6页。

当然，刑事和解并非尽善尽美，一些问题的存在不可避免。为了避免给人以"花钱买刑"的印象，在制度上应当谨慎设计和执行，比如和解前要做好宣传解释工作，赔偿的标准也应当有所限制，[①] 和解协议的履行期限、履行方式等方面都需要进行大量的探讨。

四、刑事和解协议的双重效力

1. 刑事和解协议对国家司法机关的效力

刑事和解协议是由加害人和被害人所达成的，其内容是加害方向被害人进行经济赔偿、赔礼道歉等民事行为，而被害人希望国家不再追究或者从轻、减轻加害方刑事责任。在和解协议中，当事人双方就刑事责任的追究达成了合意。但在现代社会，追究刑事责任的活动是专属于国家公权力的，所以这个协议的效力不可避免地要受到国家态度的影响。正如有学者所说："刑事和解契约并不是典型的公法契约，表现为契约任何一方都不是国家公权力机关，但是一般要由国家公权力机关启动、主持这个程序，或者来确认结果，协议内容才能发挥效力。"[②] 刑事和解协议的效力包括两方面，一是对国家追究犯罪嫌疑人、被告人刑事责任的诉讼活动有何影响；二是对签订和解协议的双方当事人有什么样的法律效力。

刑事和解协议对国家追究刑事责任的效力应当取决于法律的规定。新刑事诉讼法第279条规定："对于达成和解协议的案件，公安机关可以向人民检察院提出从宽处理的建议。人民检察院可以向人民法院提出从宽处罚的建议；对于犯罪情节轻微，不需要判处刑罚的，可以作出不起诉的决定。人民法院可以依法对被告人从宽处罚。"通过此规定可以看出，刑事和解协议在不同的诉讼阶段具有不同的效力。首先，在侦查阶段，在我国的司法体制中，公安机关作为侦查机关，其主要职能是侦破案件、查明案情，如果对刑事案件有过大的实体处理权，可能会放纵犯罪，滋生腐败，所以法律规定公安机关对刑事案件的

[①] 此处有学者建议，赔偿的标准应当参照最高人民法院《关于审理人身损害赔偿责任若干问题的解释》及《关于确定民事侵权精神损害赔偿责任若干问题的解释》等相关规定，确定明确的赔偿上限、下限，但笔者认为，这样对于防止出现漫天要价式的和解固然有一定意义，但是否就应当严格依照这样的规定确定赔偿还是可以在一定幅度内上下浮动，浮动的幅度又应如何规定仍然是一个值得探讨的问题。

[②] 张凌、李婵媛：《公法契约观视野下的刑事和解协议》，载《政法论坛》2008年第6期。

实体问题一般没有处理权。严格按照刑事诉讼法的规定,在此阶段,即使当事人双方达成和解协议,公安机关也只能移送检察机关审查起诉,同时可以提出从宽处理的建议。但这样对于当事人来讲费时费力,对于国家来说也是浪费司法资源,所以在过去的司法实践中,有一些地方的公安机关突破了法律规定,促进并主持一些轻微刑事案件的和解。例如,根据山东省威海市实务部门研究统计,2003年1月至2004年6月,威海市高区公安分局共受理轻伤害案件89起,立案后,当事人自行刑事和解后公安机关撤案处理43起,占48.1%;威海市环翠区公安分局受理轻伤害案件165起,当事人刑事和解后公安机关撤案34起,占20.6%。其次,在审查起诉阶段,检察机关一直是推动刑事和解实践的主要力量,在刑事和解程序中也能发挥较大的作用。根据法律规定,检察机关可以针对刑事和解后的案件作出以下处理决定:一是酌定不起诉,这也是当前检察机关推动刑事和解实践的一种重要的结案方式,其适用条件是犯罪嫌疑人的行为构成犯罪,但犯罪情节轻微,不需要判处刑罚或者可以免除刑罚。值得注意的是,笔者认为,根据新刑事诉讼法中针对未成年人犯罪的特殊规定,对于符合起诉条件但可能判处一年以下有期徒刑刑罚的未成年犯罪嫌疑人,也应当大力适用刑事和解。结合此两种特殊程序的规定,对未成年犯作出特殊处理——附条件不起诉。二是从轻或者减轻起诉,对于比较严重的犯罪,检察机关可以在量刑裁量权内对刑事和解案件作出从轻、减轻的决定。最后,在审判阶段,对于审查起诉阶段达成和解协议,检察机关经综合衡量全部案情后依然起诉的,检察机关应当将当事人达成的刑事和解协议随案卷移送到人民法院,另外,在此阶段加害人和被害人也可以达成和解协议,人民法院可以依法作出从轻、减轻刑罚的处理决定。另外还有学者主张,为了抚慰被害人,促进罪犯早日复归社会,对于罪犯和被害人在刑罚执行阶段达成和解协议的,可以在减刑、假释等问题上给犯罪分子予以奖励。

2. 刑事和解协议对双方当事人的效力

刑事和解协议遵循的是一种"事实、情感和补偿"规则,只有双方当事人自愿参与才能达成且主要依靠当事人自愿执行,那么在刑事和解协议生效以后,司法实践中不可避免要出现的问题就是当事人反悔。经过研究,我们把当事人反悔的情形归结为两类。

一是被害人反悔。有学者将被害人反悔的情形归结为三种,即加害人欺诈、被害人迫于压力接受和解、被害人欺诈。① 笔者认为，对待上述情形应当区别对待，前两种情形都严重违反了被害人的真实意愿，被害人可以向司法机关反映真实情况，撤销和解协议，且对于协议中加害人已经向被害人履行的民事赔偿，无权要求被害人返还，案件也应当重新转入普通司法程序，对于已经作出的加害人刑事责任的认定，应当予以撤销。但在第三种情形中，被害人为了尽快获取经济赔偿，表面上谅解了加害人，在赔偿到手后反悔，要求司法机关追究加害人的刑事责任，有的甚至无理取闹。这种情形下，为了维护刑事和解的严肃性和有效性，司法机关应当驳回被害方的要求，维持原和解协议的决定。最高人民法院《关于适用〈中华人民共和国刑事诉讼法〉的解释》第502条第2款也对此作了规定，"和解协议已经全部履行，当事人反悔的，人民法院不予支持，但有证据证明和解违反自愿、合法原则的除外"。

二是加害人反悔。基于趋利避害的本性，加害人为了获得免予刑事处罚或从轻、减轻处罚的机会，大多在参与刑事和解时表现出极大的积极性。但在实践中出现了犯罪嫌疑人、被告人并没有真心认罪悔过，仅仅是为了逃避刑罚而假装认罪，骗取被害人的谅解签订了刑事和解协议，待司法机关根据和解协议作出有利于其的决定后，有意拖延不履行赔偿责任，或者悔罪态度不好，故意刺激被害人及其亲属，甚至再度对被害人及其亲属造成侵害。这种情况实际上属于上文中提到的加害人欺诈的情形，应当重新追究其刑事责任。值得注意的，在民事方面，因为加害人构成违约，原和解协议中约定的民事赔偿内容仍然应当按照协议履行。实践中，为了避免这种情况的出现，一般都要求加害人的赔偿限于即时、一次性地给付金钱，原则上不允许分期付款，更不允许由他人（未成年人犯罪案件中犯罪嫌疑人、被告人的监护人除外）代为履行损害赔偿责任或提供担保。

3. 刑事和解协议变动的特殊情况

刑事和解协议签订以后，可能会产生一些新情况，从而对其效力产生影响。

第一种情况是情势变更。情势变更是一项民法原则，其含义是合同签订后，由于不可归责于双方当事人的原因发生情势变更，致使合同的基础动摇或者丧失，若继续维持合同原有效力则显失公平，允许变更合同内容或者解除合同。在签订刑事和解协议的过程中，被害人向加害人提出和解条件的依据是当

---

① 冯仁强、谢梅英：《刑事和解"反悔"行为的认定与处理》，载《西南政法大学学报》2008年第2期。

时其对案件情况尤其是个人受侵害状况以及恢复情况的判断。但是签订和解协议时，被害人存在的一些潜在损害可能之后才能表现出来，或者受侵害的情况之后可能严重恶化。比如，犯罪嫌疑人黄某殴打被害人李某致李某头部轻伤，双方签订和解协议，黄某向李某赔偿医药费等一万元，之后，李某头部伤势恶化，经医学鉴定是黄某之前的殴打行为所致，治疗费用需要六万元。在这样的情况下，被害人李某向加害人黄某提出要求增加赔偿数额，对原有的刑事和解协议进行变更，其要求显然是合理的。从根本上来讲，这是"诚实信用原则之具体运用，目的在于消除合同因情势变更所产生的不公平后果"①。所以，出现情势变更时，被害人如果要求对原和解协议进行合理变更应当得到法律的支持。在司法实践中遇到的问题是，情势变更如果出现在司法机关对犯罪嫌疑人、被告人作出免予刑事处罚或者从轻、减轻刑事处罚的决定之后，应当如何处理？笔者认为，在这种情况下，由于加害人对情势变更没有过错，同时为维护司法机关的权威性、决定的确定力，不能因为其效力变动而撤销有利于加害人的决定。当然，被害人可以与加害人协商增加赔偿数额，如果协商不成，被害人可以通过向人民法院提起民事诉讼来解决。反之，如果情势变更出现在司法机关作出有关加害人的决定之前，加害人与被害人双方协商不能达成一致意见时，被害人可以要求解除之前的刑事和解协议，司法机关按照通常程序处理案件。

第二种情况是有新的案情出现。签订刑事和解协议最重要的一个前提是在犯罪嫌疑人、被告人的真诚悔罪态度下进行。案件双方当事人根据当时已经查明的案情签订刑事和解协议，但协议签订以后，又发现犯罪嫌疑人、被告人的新情况，可能构成对被害人新的犯罪或原来犯罪的加重情节。比如，在一起入户盗窃案中，犯罪嫌疑人张某由于赌博在外举债累累，其向好友王某借钱，王某没有答应，于是张某趁王某不在家时，潜入其家中盗窃了王某放于抽屉中的现金3000元以及放于梳妆台柜子上的黄金手镯、项链、戒指等共计59克、金条100克，价值将近五万元。王某回家发现家中被盗遂报案，由于首饰及金条是其妻子保管，且其妻子出差在外，其仅发现3000元现金被盗的情况。报案后，张某被抓获归案，其交代了盗窃3000元现金的事实，但隐瞒了盗窃黄金首饰、金条的事实。由于考虑到二人本是好友且张某认罪态度较好，公安机关通知了被害人王某，在征询其意见后，犯罪嫌疑人张某与被害人王某达成了刑事和解协议。后公安机关决定对犯罪嫌疑人张某取保候审，并将案件移送检察院审查起诉。在检察院审查起诉过程中，王某妻子回家发现黄金被盗的事实

---

① 梁慧星：《合同法上的情势变更问题》，载《法学研究》1988年第6期。

并向公安机关再次报案。笔者认为,这样的情况下,犯罪嫌疑人隐瞒犯罪事实,说明其并未真正认罪悔过,其社会危险性和人身危险性都比较高,只要新查明的案件事实未过追诉时效,都应当撤销司法机关作出的免予追究或者从轻、减轻处罚的决定,重新按照通常程序办理案件。

(贾健 西南政法大学法学院、河南省荥阳市人民检察院)

第十一章 庭前会议制度设计与适用

庭前会议又称庭前准备程序，庭前会议制度来源于英美法系，是刑事诉讼中的一项专门制度，为世界各国广泛采用。英国称之为"庭前听证程序"，美国称之为"庭前会议"，德国称之为"中间程序"，法国称之为"预审程序"，日本和我国台湾地区称之为"庭前整理程序"。制度内容虽有不同，但同属法院受理后的庭前准备程序，目的都是提高庭审效率、保障庭审活动的顺利进行（庭前会议的作用可以从铁道部原部长刘志军案件得到体现，477本卷宗，开庭仅用了三个小时，庭前会议解决了大量的问题）。应该说，庭前会议制度虽然对于保障当事人权益、提高诉讼效率具有重要意义，但在现实背景下，由于观念及理解上的差异，加之缺乏有效的程序设计，致使庭前会议制度在适用中存在诸多问题。为保障该制度的有效适用，笔者认为，有必要对该制度的原则、范围、内容、效力等进行程序设计和探讨，以保障庭前会议制度的规范适用。

第一节 庭前会议制度概述

为了便于审判人员把握庭审重点，提高庭审效率，保证庭审质量，新刑事诉讼法规定了庭前会议制度，即庭前准备程序，该法第182条第2款规定："在开庭以前，审判人员可以召集公诉人、当事人、辩护人、诉讼代理人，对回避、出庭证人名单、非法证据排除等与审判相关的问题，了解情况，听取意见。"该项规定标志着我国庭前会议制度正式确立。

一、庭前会议的概念

在最高人民法院《关于适用〈中华人民共和国刑事诉讼法〉的解释》和最高人民检察院《人民检察院刑事诉讼规则》中，庭前会议这一概念首次以司法解释的形式出现，也使庭前会议这一学理概念成为一项诉讼法律制度。

美国是施行庭前会议制度最具代表性的国家，美国的庭前会议又称审前会议,《美国法律词典》认为,庭前会议是指由法官负责召集控辩双方,为案件开庭审理顺利进行作准备的会议。一般而言,庭前会议在开庭前较短时间内举行,会议是否召集取决于法官的自由裁量权。庭前会议的目的在于减少和消除庭审中可能出现的问题和分歧。控辩双方通过会议在一些程序或者事实问题上达成共识,形成共同约定,使庭审只需解决剩下的有争议的问题。庭前会议中达成一致的内容和出现的争执点将被载入会议记录。① 从而通过庭前会议使法庭审理阶段尽可能解决一些未决事项、争议问题。由此可见,美国的庭前会议是指在检察官提起公诉后,法庭开庭审判前,审判人员根据控辩双方的申请,就案件程序性事项召开会议,作出相应决定的诉讼活动。

根据我国刑事诉讼法的规定,我国的庭前会议,是指人民法院在开庭审判前,审判人员根据案件情况,召集公诉人、当事人、辩护人、诉讼代理人对庭审程序事项和案件证据等与审判相关的问题,了解情况,听取意见的诉讼活动。我国庭前会议的功能是了解情况、听取意见,掌握争执点。

二、我国庭前会议制度的确立背景

1979年刑事诉讼法规定的刑事庭前准备程序,采用的是庭前实体审查,人民法院决定开庭审判的条件是犯罪事实清楚、证据确实充分,通过庭前刑事实体审查,人民法院根据不同情况分别作出决定开庭审判、退回补充侦查、要求人民检察院撤回起诉的处理。人民法院享有庭前调查权和退回补充侦查权,律师享有充分阅卷权。这种庭前实体审查制度在把握证据、增加确信、认定犯罪、提高诉讼效率等方面有其积极作用,但在实践中,也导致了审判人员产生预断,使庭审流于形式等问题。

1996年刑事诉讼法的修改,标志着我国刑事审判方式由职权主义向职权主义和当事人主义相结合的架构转变,庭审方式由纠问式诉讼转变为控辩式诉讼,初步形成了当事人主义和职权主义并存的诉讼结构。人民检察院提起公诉时不再移送全案卷宗,改为移送证据目录、证人名单和主要证据复印件。根据1996年刑事诉讼法第150条的规定,人民法院受理案件后,只从形式上审查公诉案件,对庭前准备程序规定过于简单,在实践中也面临一些问题:不能过滤不当起诉、不能实现繁简分流,由于不能完全排除审判人员主观预断,不能

---

① 闵春雷:《刑事庭前程序研究》,载《中外法学》2007年第2期。

进行充分的证据核实和准备，如证据开示、证人出庭等。①

2012年刑事诉讼法的修改，对庭前准备程序进行了完善和调整，在恢复提起公诉案件案卷移送制度的基础上，规定了庭前会议制度，使控辩审三方在庭审前有了沟通信息、了解情况的机会，将有可能影响庭审的问题在庭审前得以解决。尽管新刑事诉讼法并未规定人民法院对公诉案件在庭审前可以进行实质性审查，但明确了案卷移送、明确的指控事实、庭前会议、提供无罪证据等制度。如第172条规定："人民检察院认为犯罪嫌疑人的犯罪事实已经查清，证据确实、充分，依法应当追究刑事责任的，应当作出起诉决定，按照审判管辖的规定，向人民法院提起公诉，并将案卷材料、证据移送人民法院。"第182条第2款规定："在开庭前，审判人员可以召集公诉人、当事人、辩护人、诉讼代理人，对回避、出庭证人名单、非法证据排除等与审判相关的问题，了解情况，听取意见。"第40条规定："辩护人收集的有关犯罪嫌疑人不在犯罪现场、未达到刑事责任年龄、属于依法不负刑事责任的精神病人的证据，应当及时告知公安机关、人民检察院。"上述规定都是刑事诉讼法修改的亮点，其中庭前会议是最具特色和影响的诉讼制度，该制度的确立为人民法院庭审工作机制的完善提供了法律支撑。

三、庭前会议制度的立法涵义

司法实践表明，许多在庭审过程中适用正规程序解决的问题，实际上控辩双方并无实质性争议，不能及时有效地确定控辩双方的争议的焦点，而争点又是法庭审理过程中重点解决的问题，人民法院如果在庭审前召集控辩双方针对相关问题发表意见，对不存在争议的问题达成共识，对存在实质性争议的问题明确具体争点，就能够在庭审阶段集中精力解决双方的争议事项，进而提高庭审的质量和效率。

新刑事诉讼法第182条规定了开庭前的准备程序，在完善起诉案卷移送制度、辩护方能够在庭审前全面查阅案卷材料和证据的基础上，庭前准备程序即庭前会议制度有助于控辩双方明确争点，提高庭审的有效性和针对性。所以，庭前会议制度的功能是通过了解情况、听取意见、达成共识、明确争点，达到提高庭审质量和效率的目的。

适用庭前会议制度，需要把握五个方面的问题：1.庭前会议由人民法院

---

① 闵春雷、贾志强：《刑事庭前会议制度探析》，载《中国刑事法杂志》2013年第3期。

审判人员根据案件情况进行。实践中,具体案件是否适用庭前会议,需要由审判人员结合个案情况作出决定,这里的决定主体是审判人员。公诉人、当事人、辩护人、诉讼代理人可以提出要求和建议,但是没有决定权。2. 庭前会议的内容是就回避、出庭证人名单、非法证据排除等与审判相关的问题,了解情况,听取意见。其中,回避、出庭证人名单,审判人员应当在开庭前了解情况、听取意见并达成一致意见。关于非法证据排除问题,当事人、辩护人、诉讼代理人在开庭前提出的,审判人员应当在庭前会议上进行深入了解、听取各方观点,并达成是否排除的意见。当事人、辩护人、诉讼代理人在开庭前没有提出非法证据排除问题,而在庭审过程中提出的,审判人员应当启动非法证据排除的调查程序。3. 庭前会议是人民法院庭前准备程序的主要方式,可以个别听取意见为辅助。召开庭前会议,召集公诉人、当事人、辩护人、诉讼代理人参加,有助于审判人员全面了解有关情况、听取各方的不同意见,也有利于有关各方进行交流沟通,达成共识,从而节省庭审时间,提高庭审效率,也便于明确法庭上争论的焦点,为法庭审理做好充分准备。4. 审判人员主持召集庭前会议是为了了解情况、听取意见、明确争议,审判人员通过充分了解各方对案件事实问题、证据问题、程序问题的看法和态度,掌握案件动态和情况。所以,审判人员在公诉人、当事人、辩护人、诉讼代理人充分发表意见的基础上,对意见一致的问题可以在庭前消化处理或者在庭审中简易审理;对意见不一致的问题和诉讼焦点,应在庭审中重点解决。庭前会议不宜作出实质性决定,而应当由各方协商解决。因为庭前会议属于准备程序,而非庭审程序,控辩各方提出的仅仅是意见,具有可变性,故审判人员不宜作出决定事项。比如非法证据排除问题,即便控辩双方在庭前会议上达成一致意见,事后意见改变,控方或者辩方在庭审中仍可以再行提出。因此说庭前会议的一致意见不具有终局性,具有可变性。只有经过庭审程序才能作出实质性决定,庭审决定具有终局性。5. 庭前会议可以根据案件需要多次召开。由于案件的复杂性,一次庭前会议可能解决不了全部问题,也可能出现新的问题,庭前会议作为庭前准备程序,可以灵活掌握,数次召开。

需要指出的是,对于庭前准备程序的庭前会议,大多数国家的刑事诉讼法都规定有证据开示程序,我国理论界也对该问题开展了较为深入的研究,倾向于确立证据开示程序。我国刑事诉讼法并未明确规定证据开示程序,但是,一些地方司法机关基于实践需要,已经尝试在开庭前召集控辩双方针对证据问题听取意见,取得了较好的效果。为进一步完善庭前准备程序,有必要探索建立规范的证据开示制度。

四、庭前会议制度的特征

新刑事诉讼法确立的庭前会议制度，是修法的一大亮点，其具有以下特征。

1. 诉讼性特征

刑事诉讼法在法律规定中首次提供了一个控、辩、审三方会同进行庭前准备的模式，并且吸收当事人、诉讼代理人参加。将庭前审查程序由封闭式转化为多方参与的诉讼会商结构，控辩双方可以在庭前针对有关问题和事项发表意见、沟通协商，使得审判人员充分了解和掌握控辩双方的态度，并对无异议的问题和事项达成一致意见，进而进行争点整理，明确双方的争执焦点。

2. 程序性特征

庭前会议制度主要是针对程序性事项进行沟通、交流和处理，凸显了对程序性问题的重视。新刑事诉讼法规定，庭前会议可以对回避、出庭证人名单、非法证据排除等事项听取意见，了解情况。最高人民法院《关于适用〈中华人民共和国刑事诉讼法〉的解释》进一步将管辖、申请不公开审理、提供新证据、对证据材料的意见、附带民事诉讼和解等事项也纳入庭前会议的范畴加以解决。前述规定使得程序性事项能够在庭前得到较为妥善的处理，从而保证了法庭审理的集中高效。

3. 协商性特征

新刑事诉讼法第182条规定的庭前会议程序，主要是听取意见，了解情况，体现了庭前会议的协商性特征。最高人民法院《关于适用〈中华人民共和国刑事诉讼法〉的解释》第184条规定，人民法院在庭前会议中，审判人员可以询问控辩双方对证据材料有无异议，对无异议的证据，在庭审时可以简化举证、质证程序；对有异议的证据，在庭审过程中应当作为重点进行调查。同时规定，被害人、被害人的法定代理人、近亲属提起附带民事诉讼的，可以进行调解。事实上，上述规定确立了庭前会议的证据开示制度。但这种证据开示或者说展示不是完全意义上的证据开示，这种开示是单向的，是公诉方对辩护方的开示。完全意义上的证据开示应当是双向的，包括公诉方对辩护方的证据开示和辩护方对公诉方的证据开示。显然，我国刑事诉讼法和高法的解释并未规定完全意义上的证据开示制度。①

庭前会议的效力来源于会议各方的协商一致性,对于附带民事诉讼的调解也是基于原、被告双方的意思合意和意愿,从而达成调解框架性协议,被告方和被害方形成的合意是庭前会议处理结果约束力的重要依据,但这种约束力是非刚性的,最终结果还要在庭审中得以实现。规范的程序使控辩双方庭前沟通、交涉过程制度化,为人民法院庭审活动提供条件。

4. 酌定适用性特征

庭前会议制度的适用具有酌定实用性特征,根据新刑事诉讼法第 182 条第 2 款的规定,在庭审前,审判人员可以召集诉讼各方对回避、出庭证人名单、非法证据排除等问题听取意见。这就意味着在庭审以前,审判人员根据案件情况和实际需要,选择决定召开或者不召开。

一般情况下,对人民检察院提起公诉的重大复杂疑难案件、控辩双方有争议的案件、案卷材料较多的案件、当事人提出程序性问题的案件,审判人员可以考虑召开庭前会议了解情况、征求意见。对于案情简单、控辩双方无异议的案件,审判人员可以决定不召开庭前会议。这里涉及庭前准备的效率问题,无谓的庭前会议势必影响工作效率,有必要召开的庭前会议,虽然在庭前准备阶段付出了时间和精力,而在庭审阶段则可以大大提高庭审效率,达到庭前准备程序的目的,起到事半功倍的效果。由此来看,庭前会议的召开应以是否必要为前提,由审判人员酌情决定。

第二节　庭前会议适用中存在的问题

庭前会议作为一项移植而来的制度,随着 1996 年刑事诉讼法的修改,以及司法交流的深入和学术界的理论推进,我国一些地方法院在司法实践中已有实践和探索,但参加人仅限于公诉人和辩护人,会议内容也多是证据开示,由于缺乏法律依据,庭前会议的运作并不规范,各地具有较大的差异。2012 年刑事诉讼法的明文规定使庭前会议制度有了应用依据,尤其是在一些重大、复杂案件中适用较多。实践中,庭前会议的适用仍存在许多问题,有必要加以探讨解决。

---

① 王路真:《庭前会议制度的实践运作情况和改革前瞻》,载《法律适用》2013 年第 6 期。

一、适用率偏低

刑事诉讼法对庭前会议的适用范围没有明确规定，主要是为了便于审判人员根据案件需要酌情决定适用，这也给了审判人员做好庭前准备较大的决定空间。有人提出庭前会议的适用范围过宽，不能体现庭前会议繁简分流的原则。笔者认为，庭前会议制度的目的是听取意见、了解情况、便于庭审，对此项具有普遍意义的诉讼制度，如果对适用范围加以限制，无异于限制了审判人员了解情况、听取意见的渠道，对审判人员来说是限制征求意见的机会，对控辩双方来说是限制沟通交流的机会，故此提议毫无正当性。

为了规范庭前会议的适用，强调其适用价值，最高人民法院《关于适用〈中华人民共和国刑事诉讼法〉的解释》第183条规定："案件具有下列情形之一的，审判人员可以召开庭前会议：1.当事人及其辩护人、诉讼代理人申请排除非法证据的；2.证据材料较多、案情重大复杂的；3.社会影响重大的；4.需要召开庭前会议的其他情形。"高法解释如此规定不是为了限制庭前会议的适用范围，而是在着重强调上述四种情形应考虑召开庭前会议。司法实践中，一些审判人员要么严格固守四种情形，要么嫌麻烦、图省事，很少适用庭前会议，有的法院甚至一次庭前会议都没有召开。有而不用、当用不用，这在一定程度上剥夺了控辩双方沟通交流的机会，放弃了法律赋予的程序职责，不符合刑事诉讼法规定的庭前准备程序的要求。根据刑事诉讼法第182条第2款规定的精神，应当是根据案件需要召开庭前会议、可以召开庭前会议，会议的召开虽然具有酌定适用性、可选择性，但绝不能置之不理、视而不见、完全放弃，把庭前准备程序当作可有可无的程序而忽视掉。

作为庭前准备程序的庭前会议制度，一方面是为了提高庭审效率，另一方面也是当事人的权益保障程序，意味着对辩护人、当事人、诉讼代理人的权益保障。对公诉方来说，通过庭前会议协商解决一些争议问题，确定争点，有利于公诉人在法庭审理中明确公诉方向和重点，是对出庭公诉质量的保障。

二、庭前会议内容偏向

根据刑事诉讼法的规定，庭前会议是针对回避、出庭证人名单、非法证据排除等与审判相关的问题听取意见。由于法律规定不具体，导致在庭前会议适用中出现了证据调查核实、质证等应在法庭调查过程中解决的问题现象，有的甚至把庭前会议变成了庭审，使庭前会议变味走调，背离了庭前准备程序的初衷，未能实现庭前会议的立法目的。

由于法律规定采用的是简单列举的方式，并未明确庭前会议的内容是针对程序还是实体，而是确定为与审判相关的问题。就法律规定而言，法条不可能穷尽所有会议内容的情形，但从列举出的情形可以看出，庭前会议的内容侧重于程序性问题。而对于非法证据排除这一问题来说，排除本身属于程序问题，但是否排除、能否排除则是需要在法庭证据调查中进行的，显然需要进行法庭质证，这就涉及案件的实体内容。尽管如此，笔者认为在庭前会议上，还是应侧重于解决程序问题，涉及非法证据排除等实体问题的，可以提出问题、交换意见，能达成一致的，形成排除或者不排除的一致意见，不能深度质证，把庭前会议变成法庭审理，使庭前会议偏离方向。

其实，从立法来看，庭前会议并未限定会议内容是针对程序问题还是实体问题，所以，在庭前会议适用中，无论是程序问题还是实体问题，只要有利于审判，都可以提出意见、沟通协商。应当注意的是，不能过度依赖庭前会议，不能作出实质性决定，庭前会议的功能是了解情况、听取意见，庭前会议形成的意见，只是协商性意见，不具有终局效力。

三、参加庭前会议人员范围小

关于庭前会议的参加人员，刑事诉讼法规定为审判人员可以召集公诉人、当事人、辩护人、诉讼代理人，在司法实践中，审判人员囿于思维定势，习惯于传统做法，召开庭前会议只召集公诉人和辩护人，忽视了当事人、诉讼代理人的参会资格，一般不让当事人、诉讼代理人参加庭前会议。认为有公诉人、辩护人参加即可解决问题，如果让当事人、诉讼代理人参加容易增加麻烦、横生枝节，这在一定程度上剥夺了当事人、诉讼代理人的诉讼权利。需知辩护人是受被告人（当事人）的委托、诉讼代理人是受被害人的委托，当事人才是诉讼的基本主体，如果不召集当事人参加庭前会议，势必影响到庭前会议听取意见的客观性、全面性。①

当然，审判人员召集庭前会议，可以根据案件情况决定参加人员，只召集公诉人、辩护人本无可厚非，但不能漠视当事人的参会权利，更不能无视当事人的意见。根据案件情况，需要当事人参加庭前会议的，应当通知当事人、诉讼代理人参加，吸收其参加庭前会议是全面听取意见、保障其权利的体现，也符合庭前准备程序的要求。从某种意义上说，这样公开听取意见的庭前程序，

---

① 张伯晋：《构建中国特色庭前会议程序》，载《检察日报》2012年4月1日第3版。

更能够使当事人畅所欲言、陈述意见。

四、庭前会议效力认识不一

庭前会议的功能就是通过听取意见将控辩双方的争议解决在开庭之前，解决的方式是双方达成一致意见，形成合意，但对于合意意见的效力，法律没有明确规定。实践中有这样的情况：被告人及辩护人对庭前会议上达成一致意见的事项，在法庭审理中提出异议；又如，控辩双方在庭前会议上同意不予排除的证据，在法庭审理中，被告人及辩护人提出质疑，申请予以排除。这都涉及庭前会议的效力问题。有人认为庭前会议形成的合意意见具有约束力，控辩双方应信守合意；有人认为庭前会议形成的合意意见不具有约束力，控辩双方在庭审中可以再行提出，法院应再行核实。

笔者认为，庭前会议形成的合意意见不具有约束力，只供审判人员听取意见、了解情况、掌握动态。在法庭审理阶段，如果一方提出质疑的，审判人员应进行调查质证，不能以庭前会议合意为由予以制止。《人民检察院刑事诉讼规则》第432条规定："当事人、辩护人、诉讼代理人在庭前会议中提出证据系非法取得，人民法院认为可能存在以非法方法收集证据情形的，人民检察院可以对证据收集的合法性进行证明。需要调查核实的，在开庭审理前进行。"这就意味着在庭前会议上并非要对非法证据作出排除决定，除非公诉方主动排除或者同意排除。如果在庭前会议阶段就能作出非法证据排除的决定，就超出了庭前会议的解决范围。达成合意是为提高法庭审理效率提供条件，不能据此剥夺诉讼一方的庭审权利，听取各方意见、了解各方情况才是庭前会议的功能所在，从另一重意义上说，庭前会议具有听证会的等同价值，庭前会议是为庭审做准备，审判人员不能作出实质性决定，故庭前合意意见对诉讼各方也不具有实际约束力。

五、证据开示程序缺失

英美法系国家的庭前会议大多确立了证据开示程序，而我国刑事诉讼法并未明确此项规定，而刑事诉讼法关于庭前会议的规定又包括非法证据排除问题，既然涉及非法证据排除，就与证据开示相关联。根据刑事诉讼法第38条的规定，辩护人自人民检察院对案件审查起诉之日起，可以查阅、摘抄、复制本案的案卷材料。由此可见，辩护人自审查起诉之日起已经了解和掌握了公诉方的证据，实际上案件证据已经向辩方开示，而公诉方对辩方证据并不了解，造成证据信息不对称。在人民法院受理后的庭前准备阶段,审判人员召集庭前会议为证据开示提供了平台,庭前会议中的非法证据排除是基于辩护人掌握公诉方证据的情况下提出的,在此种情形下,尤其必要进行证据开示,原因有四:1. 辩护人通过查阅卷宗、摘抄、复制的案卷材料掌握的证据并非公诉方的全部证据。实践中,公诉人在提起公诉后法院开庭审理前根据案件情况还会补充相关证据(甚至包括无罪证据),如不进行证据开示,这些补充证据辩护人是无从掌握的,也就谈不上排除问题。2. 如果不进行证据开示,辩方证据公诉方不了解,造成证据信息不对称,公诉方就无法审阅排除辩方证据,有违权利对等原则。3. 非法证据排除应当是完全意义上的证据排除,包括对控方非法证据的排除,也应包括对辩方非法证据的排除,而排除的前提条件是证据开示。4. 在庭前会议中确立证据开示程序有利于防止证据偷袭。如果公诉人在提起公诉后补充的证据不向辩护人开示、辩护人收集的证据也不向公诉人开示,势必造成相互隐瞒、互为防守,以在法庭审理中对对方进行证据偷袭,从而影响庭审节奏和效果。

第三节 庭前会议产生问题的原因

庭前会议制度虽然为司法界所广泛接受和认同,并以法律的形式予以规定,但在实践中仍存在一些问题,在一定程度上影响了庭前会议制度的适用效果,原因有以下几点。

一、传统观念的影响

庭前会议制度在刑事诉讼法规定之前,人民法院已有探索实践,特别是证据开示程序在各地也有应用。受前期实践做法和惯性思维的影响,且刑事诉讼法和"两高"司法解释实施不久,在司法实践中,存在执行庭前准备程序不严格现象,主要表现在:1. 缺乏适用庭前会议的主动性,法律虽然规定在庭审前审判人员可以召集庭前会议,但对庭前会议的适用范围并不明确,所以,审判人员极少召集庭前会议。2. 对庭前会议的参加人员习惯于召集公诉人、辩护人,认为控辩双方参加即可,而不注重召集当事人、诉讼代理人参加。3. 对庭前会议的内容侧重于证据问题的核实与协商,忽视对程序问题的汇总解决,仍有重实体、轻程序倾向。4. 在庭前会议中不当使用裁决权,对未能形成合意的事项习惯于居中裁判,存在非双方真实意思表示的合意。5. 放大庭前会议的合意价值,对在庭前会议形成一致意见的事项,在法庭审理过程中一方又提出请求的，往往以已形成合意为由不予准许。

二、法律规定尚不完善

新刑事诉讼法中确立的庭前会议制度是我国刑事审判制度的一大进步，但庭前会议制度尚处于初设阶段，法律规定并不完善，比如庭前会议的适用范围问题、会议效力问题、会议内容问题等，由于法律规定不明确，其实是给予审判人员召集庭前会议的酌定空间，使庭前会议程序更好地服务于庭审，但实践中，理解上的差异致使庭前会议在适用中出现偏差。适用范围不明确造成适用率偏低；会议效力有争议对控辩双方的庭审权利，尤其是当事人的庭审权利带来影响；会议内容不具体致使庭前会议异化为庭审程序，甚至有代替庭审之嫌。

三、运行机制尚不健全

庭前会议制度作为法庭审理前的准备程序，具有汇总解决程序性问题、整理明晰实体问题的功能，而要实现这些功能就必须建立相应的运行机制，保障庭前会议制度的有效落实。如会议原则、会议的启动、主持人员、参加人员、会议内容、会议议程、合意意见、会议争点、会议记录、签字认可等。只有建立起完善的机制，才能保障庭前会议制度得以规范适用。当前由于机制缺陷，庭前会议在施行中，或过于简单、或过于复杂、或缺乏规范，走偏失范现象突出，有的甚至以缺乏操作性为由放弃不用，直接影响到庭前会议制度的功能发挥。

四、地域差异造成各地做法不一

我国幅员辽阔，由于地域差异，反映在制度适用方面也不尽相同。有的地方重视庭前准备程序，强调庭前会议制度的适用；有的地方人民法院与人民检察院联合出台庭前会议议事规则，注重于健全机制；有的则在刑事诉讼法规定的基础上，探索完善庭前会议的内容，把证据开示程序纳入庭前会议，把庭审中可能出现的问题都在庭前会议上进行沟通协商，听取意见；但也有过度依赖庭前会议现象，通过庭前会议梳理庭审中的程序和实体问题，把庭前会议不自觉地异化为小型庭审，或者是法庭审理的预演。凡此种种，做法不一，有些做法是值得肯定的，有的则有矫枉过正、反客为主之嫌，随意扩大庭前会议的功能，使法庭审理成了走过场，这样既使庭前会议制度的价值异化，也虚化了庭审程序的诉讼功能和价值。

第四节 庭前会议的制度设计

刑事诉讼法和"两高"司法解释对庭前会议的启动时间、主持人员、参加主体进行了初步规定，并对庭前会议的内容作出简单列举性规定，但现有规定尚不全面，缺乏操作性程序规范。为严格执行新刑事诉讼法关于庭前会议制度的规定，切实提高庭审效率，有必要对庭前会议制度作出程序设计，构建规范、合理的庭前会议程序。

一、庭前会议的原则

1. 平等公正原则

庭前会议是由审判人员召集公诉人、当事人、辩护人和诉讼代理人参加的庭前准备会议，会议应保障各方参会主体平等提议、申请、解释、说明、辩解和协商的权利，包括控辩双方对等的权利，使参会各方有充分发表意见的机会和自由，确保庭前会议在客观公正的前提下沟通、交流、陈述观点。

2. 协商一致原则

沟通、协商是庭前会议的基本特征，参会各方针对程序、证据问题发表意见，达成一致意见的，可以简化诉讼；存在分歧意见的，经过交流明确争点，以便在庭审中重点解决，无论是一致意见还是分歧意见，都是协商一致的结果。

3. 有利诉讼原则

庭前会议制度的确立对法庭开庭审理具有重要意义，尤其是对重大复杂案件，审判人员通过召开庭前会议听取意见、解决问题、形成合意、明确争点，解决可能导致庭审中断的事项，为法庭审理提供有利条件，保障庭审集中、高效进行，提高庭审的质量和效率。[①]

4. 注重实效原则

根据刑事诉讼法第 182 条第 2 款的规定，庭前会议解决的是与庭审相关的

---

① 张鹏飞、李峰：《庭前会议效力及具体操作》，载《法律适用》2013 年第 6 期。

问题，庭前会议的功能是了解情况、听取意见，基于此，凡是与庭审有关的问题都可以通过庭前会议进行沟通协商，交流讨论，以便形成一致意见，解决问题、方便庭审是庭前会议的价值目标。无论是对于普通程序案件还是简易程序案件，庭前会议都是提高庭审效率、缓解案多人少矛盾的有效途径。

二、庭前会议的启动

我国处于起诉法定主义和起诉便宜主义并用的阶段，法律并未明确规定庭前会议有谁提起，但在现有模式下，作为参与主体的公诉人、当事人、辩护人、诉讼代理人均有权申请或者建议召开庭前会议，审判人员可以根据申请和建议酌情决定；法院作为召集方亦可直接依职权启动庭前会议。

有观点认为，法院审判具有被动性，居于中间裁判的地位，在庭前会议中，法官仍然应居于中立裁判的地位，如果控辩双方当事人不提出申请，法官无权自行启动庭前会议。笔者认为，庭前会议作为庭前准备程序，目的是广泛听取诉讼各方的意见，庭前会议的功能不同于庭审，只要便于庭审、有利于提高庭审效率，人民法院作为召集人完全可以自行启动庭前会议程序，法院自行启动庭前会议是主动听取意见的表现，不能以"居中裁判者"为由，阻碍和限制法院召集诉讼各方了解情况、听取意见。

从保障司法公正、确保控辩双方权利平等的角度出发，控辩双方都有提出召开庭前会议的权利，人民法院可以根据审判案件的实际需要，决定是否召开。具体来说，庭前会议的启动方式有三种：一是人民法院根据案件情况，自行决定召开庭前会议；二是人民检察院认为有必要召开庭前会议的，建议人民法院组织召开庭前会议；三是当事人及其辩护人、诉讼代理人针对案件管辖、回避、非法证据排除、调取证据、庭审程序、审理方式、申请重新鉴定或勘验、申请证人或者鉴定人出庭作证提出意见或者申请的，法院可以决定召开庭前会议。"审判实际需要"应当是审判人员是否决定召开庭前会议的判断标准。[①]

三、庭前会议参加人员

根据刑事诉讼法的规定，庭前会议参会人员一般包括审理案件的审判人

---

① 车明珠：《庭前会议制度的价值与程序完善》，载《检察日报》2012年11月12日第3版。

员、公诉人、当事人、辩护人、诉讼代理人,还应配备书记员,对庭前会议情况进行记录。人民法院也可以根据案件需要确定参加范围,需要注意的是,应摒弃只召集公诉人、辩护人参加庭前会议的习惯性做法,需要当事人、诉讼代理人参加的,应充分保障其参加庭前会议的权利。

《人民检察院刑事诉讼规则》第 430 条规定:"人民法院通知人民检察院派员参加庭前会议的,由出席法庭的公诉人参加,必要时配备书记员担任记录。"

关于庭前会议的主持,法律规定由审判人员负责召集,庭前会议当然应由案件审判人员主持。

四、庭前会议适用的范围

庭前会议的适用范围即庭前会议适用的案件类型,刑事诉讼法没有明确规定,从本质上讲,任何公诉案件都可以适用庭前会议,无论是普通程序案件还是简易程序案件。为了规范庭前会议的适用,高法《解释》第 183 条规定了审判人员可以召开庭前会议的四种情形:1. 当事人及其辩护人、诉讼代理人申请排除非法证据的;2. 证据材料较多、案情重大复杂的;3. 社会影响重大的;4. 需要召开庭前会议的其他情形。由于庭前会议旨在听取意见、解决问题、明确争点,所以,庭前会议的召开主要还是针对有分歧的案件、重大复杂案件、有重大社会影响的案件。高法《解释》对庭前会议适用情形的规定,具有针对性和概括性,应当作为庭前会议适用范围的依据。

五、庭前会议的内容

刑事诉讼法第 182 条对庭前会议的内容进行了原则性规定,即庭前会议应围绕回避、出庭证人名单、非法证据排除等与审判相关的问题进行,高检《规则》、高法《解释》对庭前会议的内容又进一步作了细化。高法《解释》第 184 条规定:召开庭前会议,审判人员可以就下列问题向控辩双方了解情况,听取意见:1. 是否对案件管辖有异议;2. 是否申请有关人员回避;3. 是否申请调取在侦查、审查起诉期间公安机关、人民检察院收集但未随案移送的证明被告人无罪或者罪轻的证据材料;4. 是否提供新的证据;5. 是否对出庭证人、鉴定人、有专门知识的人的名单有异议;6. 是否申请排除非法证据;7. 是否申请不公开审理;8. 与审判相关的其他问题。审判人员可以询问控辩双方对证据材料有无异议,对有异议的证据,应当在庭审时重点调查;无异议的，庭审举证、质证可以简化。高检《规则》第431条关于公诉人参加庭前会议的规定，除上述问题外，还规定公诉人可以对辩护人提供的无罪证据、延期审理、适用简易程序、庭审方案等与审判相关的问题提出和交换意见，了解辩护人收集的证据等情况。

  刑事诉讼法以及"两高"的解释对庭前会议的内容已经规定得较为明确，在"两高"解释中，都规定有"是否提供新的证据"、"了解辩护人收集的证据"这一内容，这就意味着控辩双方在一定程度上可以进行证据开示，在某种意义上说，只有进行证据开示，才能更好地进行非法证据排除。笔者认为，庭前会议中的证据开示应当是双向的，非法证据排除也应当是双向的。当然，庭前会议的内容绝不仅仅局限于两高解释的规定，审判人员可以根据案件情况，对与审判相关的其他问题进行会议协商。具体而言，庭前会议的内容应注重以下几点：

  1. 案件管辖：控辩双方对案件的地域管辖和级别管辖、是公诉案件还是自诉案件存在异议的，可以向审判人员提出。

  2. 人员回避：审判人员应当告知当事人有权对合议庭组成人员、书记员、公诉人、鉴定人和翻译人员申请回避。对符合应当回避情形的，当事人及其辩护人、诉讼代理人有权要求上述人员回避。

  3. 申请调取证据：当事人及其辩护人、诉讼代理人可以申请调取在侦查、审查起诉期间公安机关、检察机关未随案移送的能够证明被告人无罪或者罪轻的证据；公诉人可以申请调取辩护人收集的无罪证据及其他证据。

  4. 证据开示及证据整理：控辩双方进行证据开示，在证据开示的基础上提出和交换意见。审判人员可以询问控辩双方对证据材料有无异议，双方有无新的证据向法庭提供；对有异议的证据，应当在庭审时重点调查；无异议的，庭审时举证、质证可以简化。

  5. 出庭作证人员名单：控辩双方在庭前会议中提出各自拟出庭证人、鉴定人、有专门知识的人的名单并说明理由，双方可就对方拟定的出庭人员名单提出异议，最终确定各方出庭作证的人员名单。

  6. 非法证据排除：当事人及其辩护人、诉讼代理人可以向审判人员申请排除以非法方法收集的证据，但应提供相关线索或材料，会议形成合意的，予以排除；未达成一致的，公诉人应当在法庭调查过程中对证据收集的合法性加以证明，在必要时，公诉人可以申请有关侦查人员或者其他人员出庭说明情况。需要指出的是，公诉人对辩护人收集的证据也可以提出是否排除的意见。

  7. 申请重新鉴定或者勘验：当事人对鉴定或者勘验有异议的，可以提出重新鉴定或者勘验的请求。

8. 明确争议焦点：案件中的争点包括法律争点和事实争点。审判人员可以在庭前会议中要求控辩双方就起诉书指控的范围、认定的罪名及指控事实要点发表各自的意见，进而将控辩双方预定在开庭时提出的主张明确下来，确定争点。

9. 审理方式：当事人及其辩护人、诉讼代理人认为案件涉及隐私或者商业秘密的，可以向审判人员说明情况，申请不公开审理。

10. 其他有利于庭审的事项：为了保证开庭审理的高效进行，维护司法公正，公诉人、当事人及其辩护人、诉讼代理人可以就其他与审判相关的问题向审判人员说明情况，提出意见。

六、庭前会议的记录

庭前会议作为法庭审理前的准备程序，是刑事诉讼法明确规定的诉讼程序，人民法院对庭前会议的全部活动和情况，是解决法庭审理相关问题的重要依据，应由法院书记员制作笔录，存卷备查。这在高法《解释》第184条亦有规定。对庭前会议笔录应当在会议结束后交由参会人员阅读或向其宣读，认为有遗漏或有错误的，可以请求补充或改正。参会人员确认无误后，应当签名或盖章。

七、庭前会议的效力

根据刑事诉讼法第182条的规定，审判人员召集庭前会议对与审判相关的问题了解情况、听取意见。并且规定：上述活动情形应当写入笔录，由审判人员和书记员签名。可见，法律没有明确庭前会议的结果，没有明确赋予审判人员就庭前会议涉及的与审判相关的问题作出裁决的权力，法律也没有规定庭前会议各方形成的合意具有约束力。

有观点认为，庭前会议及其决定对庭审程序具有约束力，会议请求事项具有时效性：应当在庭前会议上提出的事项未提出的，在庭审时不得再行提出；会议决定具有约束性：庭前会议上达成的一致意见及法院在此基础上作出的决定，对于庭审程序具有严格的约束力，如未经开示的证据在庭审时不得出示、在庭前会议上合意不予排除的证据在庭审时不得再行申请排除；当事人权利的救济性：认为经过庭前会议合意的事项，庭审时再行提出不被法庭准许的，可以通过上诉获得救济。

上述观点，笔者不能认同。根据刑事诉讼法的规定，庭前会议的功能是审判人员通过召集庭前会议了解情况、听取意见、交流沟通、达成共识。法律将其定位于了解情况、听取意见，刑事诉讼法及相关司法解释亦没有赋予庭前会议约束力。庭前会议的效力问题不言自明：即庭前会议不具有约束力，庭前会议不应对会议事项作出实质性决定，人民法院也不应对会议具体事项作出裁决或者决定。如果庭前会议具有约束力、可以作出实质性决定，就有替代法庭审理之嫌，使庭审流于形式；如果庭前会议具有约束力，那么庭前会议上决定不予排除的证据，庭审中当事人再次提出排除意见如何处理？如果庭审中不予审理调查当事人提出的排除意见，显然就剥夺了当事人的诉讼权利。在庭前会议上没有开示的证据，庭审中辩护人或者公诉人再行出示，如果不予准许，势必影响到对案件事实的正确认定，况且完全存在控辩双方在庭前会议后收集到新证据的情况。

庭前会议的根本价值在于审判人员了解情况、听取意见，庭前会议是庭前准备程序，而非实质性处断程序，其效力取决于参会各方的意思表示和一体合意，取决于会议各方对合意的自觉遵守与履行，而不具有约束性效力，会议各方对庭前会议形成的合意在会后产生质疑或者异议，可以在庭审期间再行提出，法庭应当准许。

（贾健　西南政法大学法学院、河南省荥阳市人民检察院）

附　　录

荥阳市人民检察院律师接待管理办法

第一条　为进一步规范办案流程管理，保障律师及其他辩护人、诉讼代理人的合法权益，根据《中华人民共和国刑事诉讼法》、《人民检察院刑事诉讼规则》和《检察机关执法工作基本规范》等相关规定，结合我院工作实际，制定本办法。

第二条　本办法适用于律师及其他辩护人、诉讼代理人提请事项的受理与接待。

第三条　律师及其他辩护人、诉讼代理人的接待工作由案件管理事务中心统一负责。

第四条　辩护人接受委托后告知人民检察院或者法律援助机构指派律师后通知人民检察院的，由案件管理事务中心负责统一登记辩护人的相关信息，并于当日内将有关情况和材料通知、移交办案部门，特殊情况至迟不得超过次日。

第五条　案件管理事务中心对办理业务的律师，应当查验其律师执业证书、律师事务所证明和授权委托书或者法律援助公函。对其他辩护人、诉讼代理人，应当查验其身份证明和授权委托书。

第六条　辩护律师会见在押或者监视居住的特别重大贿赂案件犯罪嫌疑人，经案件管理事务中心审查后，移交侦查部门办理。

第七条　辩护律师以外的其他辩护人会见在押或者监视居住的犯罪嫌疑人，经案件管理事务中心审查后，移交办案部门办理。

第八条　辩护律师或者经过许可的其他辩护人到人民检察院查阅、摘抄、复制本案的案卷材料，由公诉部门负责提供案卷材料，在案件管理事务中心进行，承办人可在场陪同。因公诉部门工作等原因无法及时安排的，应当向辩护人说明，并安排辩护人自即日起两个工作日以内阅卷，公诉部门应当予以配合。

第九条　辩护人复制案卷材料可以采取复印、拍照等方式，案件管理事务中心只收取必要的工本费用。对于承办法律援助案件的辩护律师复制必要的案卷材料的费用，可以根据具体情况予以减收或者免收。

第十条　案件移送审查逮捕或者审查起诉后，辩护人认为在侦查期间公安机关收集的证明犯罪嫌疑人无罪或者罪轻的证据材料未提交，申请人民检察院向公安机关调取的，由案件管理事务中心负责受理，并于当日内将申请材料移交办案部门，特殊情况至迟不得超过次日。公安机关移送相关证据材料的，由案件管理事务中心负责接收，并于当日内将材料移交办案部门，同时通知提交申请的辩护人，特殊情况至迟不得超过次日。

人民检察院办理直接立案侦查的案件，按照本条规定办理。

第十一条　以下事项由案件管理事务中心负责受理，并于当日内将有关情况和材料通知、移交相关部门进行处理，特殊情况至迟不得超过次日：

（一）案件移送审查起诉后，辩护律师依据刑事诉讼法第四十一条第一款之规定申请人民检察院收集、调取证据的；

（二）在人民检察院侦查、审查逮捕、审查起诉过程中，辩护律师提出书面意见或者提出要求听取其意见的；

（三）辩护人、诉讼代理人针对案件提出的其他申请、意见和建议。

第十二条　本办法由本院检察委员会负责解释。

第十三条　本办法自通过之日起施行。

荥阳市人民检察院
二〇一三年四月七日

《荥阳市人民检察院律师接待管理办法》实施情况总结

修改后的《人民检察院刑事诉讼规则》第四章辩护与代理中第三十五条规定:"辩护人、诉讼代理人向人民检察院提出有关申请、要求或者提交有关书面材料的,案件管理部门应当接收并及时移送相关办案部门或者与相关办案部门协调、联系,具体业务由办案部门负责办理,本规则另有规定的除外。"该规定明确了案管部门为律师接待的第一窗口,这是案件管理部门的一项新业务,需要案件管理部门适应新形势,制定新制度来保障和应对律师职业权利的新变化。新规则出台后,我院案管中心就如何做好律师接待工作,做如下汇报总结:

一、制定律师接待工作暂行办法的背景

我院为进一步规范办案流程管理,保障律师及其他辩护人、诉讼代理人的知情权、参与权、表达权和监督权,以《中华人民共和国刑事诉讼法》、《人民检察院刑事诉讼规则》和《检察机关执法工作基本规范》等相关规定为基础,结合我院工作实际,于2013年4月7日第八届检察委员会第一次会议通过制定了《荥阳市人民检察院律师接待管理办法》,正式开启了我院案管部门受理与接待律师及其他辩护人、诉讼代理人的接待工作。

二、案管中心承担律师接待工作的运行情况

为主动适应修改后的刑事诉讼法的新规定和新要求,更好地保障律师执业权利、提升执法公信力,为了更好地开展律师接待工作,完善案管工作职能,案管中心专门出台了《律师接待管理办法》,推行电话预约接待、限时办结、首办责任制等制度,提高了工作效率。2013年以来,共接待律师首次来访39人次(其中接待辩护人、诉讼代理人阅卷39人次,接受案件查询45人次,提供案件资料查询、复印近4000余页),未收到律师投诉。热情、耐心、细致地做好预约接待、意见转达等各项工作,尽可能地为律师提供便利,依法保障律师执业,对维护犯罪嫌疑人、被告人合法权益,保证案件质量、促进司法公正等方面发挥了积极作用。

一是规范工作制度，提高办案效率。我院在 2013 年 4 月由检委会通过制定了《人民检察院律师接待管理办法》，并建立了多项案件管理工作制度。该办法的实施，为进一步理顺律师接见程序和机制，实行律师接待由案管大厅统一归口管理，负责统一接待和联系律师、辩护人、诉讼代理人等工作，并就律师阅卷、申请会见犯罪嫌疑人、申请调取证据材料、申请变更强制措施、申请听取意见等事项进行集中管理和服务。并安排一名工作热情高、业务能力强的干警专职从事律师接待工作，确保律师随来随接待。这样就由过去的分散式管理变成集中管理。实现管办分离，为业务部门节约了时间，有利于减轻业务部门事务性负担，提高办案效率。

二是预约审查资格，保证司法公正。案件管理事务中心对办理业务的律师，应当查验其律师执业证书、律师事务所证明和授权委托书或者法律援助公函，并做好登记、审查工作，对其他辩护人、诉讼代理人，应当查验其身份证明和授权委托书。由案管中心审查后征得相关业务部门同意后安排阅卷，并及时通知申请人。

三是听取意见，提升服务。律师到院后，及时安排专人接待，并将案件办案流程、律师接待须知等规定告知律师，以便其对整个接待流程清楚了解。设置律师阅卷室，配备桌椅、饮水机、复印机、扫描机等办公设施，为律师提供舒适的阅卷环境。辩护人、诉讼代理人对案件管理工作有好的意见和建议的，对收集的意见建议及时归纳整理，定期向分管领导汇报。对好的意见建议及时消化吸收，改进完善。对存在和需要解答的问题，及时形成书面材料予以答复。

四是畅通渠道，保障权益。积极拓展沟通渠道，明确可通过电话、书信和现场反映三种途径受理律师申请。对辩护人、诉讼代理人针对案件提出的其他申请、意见和建议的，在人民检察院侦查、审查逮捕、审查起诉过程中，辩护律师提出书面意见或者提出要求的，听取其意见。一方面在规定时间内及时移交办案部门，另一方面告知案件承办人的办公电话，积极疏通辩护律师与办案部门联系沟通渠道，切实维护律师诉讼权利。

2013 年 7 月 4 日，律师王某某以辩护人的身份来到我院，就犯罪嫌疑人赵某某涉嫌贪污、挪用公款一案办理相关法律手续，案件管理中心工作人员及时与本院自侦部门联系，并代为转交了相关的手续，保障了犯罪嫌疑人和律师的合法权益，这是新刑事诉讼法实施以来，我院在侦查阶段接待的首位自侦案件的律师辩护人。

2013 年 9 月 16 日，犯罪嫌疑人夏某某因涉嫌贪污、挪用公款罪被我院反贪污贿赂局刑事拘留。9 月 20 日，律师赵某某来我院提供了律师执业书、律师事务所证明和授权委托书,要求了解相关案情并与承办人交换意见。根据刑事诉讼法第 36 条的规定:辩护律师在侦查期间可以为犯罪嫌疑人提供法律帮助;代理申诉、控告;申请变更强制措施;向侦查机关了解犯罪嫌疑人涉嫌的罪名和案件有关情况,提出意见。案管中心工作人员在审核了相关证件后,及时与反贪局的办案人员联系,将相关手续交予办案人员并告知其辩护律师的相关要求,后安排双方会见,充分保障了律师和犯罪嫌疑人的合法权益。

三、在律师接待工作中遇到的挑战

随着刑事诉讼法的实施,律师在诉讼活动中的权利进一步得到了完善,同时又通过与律师法的衔接,为律师执业权利提供了充分的保障。这不仅增加了侦查活动的公开性、控辩双方的对抗性,同时也给检察机关的执法活动带来了挑战。作为案件管理部门,负责接待和保障律师执业权利,也将面临着新的考验。

(一)与办案部门的配合问题

新刑事诉讼法对律师执业权利的规定给予进一步的扩大和完善。这样就给检察机关的办案带来了新的困难。比如在侦查阶段,律师有知悉权,提前介入申请会见犯罪嫌疑人、调取证据材料时,可以知悉案件的全部证据及薄弱环节,对案件的审讯增加了难度。而在我国司法实践中,口供仍然是给犯罪嫌疑人、被告人定罪量刑的重要依据,鉴于口供在刑事案件侦破中的重要性,在案件证据没有固定之前,办案部门一般不愿意安排律师会见,所以对律师的执业要求会有抵触、拖延,这就要求案管部门加强与办案部门的沟通,为办案部门把好审查关,争取做好对应工作,对律师的执业积极配合。

(二)做好与律师职业的对接问题

案管部门作为律师接待的第一窗口,负责对律师查询案件信息、阅卷和约见工作。新刑事诉讼法修改后,对这些工作提出了更高的要求,为案管部门如何做好律师对查询案件的要求;如何保障律师的阅卷权;如何建立律师与办案人员的沟通渠道;如何应对律师在执业过程中提出的新要求新问题,增加了难度。这就要求我们的干警在加强自身对新的法律知识学习的同时做好各类案件信息的收集掌握,为律师行使执业权利,做好全面的应对服务工作。

荥阳市人民检察院
未成年人犯罪案件刑事和解实施办法

第一条 为了更好地贯彻"教育、感化、挽救"的未成年人犯罪案件办理方针,进一步提高未成年人犯罪刑事和解案件的办案质量,本院根据修订后的《中华人民共和国刑事诉讼法》、《最高人民法院关于适用〈中华人民共和国刑事诉讼法〉的解释》、《人民检察院刑事诉讼规则(试行)》、《人民检察院办理未成年人刑事案件的规定》、《关于审理未成年人刑事案件具体应用法律若干问题的解释》、《最高人民检察院关于办理当事人达成和解的轻微刑事案件的若干意见》,特制定本意见。

第二条 办理未成年人犯罪当事人和解的刑事案件,必须坚持以下工作原则:

(一)优先考虑原则 办理未成年人犯罪案件时,如果案情符合刑事和解的适用范围,则应该建议双方当事人进行刑事和解,并应尽力促成双方当事人达成和解协议。

对于案情不完全符合刑事诉讼法第二百七十七条第一、二款所规定的刑事和解适用范围,但有直接被害人且其他条件符合,确实有必要进行和解的案件,可以依据宽严相济刑事政策和刑事诉讼法第二百六十六条所规定的办理未成年人刑事案件的方针与原则,参照刑事和解程序予以适用。

(二)保密原则 办理未成年人犯罪案件,无论是否刑事和解,都必须注意保密。不得向外界披露该未成年人的姓名、住所、照片以及可能推断出该未成年人身份的其他资料。

查阅、摘抄、复制的未成年人刑事案件的案卷材料,不得公开和传播。

被害人是未成年人的刑事案件,适用前两款的规定。

(三)专人办理、协同办理原则 办理未成年人犯罪刑事和解案件一般由熟悉未成年人身心特点的检察官担任,根据案件需要,可以听取热心于教育、感化、挽救失足未成年人工作,并经过必要培训的共青团、妇联、工会、学校、未成年人保护组织等单位的工作人员或者有关单位的退休人员的意见。

(四)跟踪回访原则 对被不起诉人、被附条件不起诉人建立跟踪落实回访机制。对以刑事和解结案的案件,由协助调解的检察人员对当事人进行回访,了解协议的落实情况,社会关系的修复程度,并协调处理当事人履约过程中出现的新情况新矛盾,全方位实现工作的目标。

第三条 未成年人犯罪案件双方当事人同意和解的,在检察机关主持和解时,应当通知未成年犯的法定代理人到场。法定代理人无法通知、不能到场或者是共犯的,应当通知未成年犯罪嫌疑人的其他成年亲属,所在学校、单位、居住地的基层组织或者未成年人保护组织的代表到场,并将有关情况记录在案。根据案件需要,可以通知律师或其他诉讼代理人到场。

第四条 未成年犯罪嫌疑人的法定代理人、近亲属经该未成年犯罪嫌疑人的同意,可以代为和解。未成年犯罪嫌疑人的法定代理人、近亲属代为和解的,和解协议约定的赔礼道歉等事项,应当由未成年犯罪嫌疑人本人履行。

在审核未成年犯罪嫌疑人是否真诚悔罪时,应注意区分未成年犯罪嫌疑人的态度与其法定代理人、近亲属的态度,必须以前者的态度为准。

被害人死亡的,其近亲属可以与未成年犯罪嫌疑人及其法定代理人和解。近亲属有多人的,达成和解协议,应当经处于同一继承顺序的所有近亲属同意。

被害人系无行为能力或者限制行为能力人的,其法定代理人、近亲属可以代为和解。

第五条 在当事人和解程序启动以后,人民检察院必须遵守以下程序:

(一)承办人应当自收到移送审查起诉的案件材料之日起三日内,审查案件是否符合适用刑事和解机制的条件。符合条件的,应当在告知案件当事人权利、义务的同时,告知当事人双方有自行和解或申请人民调解的权利、程序以及达成调解协议后的案件处理方式。

(二)承办人在收到当事人的申请后,应当及时将申请书及起诉意见书、相关案件材料复印件移送人民调解组织或认真研究并汇报科室负责人、主管副检察长。

(三)人民调解或当事人自愿和解并达成和解协议的,在处理案件时应充分考量。在调解过程中,若一方当事人或双方当事人不同意调解的,由人民调解组织出具调解程序终止意见书。逾期无法达成调解协议的,人民检察院应依法及时办理案件。

第六条 对于未成年人犯罪案件的刑事和解,应当严格审查公安机关移送的关于未成年犯罪嫌疑人的性格特点、家庭情况、社会交往、成长经历、犯罪原因、犯罪前后的表现、监护教育等情况的调查报告,辩护人提交的反映未成年犯罪嫌疑人上述情况的书面材料检察机关应当接受并审查。

必要时,人民检察院可以委托未成年犯罪嫌疑人居住地的县级司法行政机关、共青团组织以及其他社会团体组织对未成年犯罪嫌疑人的上述情况进行调查,或者自行调查。

上述报告和材料可以作为是否适用刑事和解以及承办人引导、促成刑事和解的参考。

第七条 对于未成年人犯罪刑事和解案件,人民检察院应当在和解进行过程中向双方当事人及其法定代理人、近亲属阐释案件所依据的法律规定,对于涉及赔偿的案件,应阐明具体的赔偿计算标准,以引导双方提出合理诉求。

未成年人犯罪案件当事人双方可以就赔偿损失、恢复原状、赔礼道歉、精神抚慰等民事责任事项进行和解,并且可以就被害人及其法定代理人或者近亲属是否要求或者同意公安、司法机关对犯罪嫌疑人、被告人依法从宽处理达成一致,但不得对案件的事实认定、证据和法律适用、定罪量刑等依法属于公安、司法机关职权范围的事宜进行协商。

双方当事人及其法定代理人、近亲属应本着合理、互谅和促进和解达成的原则提出各自诉求,在未成年当事人与其法定代理人、近亲属所提和解诉求不一致时,应当侧重听取未成年当事人的意见。

第八条 未成年人刑事和解案件的和解协议书应当包括以下内容:

(一)对犯罪事实无异议。未成年犯罪案件犯罪嫌疑人承认自己所犯罪行,对犯罪事实没有异议,并真诚悔罪。

(二)有悔改表现。未成年犯罪案件犯罪嫌疑人通过向被害人赔礼道歉、赔偿损失等方式获得被害人谅解;涉及赔偿损失的,应当写明赔偿的数额、方式等;提起附带民事诉讼的,由附带民事诉讼原告人撤回附带民事诉讼。

(三)被害人同意和解。被害人自愿和解,请求或者同意对未成年犯罪嫌疑人依法从宽处罚。

对和解协议中的赔偿损失内容,双方当事人要求保密的,人民检察院应当准许,并采取相应的保密措施。

第九条 和解协议约定的赔偿损失内容,未成年犯罪嫌疑人及其法定代理人或受其委托的近亲属应当在协议签署后即时履行。

和解协议已经全部履行,当事人反悔的,人民检察院不予支持,但有证据证明和解违反自愿、合法原则的除外。

第十条 人民检察院对未成年人犯罪案件当事人双方达成的和解协议,应当重点从以下几个方面进行审查:

(一)当事人双方是否自愿。

(二)加害方的经济赔偿数额与其所造成的伤害是否相适应,是否酌情考虑其赔偿能力。犯罪嫌疑人、被告人是否真诚悔罪;是否积极履行和解协议;是否为协议履行提供有效担保或者调解协议经人民检察院确认。

（三）被害人及其法定代理人或者近亲属是否明确表示对犯罪嫌疑人、被告人予以谅解。

（四）是否符合法律规定。

（五）是否损害国家、集体和社会公共利益或者他人的合法权益。

（六）是否符合社会公德。

对公安机关主持制作的和解协议书，当事人提出异议的，人民检察院应当审查。经审查，和解自愿、合法的，予以确认，无需重新制作和解协议书；和解不具有自愿性、合法性的，应当认定无效。

第十一条 对达成和解协议的案件，人民检察院应当对犯罪嫌疑人依法从宽处理；发现强制措施适用不当的，应当及时变更强制措施。

共同犯罪案件，部分犯罪嫌疑人与被害人达成和解协议的，可以依法对该部分犯罪嫌疑人从宽处理，但应当注意全案的量刑平衡。

第十二条 对于公安机关提请批准逮捕的未成年人犯罪案件，当事人双方达成和解并符合和解所规定的适用范围和条件的，应当作为无逮捕必要的重要因素予以考虑，无其他特殊情况，一般应作出不批准逮捕的决定；已经批准逮捕，公安机关变更强制措施通知人民检察院的，应当依法实行监督；审查起诉阶段，在不妨碍诉讼顺利进行的前提下，可以依法变更强制措施。

第十三条 对于公安机关立案侦查并移送审查起诉的刑事诉讼法规定的当事人和解的刑事案件，应综合案情、犯罪嫌疑人的悔罪表现、情节、动机、手段等，作出不起诉、附条件不起诉或起诉的决定。

对于轻微刑事案件，符合规定的适用范围和条件的，作为犯罪情节轻微，不需要判处刑罚或者免除刑罚的重要因素予以考虑，人民检察院一般应作不起诉处理。对于依法应当提起公诉的，可以向人民法院提出从宽处罚的量刑建议。

第十四条 对于当事人双方达成和解、决定不起诉或附条件不起诉的案件，在宣布决定前应当再次听取双方当事人对和解的意见，并且查明犯罪嫌疑人是否真诚悔罪、和解协议是否履行或者为协议履行提供有效担保等事项。

第十五条 未成年犯罪案件双方当事人达成刑事和解的，检察机关应引导涉案未成年人的家庭承担管教责任，为未成年罪犯改过自新创造良好环境。具备就学、就业条件的，检察院可以就其安置问题向有关部门提出建议，并附送必要的材料。

第十六条 拟对当事人达成和解的未成年人刑事案件作出不批准逮捕或者不起诉决定的，应当由检察委员会讨论或检察长决定。

第十七条 人民检察院应当从对内和对外两个方面规范监督协作机制，确保刑事和解工作取得实效：

（一）对内要加强监督，严格定期审查和重点个案报备制度，防止片面追求刑事和解而造成办案拖延或借刑事和解之名，降格处理、放纵犯罪等违法违规现象。

（二）对外要加强协调，加强与相关单位的沟通联系，定期或不定期就和解工作中存在的问题召开工作联席会，积极配合并切实履行好相应的办案职责，变被动监督为主动监督，以确保刑事和解工作机制的顺利进行。

同时还要建立当事人投诉机制，防止刑事和解过程中办案人员滥用权力；要建立对被不起诉或附条件不起诉的刑事和解加害人的回访、走访机制，做好其矫正、改造工作，对主观恶性较大、且屡教不改的，可以再次启动刑事诉讼程序。

第十八条　本规定由荥阳市人民检察院检委会负责解释。

第十九条　本规定自通过之日起施行。

《荥阳市人民检察院未成年人犯罪案件刑事和解实施办法》实施情况总结

修订后的刑事诉讼法第五章特别程序中专门对未成年人犯罪案件和刑事和解的特殊程序作了专门规定。为更好地贯彻"教育、感化、挽救"未成年人的方针政策，进一步提高未成年人犯罪案件的办案质量，我院未检科特别重视未成年人犯罪案件的刑事和解工作。经过不断的探索和实践，现作如下总结：

一、多种措施推进刑事和解工作

经过大量的研究和实践，我院订立了《荥阳市人民检察院未成年人犯罪案件刑事和解实施办法》，在工作中除了按照此办法对未成年犯罪案件进行刑事和解外，我院还建立了四项措施：

1. 建立刑事和解案例库。要求承办人员对未成年人案件的刑事和解工作进行详细登记，采用一案一表的方式，内容包括案由、当事人身份关系、处理中遇到的难点、调解的成败得失、需要注意的问题等方面均记载在案，交内勤整理建档。

2. 对刑事和解数据定期分析。科室每月组织专门会议，在研讨解决刑事和解中遇到的疑难问题的基础上，组织科室人员对当月处理的和解案例进行讨论分析，及时总结经验得失，一方面借鉴成功的做法，另一方面避免出现类似失误。

3. 建立刑事和解制度理论研讨组。组成以科长为中心的理论研讨小组，一方面积极探索将先进的刑事和解理念与我国现行法律法规、当地民俗社情相结合的有效途径，另一方面尝试将实践中遇到的问题和成功的做法进行归纳、总结，使之类型化，然后在法律范围内提炼成带有共性的、可反复适用的经验性办案技巧与方法。

4. 总结刑事和解适用经验，将在实践中提炼出来的，并且反复证明行之有效的经验做法融入日常办案之中。在以后承办人遇到类似案件时，可参照适用前述经验做法，从而实现经验适用机制的规范化、常态化，更加有利于实现案件处理的公平化。

二、刑事和解的效果

1. 化解了社会矛盾。在以往的司法实践中,被害人在诉讼中往往处于被动的地位,受到的损失难以得到及时、充分的补偿。而刑事和解则通过批评教育、经济赔偿等方式,避免了短期自由刑的弊端,使被害人经济上得到赔偿,精神上得到慰藉,化解了当事人及双方家庭、家族之间的深层次矛盾,防止了矛盾激化。例如,2013年10月办理的陈某抢劫案,陈某现年15岁,系荥阳市一高中二年级学生,而被害人则是一名六十余岁、以开小卖铺为生的老人。陈某作案时用丝袜蒙面且手持水果刀,威胁并抢走老人500元钱。第二天陈某意识到自己的错误,打算去给老人道歉时被抓获。在办案过程中,我们发现由于法律意识淡薄,陈某竟然不知道自己的行为已经构成犯罪,在讯问时他在看守所里给其母亲下跪并嚎啕大哭。案件发生后,陈某母亲曾多次找被害人表示愿意赔偿,想取得被害人的谅解,但被害人均表示不愿见面。在了解双方情况后,我们通过对和解政策的多次解释,双方表示相互理解,最后陈某母亲赔偿被害人1000元,被害人也给予了谅解,最终对陈某适用了非羁押诉讼措施。

2. 教育和挽救了未成年犯罪人。未成年人犯罪案件和轻微刑事案件是适用刑事和解处理的主要对象。通过正确实行刑事和解,有助于未成年犯罪人反思自己的行为并彻底悔罪,避免了交叉感染、防止了因被贴上"罪犯"标签而重新犯罪,增强了他们的法律意识和社会责任感,起到惩治打击和教育、预防犯罪并重的作用。例如,2013年9月办理的乔某、鲁某寻衅滋事案。二犯罪嫌疑人均系荥阳一中专在校学生,均处在将要毕业的关键期。晚上喝酒后在荥阳市人民广场,因发生口角将其他四名男孩打成轻微伤。通过多方了解,我们得知二犯罪嫌疑人在校表现较好,没有劣迹,是出于一时气愤而实施了犯罪行为。案发后二人认罪态度良好,且两人的家人多次找到被害人协商。虽然说此案件不属于刑事诉讼法规定的刑事和解的范围,但根据我院制定的实施办法第二条第一款的规定,可以参照刑事和解程序予以适用。于是,承办人主动组织二嫌疑人家属与被害人进行了协商,仔细讲解当前的刑事和解政策,后双方当事人达成了一致的赔偿意见,被害人均对二嫌疑人表示了谅解。我们最终对乔某和鲁某进行附条件不起诉,二人重新回到学校读书。

3. 节约了诉讼资源。检察机关对实现刑事和解的案件作不起诉处理,减少了人民法院的审判程序,节约了审判资源。即使对实现刑事和解的案件提起公诉,由于不需再审理附带民事诉讼,也有利于提高审判效率。总之,适用刑事和解从宽从快处理刑事案件,有利于实现繁简分流,保障政法部门集中力量办好重大刑事案件。

4. 被害人利益得到了最大化实现。在我们办理的刑事和解案件中,为了争取到最宽大处理,犯罪嫌疑人、被告人通常都较为积极地愿意赔偿被害人的经济损失,被害人为了尽快弥补因犯罪行为而遭受的损害,通常也愿意进行和解。二者进行协商完全取决于他们的自由意志。但在实践中,有很多被害人并不了解该程序。根据我院制定的办法,在收到案件三日之内承办人必须告知双方当事人相关权利义务,从而使被害人参与到案件中来,促成了双方当事人的和解,实现了被害人利益的最大化。

三、实践中遇到的问题

1. 实践中和解处理轻微刑事案件的范围还比较狭窄,和解的成功率也处于较低水平。目前我们检察院办理的和解案件主要集中于故意伤害(轻伤)案件和盗窃。公诉人员由于职业习惯对于刑事和解工作经验不足,而由邻里、同事等之间产生纠纷升级的刑事案件,双方往往积怨较深,对该类案件进行刑事和解的难度较大,成功率较低,历时长却达不到预期效果,还耽误了办案时间,因而承办人对此类案件和解的热情不高。

2. 人员力量不足。我院未检科现仅有两名办案人员,未成年人案件以不捕、不诉为常态,处理一个不诉案件要花费的时间和精力比起诉一个案件要多上好几倍,再加上刑事和解要直接面对当事人,有很多繁琐的工作需要进行。为缓解双方当事人矛盾,一个案件经常要调解很多次,大大降低了办案效率,这与轻微刑事案件的快速处理也有一定的冲突。繁琐的办案程序致使办案人员在启动刑事和解程序时非常谨慎,即使和解也大多是建议法院审理时进行减轻处理,适用不起诉的依然较少。

3. 个别案件由于当事人多,进行和解较为困难。对于共同犯罪中有的犯罪嫌疑人有赔偿能力并与对方达成协议,而有的犯罪嫌疑人因缺乏赔偿能力而不能与被害人达成谅解,对该情形应如何处理较为困难。

4. 公安机关不理解、不配合。在办理轻伤害案件中还出现这样几种情况,第一种情况是公安机关在对轻伤害案件处理时,不征求当事人双方意见,不管当事人是否愿意调解,一律报请批捕、移送审查起诉,或者是当事人双方有调解意愿却不予理睬,直接报请批捕、移送审查起诉;第二种情况是受到公安机关考核机制的制约,检察机关根据法律规定作出不逮捕、不起诉的案件,公安机关认为他们辛苦抓到的人,检察机关作不起诉就把人放了,对他们的劳动成果不尊重。

5. 社会公平受质疑。由于刑事和解目前在我国的适用范围、条件、标准、程序等缺乏统一的操作规范，导致和解案件在处理方式上不均衡，个案的处理方式与结果也因人因地而异。如同一类型的案件，有赔偿能力的加害人容易获得相对较轻的处理结果，而没有赔偿能力的加害人，即使愿意和解，因为没有赔偿条件或者无法一次性拿出赔偿金的，也无法达成和解协议，这就导致可能会受到相对较重的处理，这在客观上易给人"以钱买刑"的感觉。

荥阳市人民检察院附条件不起诉风险评估测评方案（试行）

为了减少附条件不起诉决定被撤销的风险，增强本院附条件不起诉决定作出的科学性、合理性，特制定本风险评估测评方案（试行）。

本方案包括附条件不起诉对象风险评估测评问卷、附条件不起诉对象风险评估测评问卷计分标准、附条件不起诉对象风险评估测评实施方案三个部分。

一　附条件不起诉对象风险评估测评问卷

一、你的文化程度
  1. 大专及以上
  2. 初中、高中及同等程度
  3. 小学
  4. 文盲

二、你在学校学习期间是否有被警告、记过、开除等处分情况
  1. 没有（无学校学习经历）
  2. 有

三、你本次涉嫌犯罪前在学校的总体表现如何
  1. 优秀，得到过好评
  2. 一般，中规中矩
  3. 较差，小错不断，有旷课行为
  4. 很差，经常违规违纪，经常旷课

四、你在本次涉嫌犯罪前参与赌博的情况
  1. 没有
  2. 偶尔有，但能够控制
  3. 有，且难以控制

五、你在本次涉嫌犯罪前的网络浏览和网络游戏的频率
  1. 没有
  2. 偶尔有，但能够控制
  3. 有，且难以控制

六、你在本次涉嫌犯罪前的网络浏览和网络游戏的内容

1. 内容健康的新闻与游戏
2. 涉及暴力、色情内容的网页与游戏
3. 涉及危害国家安全与民族团结的网页与游戏

七、你在本次涉嫌犯罪前是否有嫖娼行为
1. 没有
2. 偶尔有
3. 经常有

八、你在本次涉嫌犯罪前是否有吸毒行为
1. 没有
2. 有

九、你在本次涉嫌犯罪前的晚间生活情况
1. 大多数时间和家人在一起
2. 偶尔外出，但能够适时回家住宿
3. 经常外出和朋友聚餐娱乐，深夜才回家或不回家

十、你在本次涉嫌犯罪前的饮酒情况
1. 不饮酒
2. 饮酒，一般能够控制饮量
3. 经常过量饮酒

十一、你平时用钱的习惯如何
1. 精打细算，比较节省
2. 该用则用，不浪费
3. 想用就用，不过多考虑

十二、你平时生活费的主要来源
1. 父母、亲戚给付
2. 勤工俭学或奖学金
3. 经常找同学、朋友们借

十三、你平时生活费的主要用途
1. 主要用于生活、学习必需品
2. 主要用于社会交际
3. 购买奢侈品、毒品、嫖娼或其他违法用途

十四、你的生活安排得如何
1. 有计划性
2. 一般
3. 想到什么干什么，没有计划

十五、你的家庭生活情况
    1. 与父母共同生活
    2. 与父母一方或双方长期分开生活
    3. 父母离异，跟随一方生活
    4. 父母一方或双方过早去世

十六、父母或亲戚对你的管教如何
    1. 方法得当，能接受
    2. 一般，不怎么过问
    3. 经常打骂（十分宠爱）

十七、你的父母有过犯罪的经历吗？
    1. 没有
    2. 有

十八、你共同生活的其他家庭成员有过犯罪的经历吗？
    1. 没有
    2. 有

十九、目前共同生活的家庭成员对你的态度
    1. 很关心
    2. 一般
    3. 不怎么过问
    4. 经常打骂（十分宠爱）

二十、你在学校学习期间参加集体活动的情况
    1. 经常参加
    2. 有时参加
    3. 从不参加（无学校学习经历）
    4. 内心非常厌烦参加集体活动，很排斥

二十一、你经常来往的亲友、熟人有过犯罪经历吗？
    1. 没有
    2. 有

二十二、你有过自杀或自残的经历吗？
    1. 没有
    2. 有

二十三、你在本次涉嫌犯罪前一年的搬迁情况
    1. 未搬过
    2. 一次

3. 两次以上

二十四、你在本次涉嫌犯罪前经常同谁居住在一起

1. 父母或亲戚

2. 同学、朋友

3. 与陌生人合租居住

4. 独自居住

二十五、你本次涉嫌犯罪前居住地的治安状况如何

1. 安定

2. 一般

3. 较差

二十六、你本次涉嫌犯罪前居住地的周边环境如何

1. 管理正规、文明的小区

2. 流动人口聚居地

3. 娱乐、休闲及美容场所集中地

4. 农村

5. 其他

二十七、你在本次涉嫌犯罪前受过何种处罚

1. 没有

2. 警告或罚款

3. 行政拘留

4. 劳动教养

5. 刑罚

二十八、本次涉嫌犯罪距离你前次受处罚的时间

1. 两年以上

2. 一年以上，不到两年

3. 半年以上，不到一年

4. 不到半年

5. 没有受过处罚

二十九、你本次涉嫌犯罪的犯罪形态

1. 达到既遂状态

2. 处于未遂状态

3. 处于中止状态

4. 处于预备状态

三十、你本次涉嫌犯罪归案的类型

1. 自首
2. 逮捕
3. 通缉
4. 其他

三十一、你本次涉嫌犯罪的类型
1. 盗窃
2. 抢劫
3. 抢夺
4. 故意伤害（过失致人重伤）
5. 强奸
6. 强制猥亵
7. 寻衅滋事（聚众斗殴）
8. 其他财产型犯罪
9. 其他暴力型犯罪
10. 其他失范型犯罪（除寻衅滋事、聚众斗殴之外的，其他妨害社会管理秩序的行为）

三十二、对被害人的态度
1. 愧疚
2. 无所谓
3. 谴责
4. 其他

三十三、你是否有以下性格类型及行为模式（选项可作参考）
1. 脾气暴躁做事冲动
2. 表演欲强喜好幻想
3. 敏感多疑情绪波动
4. 情感冷淡性格孤僻
5. 优柔寡断缺乏主见
6. 思维混乱做事马虎
7. 未达目的不择手段
8. 自我控制能力较差
9. 其他

三十四、你对社会及他人的看法（选项可作参考）
1. 不在意他人对自己的看法
2. 对社会状况不满

3. 对法律与道德规范抵触排斥
4. 对部分社会群体有歧视性态度
5. 对他人的犯罪行为表示认同
6. 对自己本次归案感到不公
7. 对将来的生活较为悲观

请如实填写测评问卷，本院将对相关测评结果进行调查。办案人员在不影响测评对象真实意思的前提下，可以就问卷题目的文字表述等内容作必要的解释，但不得人为干扰、强迫。

（测评对象签字）

二　附条件不起诉对象风险评估测评问卷计分标准

一、你的文化程度
  1. 大专及以上 20.0 分
  2. 初中、高中及同等程度 50.0 分
  3. 小学 60.0 分
  4. 文盲 55.0 分

二、你在学校学习期间是否有被警告、记过、开除等处分情况
  1. 没有（无学校学习经历）45.0 分
  2. 有 80.0 分

三、你本次涉嫌犯罪前在学校的总体表现如何
  1. 优秀，得到过好评 30.0 分
  2. 一般，中规中矩 45.0 分
  3. 较差，小错不断，有旷课行为 85.0 分
  4. 很差，经常违规违纪，经常旷课 90.0 分

四、你在本次涉嫌犯罪前参与赌博的情况
  1. 没有 35.0 分
  2. 偶尔有，但能够控制 65.0 分
  3. 有，且难以控制 90.0 分

五、你在本次涉嫌犯罪前的网络浏览和网络游戏的频率
  1. 没有 40.0 分
  2. 偶尔有，但能够控制 70.0 分
  3. 有，且难以控制 83.0 分

六、你在本次涉嫌犯罪前的网络浏览和网络游戏的内容
  1. 内容健康的新闻与游戏 40.0 分

2. 涉及暴力、色情内容的网页与游戏 75.0 分

3. 涉及危害国家安全与民族团结的网页与游戏 70.0 分

七、你在本次涉嫌犯罪前是否有嫖娼行为

1. 没有 40.0 分

2. 偶尔有 85.0 分

3. 经常有 95.0 分

八、你在本次涉嫌犯罪前是否有吸毒行为

1. 没有 50.0 分

2. 有 90.0 分

九、你在本次涉嫌犯罪前的晚间生活情况

1. 大多数时间和家人在一起 30.0 分

2. 偶尔外出,但能够适时回家住宿 50.0 分

3. 经常外出和朋友聚餐娱乐,深夜才回家或不回家 85.0 分

4. 独自生活、随心所欲 80.0 分

十、你在本次涉嫌犯罪前的饮酒情况

1. 不饮酒 35.0 分

2. 饮酒,一般能够控制饮量 50.0 分

3. 经常过量饮酒 80.0 分

十一、你平时用钱的习惯如何

1. 精打细算,比较节省 20.0 分

2. 该用则用,不浪费 40.0 分

3. 想用就用,不过多考虑 80.0 分

十二、你平时生活费的主要来源

1. 父母、亲戚给付 30.0 分

2. 勤工俭学或奖学金 20.0 分

3. 经常找同学、朋友们借 60.0 分

十三、你平时生活费的主要用途

1. 主要用于生活、学习必需品 20.0 分

2. 主要用于社会交际 40.0 分

3. 购买奢侈品、毒品、嫖娼或其他违法用途 90.0 分

十四、你的生活安排得如何

1. 有计划性 30.0 分

2. 一般 50.0 分

3. 随心所欲,没有计划 80.0 分

十五、你的家庭生活情况

　　1. 与父母共同生活 45.0 分

　　2. 与父母一方或双方长期分开生活 55.0 分

　　3. 父母离异，跟随一方生活 80.0 分

　　4. 父母一方或双方过早去世 55.0 分

十六、父母对你的管教如何

　　1. 方法得当，能接受 35.0 分

　　2. 一般，不怎么过问 60.0 分

　　3. 经常打骂（十分宠爱）90.0 分

十七、你的父母有过犯罪的经历吗？

　　1. 没有 50.0 分

　　2. 有 80.0 分

十八、你共同生活的其他家庭成员有过犯罪的经历吗？

　　1. 没有 45.0 分

　　2. 有 80.0 分

十九、目前其他共同生活的家庭成员对你的态度

　　1. 很关心 45.0 分

　　2. 一般 60.0 分

　　3. 不怎么过问 80.0 分

　　4. 经常打骂（十分宠爱）90.0 分

二十、你在学校学习期间参加集体活动的情况

　　1. 经常参加 40.0 分

　　2. 有时参加 60.0 分

　　3. 从不参加（无学校学习经历）80.0 分

　　4. 内心非常厌烦参加集体活动，很排斥 90.0 分

二十一、你经常来往的亲友、熟人有过犯罪经历吗？

　　1. 没有 35.0 分

　　2. 有 85.0 分

二十二、你有过自杀或自残的经历吗？

　　1. 没有 50.0 分

　　2. 有 80.0 分

二十三、你在本次涉嫌犯罪前一年的搬迁情况

　　1. 未搬过 45.0 分

　　2. 一次 60.0 分

3. 两次以上 75.0 分

二十四、你在本次涉嫌犯罪前经常同谁居住在一起
1. 父母或亲戚 45.0 分
2. 同学、朋友 75.0 分
3. 与陌生人合租居住 85.0 分
4. 独自居住 75.0 分

二十五、你本次涉嫌犯罪前居住地的治安状况如何
1. 安定 35.0 分
2. 一般 70.0 分
3. 较差 80.0 分

二十六、你本次涉嫌犯罪前居住地的周边环境如何
1. 管理正规、文明的小区 35.0 分
2. 流动人口聚居地 60.0 分
3. 娱乐、休闲及美容场所集中地 85.0 分
4. 农村 45.0 分
5. 其他 60.0 分

二十七、你在本次涉嫌犯罪前受过何种处罚
1. 没有 35.0 分
2. 警告或罚款 75.0 分
3. 行政拘留 85.0 分
4. 劳动教养 70.0 分
5. 刑罚 90.0 分

二十八、本次涉嫌犯罪距离你前次受处罚的时间
1. 两年以上 65.0 分
2. 一年以上，不到两年 75.0 分
3. 半年以上，不到一年 70.0 分
4. 不到半年 80.0 分
5. 没有受过处罚 30.0 分

二十九、你本次涉嫌犯罪的犯罪形态
1. 达到既遂状态 70.0 分
2. 处于未遂状态 60.0 分
3. 处于中止状态 30.0 分
4. 处于预备状态 40.0 分

三十、你本次涉嫌犯罪归案的类型

1. 自首 30.0 分
2. 逮捕 65.0 分
3. 通缉 80.0 分
4. 其他 35.0 分

三十一、你本次涉嫌犯罪的类型

1. 盗窃 70.0 分
2. 抢劫 75.0 分
3. 抢夺 70.0 分
4. 故意伤害（过失致人重伤）45.0 分
5. 强奸 75.0 分
6. 强制猥亵 70.0 分
7. 寻衅滋事（聚众斗殴）70.0 分
8. 其他财产型犯罪 50.0 分
9. 其他暴力型犯罪 45.0 分
10. 其他失范型犯罪（除寻衅滋事、聚众斗殴之外的，其他妨害社会管理秩序的行为）25.0 分

三十二、对被害人的态度

1. 愧疚 40.0 分
2. 无所谓 60.0 分
3. 谴责 50.0 分
4. 其他 30.0 分

三十三、你是否有以下性格类型及行为模式（选项可作参考）

1. 脾气暴躁做事冲动
2. 表演欲强喜好幻想
3. 敏感多疑情绪波动
4. 情感冷淡性格孤僻
5. 优柔寡断缺乏主见
6. 思维混乱做事马虎
7. 未达目的不择手段
8. 自我控制能力较差
9. 其他

三十四、你对社会及他人的看法（选项可作参考）

1. 不在意他人对自己的看法
2. 对社会状况不满

3. 对法律与道理规范抵触排斥
4. 对部分社会群体有歧视性态度
5. 对他人的犯罪行为表示认同
6. 对自己本次归案感到不公
7. 对将来的生活较为悲观

说明：以上测评分数，是根据所收集案例的测评因子的失败点数进行的总结，分数越高，考察期间再犯罪或违规行为发生的可能性则越大，即附条件不起诉决定被撤销的可能性越大。

三　附条件不起诉对象风险评估测评工作实施方案

一、填写风险测评问卷

在填写风险测评问卷之前，办案人员应做适当的指导说明，要求被附条件不起诉对象根据自身实际情况如实填写；在填写问卷过程中，办案人员在不影响被附条件不起诉对象真实意思的前提下，可以就问卷题目的文字表述等内容做必要的解释。填写问卷过程中，办案人员应提供相对宽松的环境和氛围，不得人为干扰、强迫，以保证填写人高质量地完成问卷调查。

二、办案人员审核测评问卷

被附条件不起诉对象填写完测评问卷后，办案人员应对问卷填写情况进行审核，认为与实际情况有所出入的部分，应进一步与填写人进行核实，或者至有关部门进一步进行查证，在分析证实后，对填写的错误内容予以纠正，重新选择符合其真实情况的题项。有必要的情况下，应在原问卷处将前后不同部分予以标明，以供风险评估时参考。

三、办案人员进行风险评估

办案人员在得到确定后的定量测评数据后，应进行综合分析和判断。同时在听取公安机关、被害人意见时，应该将本测评结果提供给公安机关、被害人参考。作出附条件不起诉决定后，可以将该测评数据提供给相关辅助考察机关，例如团委、社区居委会、义工团体等参考，以辅助该机构对该考察对象进行有针对性的帮扶、矫正。

《荥阳市人民检察院附条件不起诉风险评估测评方案（试行）》实施情况总结

本着对犯罪的未成年人实行教育、感化、挽救的方针，坚持教育为主、惩罚为辅的原则，新刑事诉讼法设置了附条件不起诉制度。虽然立法规定了其适用范围，但针对实践中的未成年人刑事案件，是作起诉处理、附条件不起诉还是相对不起诉，案件承办人常常难以把握。为了确保新刑事诉讼法的贯彻与落实，更好地把握立法原则和精神，荥阳市人民检察院制定了《附条件不起诉风险评估测评方案（试行）》，以期辅助承办人对未成年犯罪嫌疑人的人身危险性及悔罪表现进行科学判断，从而为是否作出附条件不起诉决定提供借鉴。

一、测评方案的制定背景及简介

《附条件不起诉风险评估测评方案（试行）》是理论与实践相结合的产物。规则制定之前，邀请侦监部门、公诉部门、未检部门的业务骨干召开座谈会，针对办理未成年人案件的基本原则、方针政策、执法尺度等问题进行了探讨。立法明确规定了适用附条件不起诉的条件，即侵犯公民人身权利、民主权利罪、侵犯财产罪、妨害社会管理秩序罪中规定的罪名，可能判处一年有期徒刑以下刑罚。如果犯罪情节轻微，依照刑法规定不需要判处刑罚或者免除刑罚的，人民检察院可以直接作出附条件不起诉。但在实际操作中，办理未成年人案件的宽严尺度难以把握，同时，在是否作出不起诉处理的认定上也存在困难。为解决这一困境，承办人查阅了大量资料，对于立法增设附条件不起诉的初衷、性质及意义进行细致梳理，认为附条件不起诉制度的立法性质是保安处分制度在程序法中的体现，其适用要件、监督内容要以人身危险性有无及消减为主旨，同时，附条件不起诉制度与酌定不起诉制度的区别亦在于人身危险性有无及大小。基于上述考虑，为了准确司法研判，统一执法尺度，我们在实践与理论的结合下，制定了《附条件不起诉对象风险评估测评问卷》。

该问卷共包含34个问题，全部为单项选择，内容涉及未成年犯罪嫌疑人在罪前、罪中及罪后的表现，具体包括：犯罪嫌疑人的文化程度、就学情况、家庭、周围的社会环境、是否曾受过刑事或者行政处罚，等等。内容较为细致，能够全方位地展现未成年犯罪嫌疑人的生活状况，深入了解其日常表现及社会危险性。该测试卷每个选项对应一个分数,测试完毕分值相加。总分在1130—1199之间的,再犯可能性最小,一般作相对不起诉处理;总分在1200—1699之间的,一般作附条件不起诉处理;总分在1700—2593之间的,一般应作起诉处理。当然,在考察总分的基础上,还将考虑嫌疑人的犯罪类型及情节轻重,综合得出判断。

二、测评问卷的实施效果

目前,我院已对拟采取附条件不起诉的8名未成年犯罪嫌疑人进行了提前测评。在作出附条件不起诉决定前,由未检科干警向未成年犯罪嫌疑人出示该测评表,要求其根据自身情况如实填写,并在上面签字确认。该测试卷无标题及计分、判断标准,以免干扰犯罪嫌疑人情绪,影响测试的真实性。在填写过程中,如果有难以理解或者不能判断之处,由案件承办人向其作出说明与解释。对于真实性的验证,可以通过公安机关移送的社会调查报告及办案过程中了解到的情况予以核实,亦可以通过同案犯的供述来进行印证。例如,在某盗窃案件中,犯罪嫌疑人张某在填写涉嫌犯罪前参与赌博的情况时,其选项为没有,得分35分。但其同案犯陈某的选项表明,自己的赌博行为是偶尔有,但能够控制,并且交代了张某也曾一起参与赌博。据此,案件承办人将张某的选项修改为偶尔有,但能够控制,得分为65分。

在接受测试的8人中,其中2个犯罪嫌疑人的得分为1740和1810,远远高于其他几人。经调查了解,这两人具有很大的人身危险性,而且不具有良好的管教条件。例如李某随母亲改嫁,与家人关系冷漠,一度在外流浪,曾因盗窃罪被刑事处罚,目前又因盗窃被批准逮捕。综合考量,这两起案件均作起诉处理。陈某等涉嫌强奸(未遂)一案,三人的测评得分虽然不是特别高,但因所犯罪行为强奸罪,考虑到情节较重,经过慎重考虑,也作起诉处理。其他三起案件的犯罪嫌疑人经过测评,分数均在1200—1400之间,人身危险性较小,且具有良好的帮教条件,故对其作出了附条件不起诉的决定。

经过实践检验,案件承办人表示,通过对测评对象的打分及分析,该试卷能较好地反映出未成年犯罪嫌疑人的日常表现及人身危险性。而且,由于涉案的嫌疑人多为在校学生,基本能够如实填写测评表。经过考察,凡是父母疏于管教、经常上网、共同生活的近亲属有犯罪经历的未成年人,其测评得分较高,再犯可能性较大,又缺乏良好的帮教环境,一般作起诉处理。

三、测试问卷存在的问题及完善

在实施过程中，承办人也提出了一些修改意见。对于有些选项，例如本次涉嫌犯罪前的网络浏览和网络游戏的内容，很多未成年犯罪嫌疑人出于趋利避害的心理，全部选项为"内容健康的新闻与游戏"。而根据调查了解，这显然是不完全准确的。

该测试方案将在具体的实践中逐步修改完善，并且测评对象的范围也将不断扩大。对于每一起未成年人犯罪案件，都要进行附条件不起诉对象风险评估测评问卷，并根据选项分数，计算出每个犯罪嫌疑人的总分。经过较长时间的检验，将进一步修改确定三个得分区间，以便于案件承办人更好地把握宽严相济刑事司法政策，统一执法尺度，做到公平公正。

该制度成熟以后，将走上规范化的路径。案件承办人要认真安排测试，确保问卷填写真实有效且未受到任何威胁、诱导等干扰因素的影响，未成年犯罪嫌疑人要在如实答题的保证书上签字。同时，办案人员要在其填写完毕之后对该问卷的真实性进行审核。最后，在案件办理结束以后，该测评试卷将集中装入档案，作为备查依据，这也为检察机关对被附条件不起诉嫌疑人进行监督考察提供参考。

荥阳市人民检察院关于侦查监督证据合法性审查若干问题的规定（试行）

为强化侦查监督职能，规范侦查行为，提高诉讼效率，促进司法公正，根据刑事诉讼法和相关司法解释，结合检察机关侦查监督部门工作实际，制定本规定。

一、证据审查内容

第一条 侦查监督部门在受理审查逮捕、立案监督等案件时，应当逐一审查证据的合法性。

第二条 对物证、书证审查以下内容：

物证、书证有无勘验、检查笔录，搜查笔录，提取笔录等证据证明其来源；

收集程序、方式是否存在以下瑕疵：

（一）收集调取的物证、书证，在勘验、检查笔录，搜查笔录，提取笔录，扣押清单上没有侦查人员、物品持有人、见证人签名或者物品特征、数量、质量、名称等注明不详的；

（二）收集调取物证照片、录像或者复制品，书证的副本、复制件未注明与原件核对无异，无复制时间、无被收集、调取人（单位）签名（盖章）的；

（三）物证照片、录像或者复制品，书证的副本、复制件没有制作人关于制作过程及原物、原件存放于何处的说明或者说明中无签名的。

第三条 讯（询）问笔录审查以下内容：

讯问犯罪嫌疑人有无采用刑讯逼供等非法方法；询问证人、被害人有无采用暴力、威胁等非法方法；询问证人、被害人是否个别进行；是否经犯罪嫌疑人、证人、被害人核对确认并签名（盖章）、捺指印；讯（询）问聋哑人或者不通晓当地通用语言、文字的少数民族人员、外国人，应当提供翻译而未提供的。

讯（询）问笔录收集程序、方式是否存在以下瑕疵：

（一）笔录填写的讯（询）问时间、讯（询）问人、记录人、法定代理人等有误或者存在矛盾的；

（二）讯（询）问地点不符合规定的；

（三）讯（询）问笔录没有记录履行法定的告知义务的。

第四条 辨认笔录审查以下内容：

辨认是否在侦查人员主持下进行的；辨认前辨认人是否见到辨认对象的；辨认人的辨认活动是否个别进行的；辨认对象没有混杂在其他具有类似特征的对象中，或者供辨认的对象数量不符合规定的，尸体、场所等特定辨认对象除外。辨认中是否给辨认人明显暗示或者明显有指认嫌疑的。

辨认是否存在以下瑕疵：

（一）主持辨认的侦查人员少于二人的；

（二）没有向辨认人详细询问辨认对象的具体特征的；

（三）对辨认经过和结果没有制作专门的、规范的辨认笔录，或者没有辨认笔录的；

（四）辨认笔录制作不规范、内容不详实，缺少侦查人员、辨认人、见证人的签名或者盖章，或者没有被辨认对象的照片、录像等资料等，无法获悉辨认的完整真实情况的。

第五条 鉴定意见审查以下内容：

鉴定机构和鉴定人是否合法；鉴定程序是否符合法律及有关规定；检材的来源、取得、保管、送检是否符合法律及有关规定。

鉴定意见是否存在以下瑕疵：

（一）鉴定意见的形式不完备，缺少必要的内容或者签名、签章的；

（二）鉴定意见未依法告知嫌疑人和被害人。

二、证据合法性审查程序

侦查监督部门在受理审查逮捕、立案监督等案件材料时，发现证据合法性存在问题时，应区分以下情况予以处理。

第六条 可以不作为认定案件事实根据的证据，待案件审查完毕后，以口头或书面形式纠正侦查机关违法行为。

第七条 必须作为认定案件事实根据的证据存在非实质性瑕疵的，应当立即口头或书面纠正侦查机关违法行为，要求侦查机关及时补正并对证据收集的合法性进行说明。

侦查机关对瑕疵证据能及时补正，或对证据收集的合法性说明充分，可以排除合理性怀疑的，应当采信该证据。

侦查机关对瑕疵证据不能补正或者无法作出合理解释的，对该证据应当予以排除。

第八条 必须作为认定案件事实根据的证据，经书面审查核实，确因严重违反法律规定而不能作为证据使用的，应当立即书面纠正其违法行为，要求侦查机关重新取证。

对重新取证的证据依法审查其合法性。

第九条 对疑似采用刑讯逼供等非法方法收集的犯罪嫌疑人供述和采用暴力、威胁等非法方法收集的证人证言、被害人陈述等严重影响司法公正的证据，需要调查核实的，应当启动非法证据排除程序。

第十条 对因排除非法证据，不能证明犯罪嫌疑人有犯罪事实的，依法作出不批准逮捕。

重大案件证据存在瑕疵，但因客观原因未能在审查逮捕期限内补正，或者证据不合法予以排除但存在重新取证条件，若其他证据所证明的事实已经基本构成犯罪的，可以依法适用附条件逮捕。

三、非法证据调查程序

第十一条 在证据合法性审查中发现第九条情形时，应当报经检察长批准，在侦查终结前进行调查核实。

第十二条 调查核实由案件承办人负责，相关责任人可能涉嫌渎职犯罪的，应当报经检察长批准，渎职侵权检察部门派员参加。

第十三条 调查核实可以采取以下方式进行：
1. 书面要求侦查机关对证据收集的合法性进行说明；
2. 讯问犯罪嫌疑人；
3. 询问办案人员；
4. 询问在场人员及证人；
5. 听取辩护律师意见；
6. 调取讯问笔录、讯问录音、录像；
7. 调取、查询犯罪嫌疑人出入看守所的身体检查记录及相关材料；
8. 进行伤情、病情检查或者鉴定；
9. 其他调查核实方式。

第十四条 侦查监督部门排除非法证据的，一般案件的非法证据排除应由分管的副检察长决定，对于重大、疑难、复杂案件由检察长或检委会讨论决定。

第十五条 经调查核实依法排除非法证据的,应当制作调查报告,在调查报告中予以说明。

对于确有以非法方法收集证据情形,尚未构成犯罪的,应当依法向被调查人所在机关提出纠正意见;构成犯罪的,及时移交有关部门处理。

第十六条 已经调查核实的非法证据,应书面通报公诉部门。

四、附则

第十七条 本规定由荥阳市人民检察院解释。

第十八条 本规定自公布之日起施行。

《荥阳市人民检察院关于侦查监督证据合法性审查若干问题的规定（试行）》实施情况总结

2010年7月1日开始实施的《关于办理刑事案件排除非法证据若干问题的规定》和《关于办理死刑案件审查判断证据若干问题的规定》是我国刑事诉讼中证据制度的一次飞跃，对于有力遏制刑讯逼供，有效防止冤案错案的发生，提高案件侦办质量，促进司法公正具有十分重要的现实意义。2012年3月14日《中华人民共和国刑事诉讼法》修订时，将其中重要部分直接吸收为新刑事诉讼法的内容，足见其价值的重要性。

证据合法性审查贯穿整个刑事诉讼程序，但以庭审中最为集中。对于仅七天的审查逮捕期限来说，时间和诉辩对抗都不充分。然而，审查逮捕案件认定事实的关键证据一旦在之后的诉讼程序中被排除，同样会因为错捕而形成错案，严重侵害当事人的合法权益和司法公信力。因此，荥阳市人民检察院结合新刑事诉讼法对证据审查的要求和侦查监督工作的特点制定了《侦查监督证据合法性审查若干问题的规定（试行）》，以期强化侦查监督部门证据合法性审查的能力及效率，从而探索出一条适合侦查监督部门的工作思路。

一、制定的背景及基本内容

近期，全国、全省第四次侦查监督工作会议相继召开，省院贾世民检察长按照全国"四侦会"要求和我省工作实际，提出当前和今后一个时期侦监工作的总体思路，要求"全面落实宽严相济刑事政策和修改后的刑事诉讼法，进一步转变执法观念、加强能力建设、深化改革创新，不断提高审查逮捕质量，增强立案监督和侦查活动监督力度与实效"。荥阳市院依照此总体思路，结合追求最佳法律效果的工作思路，邀请本院侦查监督部门、公诉部门、未检部门的业务骨干召开座谈会，收集审查逮捕、立案监督工作中证据合法性审查的方式方法，同时多次与侦查机关召开联席会议，征求其对侦查监督部门证据合法性审查的意见和建议，并且对以往工作中遇到的问题和经验进行归纳总结，最终形成了《荥阳市人民检察院侦查监督证据合法性审查若干问题的规定（试行）》。

该《规定》分三个部分，第一部分为审查内容，证据合法性审查内容在

2010年两个证据规定中已较为详细,但因为应当排除的非法证据和可以补正或说明的瑕疵证据在处理上存在明显不同,导致基层办案人员在适用上认识不明晰,因此,本规定将常见证据中应当排除的非法证据和可以补正或说明的瑕疵证据进行区分,以利于直接适用。

第二部分为证据合法性审查程序,证据合法性审查的处理结果有四种:一是认可该证据,二是纠正其违法行为,三是要求其对瑕疵证据进行补正和说明,四是非法证据排除。在程序设定上,充分考虑了侦查监督工作实际,防止错案发生的同时,防止浪费司法资源;强化证据审查的同时,以及时的纠错机制促进诉讼程序公正顺利的进行。

第三部分是非法证据调查程序,该程序在遵守《人民检察院刑事诉讼规则》的同时,紧密结合侦查监督工作实际,使非法证据调查排除程序更有针对性,更易操作。

二、试行的效果

目前,我院的《关于侦查监督证据合法性审查若干问题的规定(试行)》已经试行近三个月,虽然时间较短,但是也显现一些积极的变化,对侦查监督工作有明显的促进。

首先,明显促进了审查逮捕工作效率,因证据存疑而重复报捕的情况没有再发生。基于以往的工作实际,几乎每个季度都会发生因案件证据合法性存在疑问而导致事实不清不捕,之后侦查机关经过补正重新报捕的情况,此类案件的存在使本已沉重的侦查监督工作负担更重,也妨碍了刑事诉讼的顺利进行。过去无论侦查机关还是侦查监督部门本身对此都有微词,本规定很好地解决了这个问题,以积极及时纠正问题为手段,充分给予办案单位补正说明和纠错的机会,在本季度无一起因证据合法性存在疑问事实不清不捕后又重新报捕的案件,与去年同期相比有很大改善。

其次,促进了侦查活动监督工作更加规范有序的开展。侦查监督"一体两翼"的工作内容,均涉及证据合法性审查,证据合法性审查不仅涉及对侦查机关提请事实的认定,同时也关系到对侦查机关违法行为的监督和纠正。过去很长一段时间,侦查活动监督存在时宽时严的情况,宽的时候基本对不影响案件事实认定的证据不管不问,在考评突击时又对侦查机关细枝末节的问题抓住不放。这不仅引起侦查机关的抵触,同时也与侦查活动监督工作的严肃性不符,这也促使高检院下文专门对书面和口头纠正违法的范围进行了大致的界定。我院的规定充分考虑到这方面的工作实际,将常见证据中应当排除的非法证据和可以补正或说明的瑕疵证据进行区分，对问题的严重性进行简单的量化，进而促进侦查活动监督的严肃有序开展。规定试行以来，发出纠正违法通知书的案件数有明显下降，但是发现的问题均集中在应当排除的非法证据上，从侦查机关的回复看明显提高了对书面纠正违法的重视程度。

最后，非法证据排除工作有明显进展。侦查监督部门主要办理的是审查逮捕案件，由于审查逮捕期限较短，长期以来，发现证据合法性存在问题的，往往仅以证据存疑而不予认定，几乎不深究证据的最终效力。规定试行以来，非法证据排除工作在明确的规范指导下积极有序开展，目前已经审查认定两起案件存在非法证据，并且书面通知公诉部门，为案件程序的后续进行提供帮助。

三、存在的问题及完善

在试行的过程中，也发现该制度的一些不足，比如：证据合法性审查内容未涵盖所有证据类型；合法性审查程序对象分类还不够明晰，实践操作中会遇到争议；非法证据调查程序规定不够详实，未充分考虑侦查监督部门人少案多的实际情况，更加合理的调配办案力量等一些问题。

目前，对试行中发现的一些突出问题已经开始归纳总结，同时在积极考察学习其他基层院这方面工作的开展情况和成功经验，期待在自身不断探索的同时，吸收他人成功经验，使证据合法性审查工作对打击犯罪、保障人权、促进司法公正起到更加积极的促进作用。

参考文献

1. ［英］丹宁：《法律的正当程序》，李克强等译，法律出版社1999年版。
2. ［日］木村龟二主编：《刑法学词典》，顾肖荣等译，上海翻译出版社1991年版。
3. ［日］大谷实：《刑法总论》，冯军译，法律出版社2003年版。
4. ［美］E.博登海默：《法理学：法律哲学与法律方法》，邓正来译，中国政法大学出版社1999年版。
5. ［英］格里·约翰斯通：《恢复性司法：理念、价值与争议》，郝方昉译，中国人民公安大学出版社2011年版。
6. ［英］罗尔斯：《政治自由主义》，万俊人译，南京译林出版社2000年版。
7. 谢晖：《价值重建与规范选择（中国法制现代化沉思)》，山东人民出版社1998年版。
8. 何家弘主编：《电子证据法研究》，法律出版社2002年版。
9. 麦永浩、孙国梓、许榕生、戴士剑主编：《计算机取证与司法鉴定》，清华大学出版社2009年版。
10. 杨永川、顾益军、张培晶等：《计算机取证》，高等教育出版社2008年版。
11. 宋世杰：《证据学新论》，中国检察出版社2002年版。
12. 冯承远：《新刑事诉讼法证据制度解读与适用》，中国检察出版社2012年版。
13. 姚建龙：《少年刑法与刑法变革》，中国人民公安大学出版社2005年版。
14. 谢佑平、万毅：《刑事侦查制度原理》，中国人民公安大学出版社2003年版。
15. 陈波：《反贪侦查瓶颈问题实战破解》，中国检察出版社2012年版。
16. 王定顺、陈祖德等：《职务犯罪侦查机制的实践与反思》，中国检察出版社 2012 年版。

17. 房国宾：《审前羁押与保释》，法律出版社 2011 年版。
18. 陈瑞华：《刑事诉讼的前沿问题》，中国人民大学出版社 2000 年版。
19. 林钰雄：《刑事法理论与实践》，中国人民大学出版社 2008 年版。
20. 马跃：《美国刑事司法制度》，中国政法大学出版社 2004 年版。
21. 张明楷：《外国刑法纲要》，清华大学出版社 1999 年版。
22. 汪建成、黄德明：《欧盟成员国刑事诉讼概论》，中国人民大学出版社 2000 年版。
23. 江礼华、杨诚主编：《外国刑事诉讼制度探微》，法律出版社 2000 年版。
24. 卞建林、王立主编：《刑事和解与程序分流》，中国人民公安大学出版社 2010 年版。
25. 高莹主编：《社区矫正工作手册》，法律出版社 2011 年版。
26. 卞建林、谭世贵主编：《新刑事诉讼法的理解与实施》，中国人民公安大学出版社 2013 年版。
27. 肖扬主编：《中国刑事政策和策略问题》，法律出版社 1996 年版。
28. 郎胜主编：《〈中华人民共和国人民警察法〉实用问题解析》，中国民主法制出版社 1995 年版。
29. 郎胜、王尚新主编：《〈中华人民共和国国家安全法〉释义》，法律出版社 1993 年版。
30. 田文昌、陈瑞华：《刑事辩护的中国经验》，北京大学出版社 2012 年版。
31. 樊崇义主编：《刑事诉讼法学》，法律出版社 2009 年版。
32. R. Barnett,《Restitution: A new paradigm of criminal justice》, in 87 Ethics (1977).
33. European Committee on Crime Problems, Report on Decriminalization (1980).
34. Ed cape, Zaza Namoradze, Roger Smith, Taru Spronken, 原书主编：《欧洲四国有效刑事辩护研究——人权的视角》，丁鹏、彭勃、雷雨田、程夏、熊路、田苗编译，法律出版社 2012 年版。

后　记

　　2012年3月，十一届全国人大五次会议通过了《关于修改〈中华人民共和国刑事诉讼法〉的决定》之后，基于主动学习和思考的目的，我院积极组织相关业务科室和研究室力量，从我院的具体实践出发，对新刑事诉讼法修改中的与本院检察业务密切相关的若干问题进行了有针对性的研究，最终形成了本书。

　　本书的最终出版，要感谢郑州市人民检察院各位领导、同事的关心和支持，这给了我们坚持完成本书的信心。还要感谢西南政法大学法学院刑事诉讼法教研室的李昌林、潘金贵、施鹏鹏、薛竑、张能全、纪虎、张吉喜、闫召华、陈超等各位老师提供的专家咨询意见。当然，最应该感谢的还是本院广大干警，本书的出版可以说是全院干警通力协作的结果。最后要感谢中国检察出版社的马力珍主任，没有她的热心策划和编辑，就不会有本书的最终出版。

　　考虑到我院理论调研的实际情况，书中难免有不足之处，尚请各界读者、同行给予包容，并不吝赐教，在此一并感谢！

河南省荥阳市人民检察院检察长

李国强

2014年3月

图书在版编目（CIP）数据

新刑事诉讼法理解与适用探索：一个基层检察院的视角/李国强主编. —北京：中国检察出版社，2014.6
ISBN 978 – 7 – 5102 – 1183 – 6

Ⅰ.①新…　Ⅱ.①李…　Ⅲ.①刑事诉讼法 – 法律解释 – 中国　②刑事诉讼法 – 法律适用 – 中国　Ⅳ.D925.205

中国版本图书馆 CIP 数据核字（2014）第 078402 号

新刑事诉讼法理解与适用探索：
一个基层检察院的视角

李国强　主编

出版发行：	中国检察出版社
社　　址：	北京市石景山区香山南路 111 号（100144）
网　　址：	中国检察出版社（www.zgjccbs.com）
电　　话：	（010）68650028（编辑）　68650015（发行）　68650029（邮购）
经　　销：	新华书店
印　　刷：	保定市中画美凯印刷有限公司
开　　本：	720 mm × 960 mm　16 开
印　　张：	14.5 印张
字　　数：	261 千字
版　　次：	2014 年 6 月第一版　2014 年 6 月第一次印刷
书　　号：	ISBN 978 – 7 – 5102 – 1183 – 6
定　　价：	45.00 元

检察版图书，版权所有，侵权必究
如遇图书印装质量问题本社负责调换